El segundo día por la
mañana fuimos a la
marisma. En [illegible]
hacía la mi[illegible]
ra es una [illegible]
los espejos donde se
encuentran los pinos y
la luz se filtra entre
los pinos [illegible] pendiente
a la arena blanca
lo que produce una
luminosidad especial

Las marismas que
en la época del des-
cubrimiento de América
ocupaban una superfi-
cie muy superior a la actual
unas 200.000 Has y ocupa-
ban las mismas puesto

Ana Botella

Ana Botella

Mis ocho años en La Moncloa

Con la colaboración de
ÁLVARO DEL CORRAL NARVARTE

PLAZA & JANÉS

Primera edición: marzo, 2004
Segunda edición: abril, 2004
Tercera edición: mayo, 2004

Printed in Spain – Impreso en España

ISBN: 84-01-37880-X
Depósito legal: B. 24.245 - 2004

Fotocomposición: Lozano Faisano, S. L. (L'Hospitalet)

Impreso en A & M Gràfic, S. L.
Santa Perpètua de Mogoda (Barcelona)

L 3 7 8 8 0 X

ÍNDICE

PRÓLOGO

Llegué a La Moncloa con cuarenta y dos años y tres hijos entre pequeños y adolescentes. Me voy con cincuenta y un nieto en camino. He pasado en esa casa los años de mi última juventud y allí me he instalado en la madurez.

Han sido ocho años clave. No sólo personalmente: los acontecimientos políticos vividos, las experiencias adquiridas, las personas a las que he tenido la oportunidad de conocer y, sobre todo, la conciencia de haber sido testigo excepcional de momentos trascendentales, producen emociones que, lejos de la vanidad, necesitan reposo y reflexión. A veces todo se ha sucedido tan deprisa que creo que me ha faltado tiempo para captar los detalles. Es como si necesitara volver a ver la película de estos ocho años.

A lo largo de ellos, una pregunta recurrente fue si recogía en un diario las experiencias pasadas. No lo hice. He guardado una reseña de algunos acontecimientos o he tomado alguna nota de las impresiones de ciertos momentos. Con el paso del tiempo las sensaciones se desdibujan en el recuerdo: se atenúan las dolorosas, se extreman las afables y siempre permanecen las más intensas. El álbum de la memoria fija selectivamente.

Enfrentarme a los folios en blanco me ha supuesto, por una parte, revivir algunos de esos recuerdos, que la letra impresa hará permanecer en el tiempo, y por otra, desde la distancia física pero en la cercanía que establece la lectura, compartir con el lector parte de estos ocho años.

Alguien dijo que narrar es conjurar el tiempo.

Me pregunto qué sensaciones son las que perdurarán en las personas que hemos vivido idénticas situaciones, porque la memoria de cada uno es diferente. La vida, al final, es lo que cada uno recuerda.

No he pretendido escribir unas páginas de política, sino ofrecer unas pinceladas sobre cómo es la vida al lado de la persona que ha tomado las principales decisiones en nuestro país durante estos ocho últimos años, y cuyo papel ha sido decisivo en las políticas que se han llevado a cabo en él.

He vivido este tiempo intensamente. Así lo hice siempre y así lo haré en el futuro.

Traté de compaginar la educación de mis hijos, el apoyo a mi marido y el servicio a mi partido; de trabajar por lo que creía y aprender de todo lo que la vida me ofrecía en cada momento, que ha sido mucho.

Cumplidos los cincuenta años, afronto este nuevo período con las mismas ilusiones y las mismas ganas de vivir que cuando tenía veinte, y la ventaja añadida de la experiencia con que te recompensa la edad, en la seguridad de que lo mejor está aún por llegar.

Me siento afortunada por haber tenido la oportunidad de reemprender mi vida profesional y de contar, para ello, con todo lo aprendido durante estos ocho años, lo cual agradezco y valoro como un privilegio.

1

LA PRIMERA VEZ QUE...

¿Qué ocurre cuando se viven por primera vez las cosas intensas? ¿Qué tiene más importancia? ¿Qué se mantiene en la memoria? ¿Vemos todos lo mismo? ¿La misma escena puede cambiar de personajes? ¿Hay muchas «primeras veces» de las mismas cosas? ¿Se abren los ojos para perder la inocencia o se mantienen abiertos para no perderla? ¿Cómo funciona el mundo interior de aquellos que están sometidos a constante evaluación por la opinión pública?

Estas reflexiones forman parte del primer capítulo en el que seguramente hay más olvidos que recuerdos. Pero es que no he querido transcribir mi agenda, sino rememorar sensaciones.

Éstos son algunos detalles de «la primera vez» que viví algunas experiencias.

... ENTRAMOS EN LA MONCLOA

De las cosas que me resultan más evocadoras cuando recuerdo un momento concreto es la luz.

La primavera de este año 2003, cuando comienzo a escribir este libro, tiene una luz muy parecida a la de 1996, año en el que mi familia y yo iniciamos una etapa de ocho años de nuestra vida en el palacio de La Moncloa. Como en aquella primavera, ha llovido mucho, el cielo está limpio y las ramas desnudas de los árboles empiezan a abrirse para que broten de ellas pequeñas hojas verdes. Estalla la primavera.

Decidí dejar constancia de algunos de los momentos de los ocho años que mi marido ha sido presidente del Gobierno y hemos vivido en el palacio de La Moncloa, mientras paseaba por el jardín y recordaba nuestro primer día aquí. En ese momento me pareció que la atmósfera y el ambiente eran los mismos que entonces.

El 3 de mayo de 1996, cuando nos levantamos en nuestra casa de La Moraleja, supimos que cerrábamos una puerta de nuestra vida y abríamos otra. Era una sensación entre la nostalgia de algo que termina y la ilusión de una nueva etapa apasionante y desconocida.

Jose —supongo que, a estas alturas, casi todo el mundo sabe que a José María, tanto al padre como al hijo, les llamo «Jose», sin acentuar la «e»— iba a jurar su cargo al palacio de la Zarzuela ante los Reyes. Era el primer día que le venía a buscar el coche oficial.

Llegó también Miguel Ángel Rodríguez, que era el jefe de Prensa del PP; al volante del coche estaba Estanis. Entonces ninguno nos creíamos del todo que nuestras vidas estuvieran a punto de cambiar durante unos cuantos años. Yo, como siempre, había calculado mal el tiempo. Iba a ir por primera vez al complejo de La Moncloa, desde donde vería por televisión la toma de posesión junto a mis hijos, así como con Carlos Aragonés, Miguel Ángel Cortés, Paco García Diego y Antonio Cámara, y esperaría a Jose cuando acabara la ceremonia para entrar por primera vez en la que iba a ser nuestra casa. No sabíamos por cuánto tiempo.

Recuerdo que, cuando entré en aquel coche por primera vez y llegué al edificio del Consejo de Ministros, me recibió Andrés Costilludo, del Departamento de Protocolo (que es algo con lo que aprendí a convivir).

No me fijé mucho en ese primer momento en cómo era el interior del edificio en el que entraba. Quería ver a Jose aunque fuera por televisión jurando el cargo; era un momento único de su vida. Creí en él desde el momento en el que le conocí y estaba segura de que su trabajo, su ilusión y su constancia darían buenos resultados para nuestro país.

Después de la jura, cuando llegó Jose, me fijé en la decoración de este edificio, aséptica, ordenada y lineal. Él venía emocionado, consciente de empezar una aventura que en ese momento parecía difícil, casi imposible. Salimos juntos al jardín para recibir a la prensa. Yo iba vestida de verde pistacho, color, creo, que no me he vuelto a poner después de haberlo visto en tantas fotos. Ya en ese momento el jardín me pareció un sitio especial, y lo ha seguido siendo a lo largo de los años. Además es un lugar que he ido queriendo con el paso del tiempo, en el que he visto pasar las estaciones y han ido creciendo mis hijos.

Ese día era húmedo, había llovido. Al doblar un recodo había una nube de fotógrafos y periodistas, algunos de los cuales conocíamos desde hacía muchos años y con los que compartíamos recuerdos y también viajes por tierra, mar y aire.

Al entrar en la que iba a ser nuestra casa y el que ha sido nuestro hogar durante ocho años (con lo que eso supone) aguardaban las personas que trabajaban en el palacio y que lo siguieron haciendo durante los años siguientes. Han sido parte de nuestra vida. En ese momento, no podía imaginar lo que escondía ese pequeño mundo, sus normas no escritas, sus costumbres asentadas a lo largo de los años y sus manías. Nadie me lo explicó: lo fui descubriendo poco a poco. Seguramente todos fuimos descubriendo nuestro nuevo entorno.

Nunca quise que nadie me contara pequeños chismes. Preferí no tener ideas preconcebidas, hacer tabla rasa y establecer nuestra forma de vida, que no es ni peor ni mejor que la de nadie, sino, como todas, particular.

Mis hijos me esperaban arriba, en el piso del palacio que se conoce en el entorno «monclovita» como *la vivienda*. Nos enseñaron toda la casa y comimos con ellos en el antiguo comedor, un espacio que convertí en cuarto de estar cuando hice los cambios que más se ajustaban a nuestras necesidades.

Los niños, José María, Ana y Alonso, miraban a su alrededor, preguntaban sobre su futura vida en esta nueva casa y creo que estaban contentos. Probablemente también estaban inquietos. Han sido siempre, y lo son aún, tan incondicionales de su padre que, con independencia de los cambios que se iban a producir en su vida, habrían sido incapaces de poner una sola sombra en ese día de ilusión para nosotros.

Después de comer yo ya me había hecho una idea de la futura distribución de la casa y volvimos a La Moraleja, donde habíamos vivido el último año. Allí nos trasladamos el 28 de mayo de 1995, víspera de las elecciones municipales y autonómicas, después del atentado que sufrió mi marido el 19 de abril, y estuvimos hasta el 28 de mayo de 1996. Esa noche teníamos una cena con todos nuestros amigos para celebrar el juramento de Jose como presidente del Gobierno.

La gran mayoría de esos amigos permanecen en nuestra vida. Hemos perdido a alguno, lo que ha supuesto dejar parte de lo vivido. Alguien dijo que lo que hace indisolubles a las amistades y duplica su encanto es un sentimiento que le falta al amor: la certeza. Cuando se rompe, deja un vacío que no se puede llenar. Lo que nos hace perder trozos de juventud es ir perdiendo certezas.

Sin embargo, todos esos amigos que compartieron con nosotros esos momentos de ilusión también estarán, en su mayoría, en la despedida. La familia y esas personas que forman el círculo de los incondicionales son puntos de referencia que necesito para andar el camino de la vida. Ésta no tiene sentido si no se comparte.

Una de las primeras cosas que pensé durante aquel primer paseo fue cómo describir un lugar que a mí ahora me resulta tan familiar, pero que seguro le cuesta imaginar a quien vaya a leer estas páginas sin haber estado en él, por muchas fotos que haya visto en los periódicos o por muchas noticias que se hayan producido allí.

Recuerdo que antes de llegar aquí por primera vez, aquel 5 de mayo de 1996, el palacio de La Moncloa era un lugar que no me había preocupado de localizar. No imaginaba, por ejemplo, que estuviera tan cerca de la Facultad de Derecho de la Universidad Complutense, donde habían transcurrido mis años de universidad, o de los mismos Arcos de La Moncloa.

El complejo de La Moncloa está situado al norte de Madrid, en un lugar rodeado de árboles y jardines frente a la Casa de Campo, sobre la que destaca la silueta de la sierra de Guadarrama.

El terreno sobre el que se asienta formaba, junto a los comprendidos por la ancha franja que va desde la actual plaza de España hasta la ya desaparecida Puerta de San Vicente, entre la calle Ferraz por arriba, y el Camino de El Pardo por abajo, un gran conjunto de prados y huertos cuyos propietarios han ido cambiando con el transcurso de los tiempos, así como han variado los nombres con que ha sido conocido.

La Casa de Alba fue la última dueña del palacio hasta 1803, año en que pasó a ser propiedad de la Casa Real. Sin embargo, cuando en 1869 se declaró extinguido el patrimonio de la Corona, entre los bienes destinados al uso y servicio del Rey no se encontraban ni La Florida ni La Moncloa, que fueron cedidos por Isabel II al Estado.

En enero de 1918, el ministro de Fomento encargó a la Sociedad Española de Amigos del Arte la restauración y decoración del edificio que había en el mismo lugar, que hoy se conoce como palacio de La Moncloa.

En 1920 el Patronato del Palacete de La Moncloa, al que pertenecían Javier de Winthuysen y Joaquín Ezquerra del Bayo, decidió reformar los jardines y en 1928 el Patronato para la Conservación del Tesoro Artístico Nacional acordó realizar las obras de acondicionamiento del palacete.

La reforma comenzó el 3 de febrero de 1929 y se prolongó hasta el 29 de junio del mismo año, bajo la dirección de Ezquerra del Bayo.

En el jardín del barranco, debajo del palacete, Winthuysen recuperó las antiguas reglas del arte del jardín arquitectónico español, supeditando la decoración a nuestro clima seco. Las fuentes que construyó en el jardín eran en su época depósitos necesarios para el caso frecuente de no contar con el agua de red en días determinados. Winthuysen decía haber iniciado el resurgimiento del estilo de la jardinería castellana.

Durante la Guerra Civil el palacete de La Moncloa quedó destruido, pero pocos años después, en 1946, se construyó la nueva planta; su arquitecto, Diego Menéndez, lo hizo a imitación de la Casita del Labrador de Aranjuez.

El nuevo edificio era de planta cuadrada y tenía un patio porticado que, más tarde —en 1970— se cubrió con motivo de la visita de Richard Nixon, para convertirlo en salón. Desde entonces, a esta sala se la conoce como el Patio de Columnas.

Las obras finalizaron en 1953, año en el que el palacio fue destinado a residencia oficial de personalidades invitadas a España. Cuando se inauguró, el interior fue decorado con objetos del Patrimonio Nacional, con predominio de los estilos neoclásico e imperio.

Los jardines quedaron destruidos también en la Guerra Civil. El jardín del barranco pudo restaurarse con arreglo a los planos de Winthuysen; no así el resto, cuyo diseño se debe al paisajista del Patrimonio Nacional, Francisco Rodríguez Giles. En ellos se plantaron una gran variedad de especies de árboles: cedros, cipreses, chopos, acacias y los famosos plataneros que adornan el paseo que da al palacio, que fueron podados de forma que sus ramas se entrecruzan, formando una bóveda vegetal que resulta de gran belleza.

Cuando en 1976 Adolfo Suárez fue nombrado presidente del Gobierno, se instaló en la antigua sede de la presidencia del Gobierno en el paseo de la Castellana, 3 —hoy sede del Ministerio de Administraciones Públicas—, pero este lugar pronto se quedó pequeño para las necesidades de la nueva presidencia y en enero de 1977, el presidente Suárez y su familia se trasladaron al palacio de La Moncloa.

Hoy, el palacio está rodeado por varios edificios que constituyen el denominado complejo de La Moncloa. Al llegar a él desde la carretera de La Coruña, lo primero que se ve es una gran verja negra por la que se accede a una pequeña rotonda, a cuya derecha hay un control de policía por el que cada día pasan las 2.292 personas que trabajan dentro del complejo.

En esa misma rotonda, de frente, hay una segunda verja con la inscripción «Presidencia del Gobierno», por la que entran el presidente, su familia y los ministros el día que se celebra Consejo.

Detrás de ella se abre un enorme recinto en el que se encuentran el Ministerio de la Presidencia, el del Portavoz del Gobierno, las oficinas donde están los despachos de los miembros del gabinete del presidente del Gobierno y otros dos edificios; uno de ellos —de reciente construcción— está destinado al personal de seguridad y de apoyo, y el otro al personal médico y sus instalaciones.

Al fondo, en ese mismo recinto, hay una tercera verja de color verde carruaje. Tras ella, el jardín del palacio de La Moncloa, que alberga, además del propio palacio, un edificio construido en 1989, donde se reúne cada viernes el Consejo de Ministros.

Este inmueble está recubierto de hiedra, una planta que, con sus cambios de color, anuncia los cambios de estación. Frente a él se alzan varios prunos que florecen temprano. Su floración dura muy poco, pero para mí ha marcado durante estos años el inicio de la primavera y de una nueva esperanza.

La primavera me produce un grato sentimiento de nacimiento o resurgir.

Al lado de los prunos se plantaron en el año 2000 unos olivos que le regalaron a mi marido; no prendieron, pero sus troncos secos son hoy como esculturas envueltas en unas plantas trepadoras que combinan el marrón y el verde, lo que da una imagen de gran plasticidad y belleza.

Entrando en este edificio, a la derecha, se encuentran la sala donde se reúne el Consejo de Ministros. De sus paredes cuelgan unos cuadros de Miró pertenecientes a los fondos del Museo Reina Sofía. Algunos estaban ya antes de 1996, y otros se trajeron después de la llegada de mi marido a la Presidencia del Gobierno. Los fondos del Museo Reina Sofía contenían abundante obra original y se consideró oportuno redecorar esta sala con estas piezas mejor que con obra gráfica.

Para su traslado se siguió el procedimiento habitual en estos casos, el mismo que se emplea cuando se envían obras, por ejemplo, a las embajadas españolas. Yo misma me ocupé de reorganizar la decoración de esta sala en 1997, con la inestimable ayuda de Fernando Fernández Miranda, director de Actos Oficiales del Patrimonio Nacional.

Además de la Sala del Consejo, en la planta baja hay varios salones; uno de ellos, el más amplio —de frente a la entrada principal—, se utiliza a modo de comedor en los almuerzos oficiales, cuando el número de comensales excede la capacidad del comedor del palacio.

Este salón-comedor también fue redecorado en 1996 con tapices de la colección que posee el Patrimonio Nacional —considerada como la mejor del mundo de los siglos XVII y XVIII— así como con unas consolas y unos relojes, también del Patrimonio Nacional.

El resto de los salones del edificio del Consejo de Ministros se redecoraron en 2000 con magníficas pinturas de autores del siglo XX: Tàpies, Gordillo, Julio López, Mompó...

Fuera de este edificio, el jardín. Un paisaje muy frondoso, hoy quizá demasiado; los árboles lo hacen a veces sombrío. La luz se filtra tamizada por las distintas copas y ramas de manera diferente según los meses del año y las horas del día. A veces, incluso puede resultar melancólico.

Alcanza su punto perfecto en otoño, por la luz de esta estación y por la mezcla de colores, desde el verde musgo hasta los amarillos, pasando por una infinita gama de marrones con que se cubren los árboles y las plantas del jardín.

El jardín de La Moncloa, enmarcado por filas de setos, tiene tres fuentes y un paseo de chopos; todo él rodea el palacio de La Moncloa propiamente dicho, un edificio de cuatro plantas donde se encuentra el despacho oficial del presidente del Gobierno y la vivienda de su familia.

A la planta baja se accede a través de la famosa escalera, cuya imagen se viene repitiendo desde hace veinticinco años cada vez que una visita es recibida por el presidente del Gobierno. Es la parte del palacete en la que se desarrolla la vida oficial y donde está, entre otras dependencias, el despacho en el que ha trabajado mi marido durante estos ocho años.

En esta misma planta está el Patio de Columnas, tantas veces fotografiado oficial y oficiosamente, donde el presidente del Gobierno recibe a delegaciones oficiales.

Esta habitación se transformó cuando comenzamos a vivir en La Moncloa: se cambió la tapicería, se varió la disposición de los muebles y se recuperó una alfombra que había sido hecha para este salón con sus mismas dimensiones y que había estado guardada durante años.

En definitiva, se adaptó a nuestros gustos. Contamos con todos los muebles que había y trajimos alguna cosa perteneciente al Patrimonio.

Los cuadros que hoy decoran el Patio de Columnas son de Fernando Brambilla, que ya en el año 1817 había decorado el palacio de La Moncloa con sus paisajes, a través de los cuales podemos conocer cómo era el lugar en esa época.

Dichos cuadros son los denominados *Vista de la escalera principal de El Escorial*, *Vista de la primera puerta del jardín del Príncipe de Aranjuez*, *Vista de la biblioteca de El Escorial*, *Vista del Patio de los Reyes de El Escorial*, *Vista de Aranjuez*, *Puente Nuevo, llamado de Barcas* y *Vista de la Galería de Convalecientes, El Escorial.*

Al fondo de este salón hay una gran cristalera que da a la parte más alta del jardín, con unas vistas únicas sobre la sierra de Guadarrama. Cuando llegamos ocultaban el paisaje unos visillos; los quitaron y ya nunca los volví a poner, pues para mí, que soy una enamorada de la luz, es un privilegio estar rodeada de vegetación y disfrutar viéndola a cualquier hora del día, en invierno y verano.

En esa parte del jardín instalamos un rincón de estar bajo una pérgola y una mesa de comedor. Allí hemos pasado muchos ratos solos o con nuestros hijos, nuestra familia, nuestros amigos... En este rincón hemos celebrado distintos acontecimientos personales y políticos, nos hemos reunido con diferentes grupos de la sociedad, con personas a las que no hubiera podido conocer en otras circunstancias y que para mí han supuesto un enriquecimiento personal.

Desde este jardín, tan especial para nosotros, entre un muro repleto de hiedra y rosales y una barandilla de hierro, parten unas escaleras realmente románticas, por las que se accede al antiguamente llamado jardín del barranco, que tiene una pequeña fuente en medio. Bajando un poco más terminan en el lugar donde está la piscina, encuadrada por muros, uno de ellos rematado con unas hornacinas que contienen copas de estilo neoclásico.

Éste ha sido otro de los puntos del jardín en el que hemos pasado muchas tardes de verano; muchos domingos charlando sobre el próximo curso; los planes de futuro de Jose que, como siempre, fueron muchos; los niños o, simplemente, las cosas cotidianas de cualquier familia. Hemos vivido muy deprisa estos años, pero esas tardes juntos hacían que el tiempo se parara y pareciera un poco más largo.

A la izquierda del Patio de Columnas está el despacho de trabajo de mi marido. Esta habitación se redecoró con un gran número de estanterías, que terminaron por ser insuficientes para los libros que hemos ido acumulando durante estos años. Ha sido un despacho acogedor en el que Jose sólo recibía a la gente próxima por razones de trabajo. Recordaré este lugar por las muchas veces que solía ir a ver a mi marido cuando estaba trabajando solo y yo salía o entraba de casa, una costumbre que adquirí nada más llegar y que mantuve hasta el final.

A la derecha del Patio de Columnas está el comedor oficial, con capacidad para treinta y cuatro comensales, que hasta que en 1989 se construyó el edificio del Consejo fue la sala donde se celebraban los consejos de ministros. Tiene una notable y curiosa lámpara con pajaritos que se hace sonar con un cordel que pone en funcionamiento el mecanismo. Cuentan las historias del palacio que algún presidente ponía fin a los consejos de ministros tirando del cordel. Esta habitación ha sido testigo de muchos acontecimientos importantes de nuestra historia reciente, como los famosos Pactos de La Moncloa.

Durante estos ocho años, en este comedor se han celebrado infinidad de comidas, cenas, desayunos y reuniones de trabajo, y se han tomado muchas decisiones importantes.

En esta misma planta, muy cerca, se encuentra también lo que, en el argot monclovita, llamamos «despacho oficial»: una sala revestida con unos tapices de Vandergoten —algunos de ellos según cartones de Goya— y decorada con dos consolas estilo Carlos IV y una cómoda estilo imperio, además de una mesa que perteneció a la reina Isabel II, a quien se la había regalado el general Narváez. En ella figura una placa en la que se lee: «Dedicada a S.M. LA REINA DOÑA ISABEL II en señal de respetuoso homenaje por el capitán general don Ramón María Narváez, siendo presidente del Consejo de Ministros en 22 de Febrero de 1845», y que el rey don Juan Carlos regaló a la Presidencia del Gobierno cuando Adolfo Suárez trasladó la sede de la misma al palacio de La Moncloa.

Completan este piso el despacho del ayudante del presidente del Gobierno y su dormitorio, además de un *office* donde yo solía tomar café al salir por la mañana; era un acto asociado a lo cotidiano durante estos años. A mí la cotidianeidad me produce una sensación placentera y la añoro cuando no la tengo.

Abajo, en la planta sótano, está la cocina, concebida de manera industrial —como la de cualquier hotel o restaurante— y equipada con las instalaciones necesarias para llevar a cabo toda la actividad social que se desarrolla en el palacio de La Moncloa. Una actividad que tiene su reflejo en el trabajo que se hace entre fogones, a cuyo frente está Julio González de Buitrago, un gran profesional ayudado por otros estupendos cocineros como Luis Carrasco, José Roca, Alfonso Martín, Pedro de León y Albino Sáez Gómez, tristemente fallecido en mayo de 2002.

Durante estos años se han dado infinidad de comidas, cenas y cócteles a jefes de Estado y Gobierno, primeros ministros, representantes de los distintos sectores de la sociedad, etcétera.

La planta sótano la completan la lavandería, varios almacenes, y dos despachos en los que durante estos años ha trabajado María Brasa, una estupenda profesional que conoce a la perfección el funcionamiento y la organización de la vida en La Moncloa.

María ha contribuido al incremento de la natalidad de nuestra comunidad —algo fundamental— con tres niñas que nacieron durante estos años; durante sus bajas maternales fue sustituida por Iñaki Murillo, quien hasta entonces trabajaba como ordenanza.

En el primer piso está lo que, durante estos años, ha sido nuestra casa, ese lugar donde uno es esperado y al que siempre quiere volver. Allí están los dormitorios, varios salones, un pequeño *office*, un comedor en el que solíamos almorzar y cenar, y otro en el que desayunábamos.

En esta zona puse nuestras cosas. En resumen, traté de atenuar la sensación de oficialidad que envuelve todo lugar público para que se asemejase lo más posible a un hogar. Creo que lo conseguí, si bien siempre le faltó o le sobró algo que hacía que no fuera exactamente una casa normal. Y es que la sensación de oficialidad que da la pertenencia al Estado, no sólo del palacio de La Moncloa, sino de todos los edificios que cumplen una función pública y a la vez residencial, es inevitable a la larga.

Además, como ocurre siempre que se llega a vivir a una casa nueva, sus posibilidades se descubren a medida que se va conociendo el lugar, cuando se va produciendo la adaptación entre los que la habitan y la casa misma.

Las casas tienen un alma que hay que descubrir. Durante estos años yo he descubierto la del palacio de La Moncloa. Hemos utilizado todos sus rincones. Hemos celebrado distintos acontecimientos, hemos vivido el interior y sus jardines porque allí hemos compartido momentos muy alegres de nuestra vida y también algunos de los más tristes.

En la planta más alta situé el despacho que he utilizado y en el que también estaban las personas que han trabajado conmigo durante estos años: Cristina Alonso y Mariángel Manzano. Sin ellas las cosas no habrían funcionado como lo han hecho.

Además había varios cuartos repletos de estanterías donde se colocaban los distintos obsequios y libros que nos llegaban por diferentes vías.

En estos «desvanes» se guardaban obsequios oficiales y personales. Su clasificación, inventario o donación nos ha ocupado mucho tiempo durante estos años.

Por lo que respecta a los libros, la biblioteca que comenzamos mi marido y yo cuando nos casamos ha aumentado de manera espectacular, hasta el punto de tener que invertir muchas horas para decidir cuáles nos llevábamos con nosotros y de cuáles había que deshacerse, por no tener espacio en nuestra casa para guardarlos.

En este recinto que he tratado de describir han transcurrido los acontecimientos políticos más importantes de los últimos ocho años: consejos de ministros, visitas de jefes de Estado y de Gobierno, centenares de reuniones de trabajo, almuerzos con representantes de distintos sectores de la sociedad, ceremonias de concesión de distintos reconocimientos que otorga el Gobierno...

Todo ello ha coincidido con la vida de una familia con tres hijos que, cuando llegaron, tenían diecisiete, catorce y siete años y, cuando se fueron, habían cumplido veinticinco, veintidós y quince. Ocho años en el palacio de La Moncloa en los que hemos vivido los miles de acontecimientos que le suceden a una familia de las características de la nuestra en el transcurso de su vida.

Cuando llegué, me propuse que mis hijos vieran ese complejo como su casa y que los años en que viviésemos en él —muy importantes en su educación, sobre todo en la de Alonso, pero cortos en el conjunto de su vida— tuvieran un resultado positivo.

Quise que siempre tuvieran presente que ellos eran lo primero para nosotros, que nunca dudasen de que eran lo más importante para su padre, por muy ocupado que éste estuviera a consecuencia de sus responsabilidades. Era algo fundamental, porque su felicidad y su seguridad, en buena parte, dependían de ello; afortunadamente, al final puedo decir que ha sido así.

Todo el esfuerzo que he puesto en ello ha tenido una compensación, y si hay algo que me produce verdadera satisfacción, como a cualquier padre o madre, es ver a mis hijos con capacidad para ser felices y con una actitud positiva ante la vida: se respetan a ellos mismos y son capaces de construirse un proyecto de vida en el que saben muy bien dónde están los límites.

Los padres siempre estamos condenados a improvisar, somos como actores que entran en el escenario sin tener un papel estudiado de antemano. Y yo tuve que hacerlo en el que me tocó durante estos años.

... MIS HIJOS FUERON LOS HIJOS DEL PRESIDENTE DEL GOBIERNO

Que dos personas te acompañen siempre, sea a la hora que sea, vayas a donde vayas, no es cosa fácil para nadie; pero mucho menos para tres niños de diecisiete, catorce y siete años.

El 7 de mayo de 1996, dos días después de que mi marido tomara posesión como presidente del Gobierno, el jefe de seguridad de La Moncloa se puso en contacto conmigo para decidir quién iba a ocuparse de mi seguridad y la de mis hijos. Con la de los niños se siguió el criterio de buscar a las personas idóneas para cuidar de unos chicos de esa edad; profesionales que se ajustaran a las características de mis hijos en esas etapas de sus vidas.

José María, Ana y Alonso no sólo entendieron y aceptaron desde el principio la medida, sino que tuvieron la delicadeza de ocultarnos las pegas que suponía para ellos tener que ir siempre acompañados; una forma de vida que iba a marcar la diferencia con sus amigos, y ya se sabe que a los niños no les gustan las diferencias.

En todos estos años jamás he preguntado a un policía qué hacen mis hijos. Supuse que, si yo debía conocer algo, las personas responsables de su seguridad se ocuparían de ello, como de hecho así ha sido. Me acuerdo de que un día, cuando Alonso era pequeño, llegó a casa y me dijo que se había ido a comprar chucherías. Le dije: «Tú no vas a comprar chucherías porque de repente se te ocurra y pides que te lleven. Para eso me tienes que pedir permiso a mí».

Por aquel entonces, mi hijo José María terminaba COU en el colegio de Nuestra Señora del Recuerdo de Madrid, de los jesuitas, y se disponía a empezar la universidad. Como en todos los colegios, en éste, donde estudió José María y más tarde Ana y Alonso, se celebró una ceremonia de despedida a los alumnos de COU, que se convirtió en el primer acto al que asistían mis tres hijos con su padre siendo ya presidente del Gobierno.

A la ceremonia —que siempre se celebra el 31 de mayo— acudieron, como cada año, los alumnos que veinticinco años antes se habían despedido del colegio. Este detalle llamó mi atención, porque la mayoría de los ex alumnos eran ya señores con sus responsabilidades profesionales que, sin embargo, no quisieron perder la ocasión de volver a reunirse. Sin lugar a dudas, pensé, este colegio cala hondo en sus alumnos, queda en sus vidas como algo importante. Algo que no siempre ocurre con otros centros.

La verdad es que he estado muy contenta con la educación que han recibido allí mis tres hijos. Para ellos, su colegio ha quedado como un punto de referencia y, en mi opinión, tener puntos de referencia es algo muy importante en la vida.

Me sorprende gratamente ver que mi hijo mayor —que ahora trabaja en el extranjero— cada vez que viene a Madrid queda con sus amigos en la plaza del colegio. Ese lugar tiene un significado para ellos, permanece como punto de encuentro para los amigos por muchos años que hayan pasado desde que salieran de él.

Ese año en el que mi hijo José María terminaba, mi hija Ana le cogía el relevo para estudiar BUP. Para Ana el cambio suponía el inicio de esa etapa de la vida del estudiante en la que se experimenta una cierta libertad: a los chicos y chicas de su edad ya les dejaban salir a la calle, podían elegir entre comer dentro o fuera del colegio...

Era el momento en el que los tradicionales centros de chicos, como los de los jesuitas, comenzaban a admitir niñas entre su alumnado; la promoción de Ana fue de las primeras en las que se incorporaron niñas para empezar BUP.

La educación mixta fue a mi entender algo muy positivo. Los propios profesores aseguran que la presencia de niñas supuso una nueva dinámica en las clases, aunque al principio hubo un cierto rechazo entre los chicos al ver que ellas subían considerablemente el nivel de las notas.

La razón de este mayor rendimiento de las chicas se debe seguramente a que ellas maduran antes. Cuando los chicos están en esa etapa de despiste en que se dispersan y suelen tener baches, las niñas saben ya lo que quieren y van a por ello con seguridad.

Por mi parte, he descubierto a través de mis hijos que la relación entre ambos sexos ha cambiado muchísimo de mi generación a la suya. Ahora existe un trato más natural, se produce una amistad entre chicos y chicas que antes era difícil. Durante muchos años, hombres y mujeres pertenecieron a dos mundos distintos que tenían poco en común: el no haberse tratado desde que eran niños dificultaba enormemente la comunicación entre ellos. Por otra parte, las mujeres necesitamos un nivel de comunicación mayor que los hombres y, en mi opinión, la educación mixta ha contribuido a solucionar notablemente este problema.

Está comprobado por los psicólogos y demás profesionales que se dedican a la educación de los pequeños, que la base del diálogo y la comunicación se asienta en la primera infancia. Recuerdo cuando era pequeña que si un niño lloraba, sus padres inmediatamente le decían que los chicos no deben llorar. Esto podría explicar que los hombres de mi generación tengan bastante dificultad a la hora de expresar sus sentimientos. Creo que este problema se ha ido solucionando en las generaciones posteriores. Es muy importante que, desde pequeños, niños y niñas sepan manifestar sus sentimientos y analizar sus emociones; es fundamental para mejorar la comunicación y más tarde, cuando sean adultos, enriquecer la relación entre ellos.

Por otra parte, creo que esa forma antigua de educar guarda cierta relación con la violencia doméstica. A veces, los comportamientos agresivos pueden ser también fruto de una manera de enseñar, de ese «no llores» o «si te pegan en el colegio, tú pega más». Claro está que el análisis de la violencia de género es más complicado y que las causas de ésta son muchas y muy variadas; en cualquier caso, creo que esa forma de educar ha ido cambiando.

En cuanto a la disciplina, tengo la opinión de que hemos pasado de un extremo al otro. En mi época, la disciplina era un valor esencial en los colegios, mientras que ahora se ha relajado notablemente, lo cual tampoco es bueno. La disciplina es importante, pero no tiene que estar reñida con el diálogo. No tiene que ser excesiva, pero sí establecer ciertos límites que aporten a los niños la seguridad que ellos mismos demandan.

Creo que hay que «perder el tiempo» con los hijos. Es fundamental pasar mucho tiempo con ellos desde el principio para crear unos lazos que establezcan la base del diálogo entre padres e hijos. Esta idea la he tenido siempre presente y ha sido una especie de guía en la educación que he tratado de dar a los míos: pasar mucho tiempo con ellos y no delegar todo en el colegio. Éste es uno de los problemas que hay en la sociedad actual.

En la educación debe existir una labor conjunta de los padres y el colegio, donde los niños pasan unas horas muy importantes de sus vidas. De todas maneras, a mi entender la gran educadora es, sin duda, la familia. La familia es el único sitio donde se quiere a las personas por lo que son en sí mismas y no por lo que tienen o por lo que son circunstancialmente. La responsabilidad de educar a los hijos no se puede descargar en los profesores, a los que, por otra parte, no hay que quitar nunca la autoridad.

Aun así, los padres incurrimos en contradicciones, entre otras cosas porque nadie te prepara para educar a tus hijos. De pequeños, se tiende a idealizar a los padres, se ven como seres perfectos que nunca se equivocan. Luego, a medida que vas creciendo, descubres que tus padres también tienen defectos, que no todo es tan modélico y, por fin, alcanzada una determinada edad, llega un momento en el que les aceptas tal y como son, con sus defectos y virtudes.

Cuando llegamos a La Moncloa, mis dos hijos mayores tenían ya edad suficiente para darse cuenta de que la situación que nos tocaba vivir era excepcional; habían vivido en otras circunstancias hasta ese momento y sabían que nuestra nueva vida era sólo temporal. Pero Alonso ha crecido en un entorno especial. Cuando nació, su padre ya era presidente de la Junta de Castilla y León, por lo que, por poner un ejemplo, nunca había ido con él a aparcar el coche. Siempre ha vivido rodeado de gente que en cierto sentido nos facilitaba la vida. Me preocupaba que Alonso no fuera consciente, que se acostumbrara a vivir así como si fuera lo más normal del mundo. Por eso me centré en él, quería que entendiera que se trataba de una situación temporal en su vida y que, además, coincidía con los años más importantes de su educación.

Desde que mi hijo pequeño tiene uso de razón ha visto aparecer a su padre en televisión, periódicos, etcétera. Para él, esto ha sido normal. Recuerdo que un día, durante la época en que colaboraba en Telecinco como comentarista del noticiario, también me vio aparecer a mí. De repente dijo: «Ahora mamá también trabaja»; creía que ir a trabajar pasaba por salir en televisión; en fin, que para él era lógico ver a su padre en el telediario y, ahora, también a su madre. Y no sólo a nosotros: también estaba acostumbrado a ver a la gente del partido que conocía sobradamente. Pensaba que era una cosa habitual.

Esta anécdota de mi hijo demuestra que los niños hacen de su mundo particular el universo.

Alonso ha vivido el cambio de la educación en España. Pertenece a esa nueva generación de niños que nacen sabiendo informática, comprende las nuevas tecnologías de forma natural, accede a la información al instante, se conecta a Internet y sabe encontrar exactamente lo que necesita para el trabajo del colegio.

Dice que el ordenador le habla, que le dicta el paso siguiente que tiene que dar para lograr la información que necesita; sin embargo, a mi generación nos ha resultado más difícil incorporarnos a esa revolución.

Aún recuerdo el día en que entró el primer vídeo en mi casa, ¡hace ya un montón de años! Sin embargo, reconozco que a día de hoy sigo sin saber programar el vídeo porque leer cualquier manual de instrucciones es para mí una tarea complicada.

Las nuevas tecnologías han aportado unas enormes posibilidades para acceder a cualquier información, pero tal inmediatez ha obrado en detrimento de la lectura porque, además de perder el placer de leer un buen libro, para los niños de esta generación se añaden las dificultades en capacidad de expresión o desarrollo de la imaginación.

No leer significa privarse de la riqueza que sólo aportan los libros; no me refiero sólo a la variedad de vocabulario, sino también, y sobre todo, a poder estar en sitios en los que jamás has estado o imaginar personas que nunca has conocido. Sólo los libros consiguen que adquieras experiencias que nunca has vivido.

Cada generación tiene una ventaja respecto a la anterior, pero deberíamos subsanar los errores de ésta sin crear nuevos problemas.

Por la especial situación que vivimos, procuré inculcar a mis hijos que todo lo que hicieran y consiguieran en la vida sería por méritos propios y como resultado de su propio esfuerzo, incluso a pesar de vivir una situación que a veces puede suponer un privilegio. Aunque otras, no menos, sucede lo contrario.

En eso, mi marido y yo hemos sido tajantes. Siempre hemos estado seguros de la enorme valía de los tres y hemos confiado en sus capacidades. Jose no ha sido el clásico padre que, al tener una fuerte personalidad, eclipsa la de sus hijos; siempre ha sido buen conocedor de la personalidad de cada uno de ellos y sabe que los tres tienen un gran sentido de la responsabilidad.

Aquel día de la ceremonia de despedida del colegio de los jesuitas, no sabía cuánto tiempo iba a permanecer en el palacio de La Moncloa pero, fuera el que fuese, me di cuenta de que durante este tiempo tendría que prestar una atención especial a la educación de mis hijos.

... LLAMARON POR LA NOCHE

Si el teléfono suena a horas intempestivas, lo más probable es que no sea para darte una buena noticia. Es algo que todo el mundo sabe.

Hasta nuestra llegada a La Moncloa, cada vez que llamaban por la noche mis pensamientos y preocupaciones se concentraban en mis hijos, que quizá estaban en la calle y podía haberles pasado cualquier cosa, o en mis padres, que ya tienen una cierta edad.

Sin embargo, nada más llegar a La Moncloa me di cuenta de que a las preocupaciones habituales de cualquier persona, tenía que incorporar una nueva posibilidad en caso de sonar el teléfono por la noche: cualquier problema se nos iba a comunicar de inmediato.

La primera llamada de este tipo se produjo a primera hora de la mañana del 19 de mayo de 1996; aunque mi marido ya llevaba quince días presidiendo el Gobierno, aún no nos habíamos trasladado a La Moncloa.

Esa madrugada del 19 de mayo de 1996, al oír el teléfono pensé que tenía que haber pasado algo grave. El primero que atiende la llamada es el ayudante del presidente del Gobierno quien, en función de la gravedad del asunto, decide si hay que avisar o no a éste.

«¿Los niños? No; están en casa», pensé para tranquilizarme. Ante la duda de si la llamada podía tener relación con mis padres o, por el contrario, se trataba de alguna cuestión de Estado, entendí que lo más probable era que se tratase de esto último.

Jose cogió el teléfono y, mientras yo le observaba atentamente, su interlocutor le comunicó que una bomba, cuyo objetivo era un vehículo militar en Córdoba, había matado al sargento de Ingenieros Miguel Ángel Ayllón y herido a otras cuatro personas. Era el primer acto terrorista que vivió mi marido como presidente del Gobierno. Aunque suele controlar sus emociones, distinguí antes de decirme nada que lo que le transmitían por el teléfono era muy grave. Fue una expresión que, desgraciadamente, vi varias veces durante los años siguientes.

La bomba había sido colocada dentro de un contenedor de basura en una calle muy transitada, en la que tenía su parada habitual un autobús con personal militar que viajaba diariamente al cuartel de Cerro Muriano. Desgraciadamente, en el momento de la explosión se encontraba en la parada el sargento Miguel Ángel Ayllón.

Por si fuera poco, ese mismo día, la policía cordobesa desactivó otros dos coches bomba en su ciudad, doscientos kilos de explosivos que los terroristas habían colocado con la sanguinaria intención de producir una auténtica matanza.

Los atentados terroristas solían cometerse por la mañana. Cuando el teléfono ha sonado muy temprano durante estos ocho años, muchas veces era para comunicar un atentado. Aun así, nunca llegas a acostumbrarte. Siempre han sido momentos de intenso sufrimiento.

Aquella conversación telefónica fue la primera de una larga lista de fatales llamadas anunciando muertos a manos de terroristas. En ese momento, tras esa primera llamada, yo no era consciente de lo que nos harían sufrir los atentados terroristas en los meses posteriores. Sin duda, los momentos más duros de los ocho años; no sólo desde el punto de vista político, sino también, y sobre todo, desde la experiencia personal.

El atentado a Miguel Ángel Ayllón responde al *modus operan-*

di habitual de los terroristas para hacerse notar. Normalmente desaparecen durante las campañas electorales y reaparecen en el momento en que se constituye el nuevo Gobierno haciendo lo único que saben: matar. Sin embargo, en otra ocasión, no esperaron; durante la campaña de 1996 asesinaron al presidente del Tribunal Constitucional, Francisco Tomás y Valiente. Un terrorista le mató de tres disparos mientras trabajaba en su despacho de la Universidad Autónoma de Madrid.

Fue, sin duda, un acto de fuerza de la banda terrorista frente a cualquier gobierno que se constituyera tras el paso por las urnas el 3 de marzo, su forma de decir «aquí estamos»: mostrando lo que tienen planeado seguir haciendo a partir de las elecciones.

Desde el primer momento, mi marido vio con claridad cuál sería la actuación de su Gobierno contra el desafío terrorista: su derrota requería de la fortaleza del Estado de Derecho y del apoyo activo de todos los demócratas. La eficacia de todos los Cuerpos y Fuerzas de Seguridad del Estado se ha puesto de manifiesto en la prevención y respuesta a la actuación del terrorismo.

También ha sido fundamental el amplio apoyo social, el impulso de la cooperación internacional y la explicación en el exterior de lo que ocurría de verdad en el País Vasco.

Creo que la lucha antiterrorista ha sido eficaz durante los gobiernos de mi marido con Jaime Mayor Oreja, Mariano Rajoy y Ángel Acebes como sucesivos ministros del Interior, que se han entregado plenamente a su tarea.

Recuerdo que la colaboración social se puso de manifiesto en un atentado en Madrid el 6 de noviembre de 2001 en el que dos terroristas del comando Madrid intentaron asesinar con un coche bomba al secretario general de Política Científica, Juan Junquera. No sólo no lo lograron, sino que un ciudadano anónimo vio huir a los terroristas y les siguió en su coche, al tiempo que informaba por teléfono móvil a la policía, lo que permitió la detención de los dos asesinos. Ese tipo de reacciones son un ejemplo de civismo para todos frente a los que intentan sembrar el pánico.

Ha habido diferentes momentos muy importantes en materia terrorista durante estos ocho años. Uno de ellos fue la tregua, que algunos denominaron *tregua trampa*, que se declaró el 16 de septiembre de 1998. Ese día estábamos en Perú en un viaje oficial, concretamente en la selva de Iquitos, cuando alguien se acercó a mi marido para darle la noticia. En aquel momento la tregua se anunció como indefinida.

Por la noche cenamos mi marido y yo con Javier Zarzalejos, secretario general de la Presidencia desde 1996 hasta 2004 y persona inteligente que se ha encargado de distintas cuestiones delicadas. Analizaron con profundidad la novedad que introducía la tregua anunciada por los terroristas y cuáles deberían ser las próximas actuaciones. Desgraciadamente, ese año y medio sin atentados fue un paréntesis con el que los terroristas sólo pretendían ganar tiempo.

Los meses anteriores habían sido muy duros: el secuestro y posterior asesinato de Miguel Ángel Blanco el 12 de julio de 1997 marcó un antes y un después que movilizó a la sociedad española como nunca nada lo había hecho antes. Los recuerdos de esas horas aún consiguen estremecerme, pero Miguel Ángel Blanco merece un capítulo aparte.

Si ha habido un comportamiento ejemplar, ha sido el de las familias de las víctimas de los terroristas.

La situación de las víctimas del terrorismo es siempre triste. En los últimos años se ha reconocido como se merece tanto a víctimas como a familiares, y no sólo a las que han muerto durante estos años, sino a todas las familias de las casi mil personas que ha asesinado la banda armada a lo largo de su sangrienta y ya larga historia. Se les ha homenajeado en ceremonias oficiales, en el Congreso, en el Senado... El Partido Popular ha querido que nadie se quedara solo y ha actuado en consecuencia: acompañando a todos los que han sufrido la desgracia de perder a sus padres, a sus hijos, a sus hermanos o a sus parejas.

Toda la sociedad española tiene una deuda impagable con ellos porque han sido un ejemplo. Siempre han sembrado la paz en lugar de la discordia y nunca se les ha oído una palabra de odio. Y han actuado así porque consideran que sus familiares murieron por una causa que merecía la pena, una convicción difícil de mantener y de la que no todo el mundo es capaz.

Podría citar muchos nombres, todos verdaderos ejemplos de concordia y de buen hacer para la democracia española. Han demostrado que, a pesar de lo que les ha tocado sufrir, hay gente capaz de vivir sin rencor.

Muchas veces me han preguntado si la conducta de mi marido en la política antiterrorista estaba influida por el hecho de haber sobrevivido a un atentado, pero pienso que aquella experiencia, lejos de despertar ningún rencor, reforzó, tanto en él como en todos nosotros, la convicción de seguir luchando para hacer de España un lugar sin violencia. A partir del atentado tenía una razón más para estar en política.

Es exactamente lo mismo que les ocurre a tanta gente, como a los concejales del PP y del PSOE en el País Vasco. Es una cuestión de principios y creencias; por eso es tan fuerte su convencimiento y el de sus familias.

Uno de los argumentos que más me han convencido ha sido el de María San Gil, por la que siento una gran admiración. Nunca puede salir al parque con sus hijos o a la compra con sus amigas para no someterlos a un peligro y, sin embargo, cuando le preguntan si le compensa vivir en el País Vasco, siempre dice lo mismo: «Merece la pena, por la sencilla razón de que no quiero que mis hijos, el día de mañana, tengan que dejar el País Vasco». María, como tantos que aman a su tierra, desean por encima de todo que sus hijos puedan ver un País Vasco donde no se expulse a nadie, donde convivan personas con distintas formas de pensar.

Por mi parte, cuando me he reunido con las viudas de las víctimas de los terroristas me he sentido identificada con ellas; gracias a Dios mi marido está vivo, pero lo está de puro milagro. Y como ellas, nunca he sentido odio, rencor o algún sentimiento parecido.

Nunca quise personalizar en nadie aquel episodio de nuestra vida. Si alguna vez aparecieron posibles nombres como autores de aquel intento de asesinato de mi marido, no quise retenerlos.

... RECIBIMOS UNA VISITA OFICIAL

Recuerdo perfectamente la primera visita oficial que recibimos: fue la del presidente de la República Popular China y jefe del Partido Comunista Chino, Jiang Zemin, y su mujer Wan Yeping, el 25 de junio de 1996.

Aún no nos habíamos trasladado a La Moncloa, así que asistí al almuerzo como una invitada más y tuve la oportunidad de ver cómo se organizaba todo. Los servicios de protocolo de La Moncloa habían trabajado durante meses en la visita, en coordinación con Protocolo de la Casa Real, y organizaron una comida que, como siempre, fue precedida por una reunión de trabajo y una rueda de prensa.

Jiang Zemin era el hombre fuerte del régimen comunista chino, un hombre bastante mayor —superaba los setenta años— al que acompañaba su mujer, también mayor y con grandes dificultades para moverse, bajarse del coche o ascender la escalera del edificio del Consejo de Ministros. Me acerqué a ella y le ofrecí mi brazo para ayudarla y facilitar sus movimientos, acompañándola en todo momento. Al ser la primera visita oficial y verles mayores, me di cuenta de que Jose y yo sólo teníamos cuarenta y dos años y él ya era presidente del Gobierno.

Años más tarde, durante un agotador primer viaje oficial a China, comprendí el cansancio de esa mujer. A las interminables horas de avión hay que añadir el cambio de horario. Tienes muy poco tiempo para adaptarte a unas costumbres distintas y el cansancio acumulado no te deja conciliar el sueño. Durante el día no hay tiempo para nada y además, ¿cómo vas a desaprovechar la oportunidad de conocer un país tan fascinante como China? Haces un esfuerzo, te levantas y ves que tienes una agenda repleta de actos oficiales... Fue entonces cuando me alegré de tener la edad que tenía, que me permitía el lujo de aguantar y recuperarme con pocas horas de descanso.

Hasta hace poco China y España eran dos mundos desconocidos entre sí. Los países de Occidente, y entre ellos España, tenían un gran desconocimiento de la cultura oriental, entre otras cosas como consecuencia de la dificultad en las comunicaciones.

Cuando viajé a China, observé que una de las grandes diferencias entre nuestras culturas estriba en la manera de relacionarse socialmente. El ritual, la ceremonia y la etiqueta son imprescindibles en el intercambio social. En todo momento hay que demostrar que uno se sabe comportar. El camino es más importante que el fin. La habilidad para insinuar y persuadir está presente en las relaciones humanas. Las prácticas del intercambio social en China son diferentes a las de Occidente. Aquí también se da importancia a las formas, pero la diferencia está en el grado. Occidente no da la misma relevancia al modo de relacionarse que China.

Volviendo a mi primer almuerzo oficial como anfitriona, observé atentamente cómo se organizaba y pensé que había que cambiar algunos detalles.

Desde que nos trasladamos, siempre he pensado que La Moncloa, además de nuestra casa, era un lugar de representación oficial y por lo tanto uno de los rostros de España. Entendí que la organización de los almuerzos oficiales, los pequeños detalles, que todo el personal de La Moncloa estuviera en el papel que le correspondía, era fundamental para que todo fuera sobre ruedas y asumí inmediatamente que yo también tenía que ocuparme, como por otra parte lo había hecho hasta ahora, de mi casa, aunque en este momento organizara en ella en lugar de una cena de ocho personas, una de ochenta.

Uno de los puntos fundamentales de las comidas oficiales es el menú. Como ya he dicho, en La Moncloa trabajan grandes profesionales de la cocina, pero he de decir que a mí también me interesa la cocina y, si bien durante estos ocho años no he tenido ocasión, sí que me he hecho con innumerables recetas que «copiaba» o solicitaba a los cocineros y que gracias a las buenas artes de Julio hemos probado en familia antes de servirlas en las comidas oficiales.

Y es que hay que tener mucha imaginación y grandes posibilidades de variar de menú, ya que los invitados a los almuerzos oficiales por parte española a veces se repiten: empresarios, periodistas, escritores..., aunque también se invita a personas que por su trabajo, relaciones o intereses empresariales puedan tener afinidad con la delegación extranjera invitada. Recuerdo que cuando vino Jacques Chirac uno de los invitados fue el futbolista Anelka, que se convirtió en la auténtica estrella del almuerzo. Está claro que la mayoría de las veces, el fútbol atrae más que la política...

Al igual que con la decoración del salón en el que se celebran los almuerzos, he procurado que los menús oficiales fueran representativos de nuestra rica y variada cocina regional y estuvieran acompañados de los vinos españoles, cada día más y mejor valorados en el mundo.

Según los invitados, había que contar con los servicios de protocolo para asegurarnos de que no había carne de cerdo y copa de vino en el menú de un almuerzo con visitantes árabes, o estar pendiente, por ejemplo, de un jefe de Estado que tenía una dieta vegetariana, o quizá lacto-vegetariana.

Una anécdota bastante curiosa ocurrió hace ya algunos años con un argentino, miembro de una delegación. Lo tenía todo preparado y bien organizado hasta que me lo cambió. Cuando le pregunté si tenía alguna preferencia en especial, me contestó que para empezar quería tomar un yogur, de segundo eligió un yogur y para terminar, como postre, pidió otro yogur. En vista de la «complicación» del menú elegido por ese señor, me preocupé personalmente de que los tres yogures estuvieran preparados y presentados de forma distinta en cada plato, así como de que variaran los tipos de su preciado lácteo. Como estaba sentado a mi lado, le pregunté si le pasaba algo, si padecía alguna enfermedad o algo por el estilo y, lejos de confirmarme el dato, el argentino me dio una explicación mucho más simple: como casi siempre comía y cenaba fuera de casa, optaba por hacer una de las dos comidas única y exclusivamente de yogur y, así, cuidar su estómago. Me pareció una postura verdaderamente sabia: ¡eligió la comida en La Moncloa para cuidar su estómago!

Si las comidas oficiales suelen ser breves, las sobremesas no se prolongan porque están ajustadas a unas agendas repletas de actos y recepciones oficiales. Siempre hay intérpretes, incluso si el idioma de la visita es el francés o el inglés, las lenguas que normalmente conocen los miembros del Gobierno. Las conversaciones pueden ser importantes y es necesaria la mayor precisión posible.

Casi siempre, previa al almuerzo, hay una rueda de prensa conjunta del jefe de Gobierno visitante con el presidente del Gobierno. Esto obliga a preparar menús con trucos para que no se estropeen si se retrasa mucho la comparecencia ante los medios sobre el horario previsto. En general, es bastante difícil ceñirse a la hora exacta y para ajustar lo más posible el horario, antes de la comida se sirve un aperitivo en los salones del edificio del Consejo de Ministros para las delegaciones de ambos países.

Durante estos ocho años han sido muchos los jefes de Estado y primeros ministros que han viajado a España de forma oficial. Antes de cada visita el gabinete del presidente y el Departamento de Protocolo elaboran un dossier completo con toda la información precisa: datos sobre la economía y el desarrollo del país, su historia y su cultura así como los gustos y aficiones de los visitantes y sus esposas.

Estas visitas resultan interesantes. Me siento afortunada de poder haber vivido esta experiencia tan privilegiada como enriquecedora.

... ORGANIZAMOS LAS VACACIONES DE VERANO

Poco después de la llegada a La Moncloa, mientras organizábamos la casa, una de las cosas que pensamos fue cómo planear nuestro primer verano.

Desde 1991 pasábamos las vacaciones en un piso en la urbanización Las Playetas, en Oropesa (Castellón). Antes, siendo mi marido presidente de la Junta de Castilla y León, el verano lo pasábamos en una finca de Quintanilla de Onésimo, en la Ribera del Duero, junto a las cepas de Vega Sicilia, donde fuimos acogidos por gente buena, castellana, seria, que nos brindaron su cariño.

Ante el verano de 1996, el primero en el que mi marido era presidente del Gobierno, no dudamos ni un momento en seguir yendo a Oropesa, como habíamos hecho hasta entonces. Sin embargo, teníamos que cambiar de casa, no sólo por motivos de seguridad, sino también de espacio, puesto que en el apartamento de tres dormitorios no podíamos tener a los funcionarios del gabinete de comunicaciones, a las personas de seguridad, al ayudante del presidente. Estaba claro que las circunstancias habían cambiado y que, por mucho que nosotros quisiéramos que todo transcurriera con la mayor normalidad, la vida y nuestro entorno no eran los mismos.

Me puse enseguida a buscar casa para las vacaciones. Recibimos dos o tres ofertas, entre ellas la de José Soriano, dueño de Porcelanosa, con quien pasado el tiempo hicimos buena amistad, así como con su mujer y sus hijas.

Soriano nos cedía su casa de Las Playetas, un chalé precioso frente al mar que yo fui a ver a primeros de junio. Me pareció estupenda; por si fuera poco su gesto, José Soriano se ofreció también a hacer los arreglos necesarios. Siempre nos reiteró el honor que suponía para él dejar su casa al presidente del Gobierno y su familia.

Nuestra aceptación dio lugar a muchas especulaciones. Recuerdo incluso una pregunta parlamentaria sobre quién iba a pagar la residencia, si nosotros o la Presidencia del Gobierno. Dijimos la verdad: José Soriano nos cedía su casa para pasar el mes de agosto. ¿De verdad alguien cree que el dueño de Porcelanosa iba a cobrar por el alquiler de su casa al presidente del Gobierno? Aun así, se siguió dando vueltas sobre qué podría esperar este señor a cambio.

Soriano jamás nos pidió nada, ni siquiera nos insinuó algún favor. Murió en un trágico accidente de tráfico en el año 2000. Fue una de las mejores personas que yo he conocido en mi vida, y también los miembros de su familia; nunca me volverán a preparar una casa con el cariño con el que los Soriano nos acondicionaban la de Las Playetas.

Fueron ellos, José y Sonín Soriano, su mujer, quienes se encargaron personalmente de la redecoración de la casa. Obra en la que, por supuesto, no quise intervenir porque la casa era suya y la tenían que hacer a su gusto. Nunca les agradeceré bastante el interés que pusieron ocupándose de todas las cosas.

Ese verano del noventa y seis nos conocimos las dos familias. Lo primero que hice nada más llegar a Las Playetas fue invitar a comer a Sonín Soriano porque me pareció que tenía que ver su trabajo terminado después de toda la ilusión que había puesto en él; a partir de entonces cada año, en agosto, las dos familias quedábamos un día para comer.

Los Soriano responden al prototipo de empresarios hechos a sí mismos que han creado un imperio. Representan muy bien las virtudes de las gentes de la Comunidad Valenciana, laboriosas, trabajadoras, generosas e imaginativas que nunca olvidan sus raíces. Hasta que mi marido entró de lleno en política y los veranos en Oropesa, yo no había tenido contacto con los valencianos. Sin embargo, ahora tenemos amigos de allí y aprecio las virtudes de esa zona de España porque son de las que hacen progresar a un país. La prueba es cómo ha avanzado esa comunidad en los últimos años, que hoy es la admiración de todos.

Recuerdo que una de las cosas más características de José Soriano es que él, aparte de haber sido uno de los empresarios más importantes de la Comunidad Valenciana (el polígono industrial de Villarreal es digno de ser visitado), no se desvinculó de su tierra; eso es muy característico de los levantinos. Era el tipo de empresario enemigo de los signos externos.

Recordaré siempre esas vacaciones con un afecto especial, fueron las últimas que pasé con mis tres hijos en casa. Eran esos días de verano en los que el tiempo tiene otra dimensión, te cunde de forma especial. Allí hacíamos una vida muy sencilla. Un verano familiar.

Las Playetas es una urbanización construida en los años sesenta. La gran mayoría de los veraneantes son gente de Valencia y de Castellón que tienen allí su segunda residencia. Hay también algunas familias, aunque muy pocas, de Madrid. Todos ellos hicieron que nuestra estancia fuera muy agradable. Tuvieron la mejor actitud que se puede tener: nos trataban como lo que éramos, una familia más. Nos dejaron hacer nuestra vida y siempre con un gran cariño.

En el capítulo de las anécdotas de ese verano de 1996, cómo no, el primer baño, que, en esta ocasión, fue mío sólo. Estaba claro que lo tenía que sufrir, así que cuanto antes me lanzara, mejor: era un paseíto en traje de baño, ¡entre los fotógrafos! No sé cuántos eran, pero había muchos. A partir de entonces llegué a un acuerdo con la prensa para que tras el primer chapuzón no pidieran más «posados», de modo que, cada verano, lo hacíamos nada más llegar.

Recuerdo que cada vez que iba a bajar a la playa y veía desde la terraza la fila de fotógrafos, pensaba que, sin duda, aquél era uno de los peores momentos de todo el año. Porque, la verdad, lo de aparecer en traje de baño, a partir de los veinticinco ¡debería estar prohibido!

La playa por la que dábamos los paseos era pequeña, pero durante los meses de agosto que pasé allí la recorrí miles de veces. Todos los días, al atardecer, andaba y charlaba con un grupo de amigas. Las mujeres empleamos la conversación con fines expresivos, mientras que los hombres hacen un uso puramente instrumental del lenguaje.

En el apartado fotográfico no podía faltar la foto de cada verano. A los tres días de llegar nos la hicimos en el jardín. Ya desde ese primer verano mi hijo mayor se negó a posar. Luego, en los veranos sucesivos, se le unió mi hija Ana, que dijo que ella tampoco salía. Así que solamente posábamos nosotros con Alonso. Hasta el año pasado, en el que mi hijo pequeño dijo que él tampoco. Ha sido algo gradual; mis hijos se han ido «cayendo» de las fotos y al final sólo quedamos nosotros dos.

Políticamente, el verano de 1996 fue bastante complicado. El 3 de agosto se acordó la clasificación de los papeles de los GAL, y el 7 sucedió la terrible catástrofe del camping de Biescas, en Huesca, en la que 87 personas perdieron la vida y otras 187 resultaron heridas a consecuencia de las terribles lluvias que inundaron el camping, situado sobre el antiguo cauce del río Arás. Mi marido se tuvo que ir a Biescas inmediatamente, nada más llegar a Oropesa. En ese momento me di cuenta por primera vez de lo que era interrumpir las vacaciones por un desastre de esas dimensiones. Evidentemente, Jose no dudó en ningún momento en ir. Pensó que debía estar allí y allí fue.

En el verano de 1996 fuimos por primera vez al palacio de Marivent, al despacho de verano con Su Majestad el Rey. Luego, don Juan Carlos y doña Sofía nos invitaron a comer. Fue el primer almuerzo a solas con los Reyes. Guardo un agradable recuerdo de aquel día. La admiración que ya sentía por ellos ha aumentado a lo largo de las distintas ocasiones que he tenido para conversar con Sus Majestades, conocerlos más de cerca y comprender su gran labor, insustituible en nuestra sociedad.

Ese verano Alejandro Agag era el ayudante del presidente y, como tal, pasó el primer verano con nosotros. Rápidamente, con esa capacidad de Alejandro de adaptarse al medio, a los tres días de llegar parecía que llevase en Las Playetas toda la vida. Se había situado en la zona y enseguida conoció a todo el mundo. Fue precisamente aquel mes de agosto cuando empezó la amistad entre Alejandro y mi hijo mayor, una relación que hizo que siguiera viniendo cada verano, incluso después de dejar de trabajar con mi marido. Hoy es mi yerno.

Durante ese verano de 1996 Alonso fue la desolación de los escoltas: caían de plano los treinta y tantos grados del mes de agosto y salía con la bicicleta hacia las cuatro de la tarde, inmediatamente después de comer. Los policías salían detrás de él...

Siempre han tratado de protegerle hasta en los pormenores, pero recuerdo que, un día, hace unos tres años, tuve que reunir a sus escoltas para decirles que el niño había crecido y que se tenía que caer. Ellos le tenían que cuidar, pero el niño se tenía que caer al suelo.

Uno de los escoltas de Alonso, José Antonio Gaviño, que ha estado muchos años cuidando de mi hijo pequeño, ha sido realmente una figura importante en la vida de Alonso. Él y sus compañeros han estado con mi hijo desde que llegamos a La Moncloa y le han visto crecer. Les estaré siempre agradecida, tanto a él como a todos los que se han ocupado durante estos años de nuestra seguridad, y de forma especial a Javier Ara, director de la seguridad de La Moncloa.

Como para todos, las vacaciones llegaron a su fin y empezó aquel primer invierno que vivimos en el palacio de La Moncloa. Al volver allí para comenzar el curso, por primera vez sentí que aquel edificio era mi casa.

... HICIMOS UN VIAJE OFICIAL

Habían pasado sólo cuatro meses desde nuestra llegada a La Moncloa cuando acompañé por primera vez a mi marido en un viaje oficial. La elección del destino había sido meditada. Entre el 3 y el 7 de septiembre de 1996 viajamos a la República Dominicana y a México.

Mi marido mantuvo siempre que uno de sus primeros viajes como presidente del Gobierno sería a Iberoamérica; los especiales lazos políticos y de amistad con estos países eran razones más que suficientes para empezar su política exterior cruzando el Atlántico, aunque, por razones lógicas de vecindad, sus dos primeros viajes en solitario fueron a Marruecos y a Francia.

A los dos nos apasiona Iberoamérica. Yo soy una enamorada de ese continente desde que fui en 1986 a La Antigua, Guatemala, despoblada en 1773 a raíz de los seísmos. Allí están las más valiosas muestras del barroco centroamericano.

Desde entonces procuro estar informada de la actualidad de sus países como si fuera el mío propio. He acompañado a Jose en cada uno de los viajes y he hecho varias visitas también yo sola. Hemos hecho buenos amigos, relaciones que trascienden lo puramente político y que hemos cultivado a lo largo de estos años en numerosos viajes.

Entre ellos, Andrés y Nohra Pastrana, que después de dejar la presidencia de Colombia, se trasladaron a España. Andrés Pastrana es miembro de la Fundación Popular Iberoamericana, ahora integrada en la Fundación para el Análisis y los Estudios Sociales (FAES), y está muy integrado en la vida española. La relación con ellos es excelente y nos vemos con frecuencia.

Los países iberoamericanos y sus dirigentes políticos miran a España y a todo lo que aquí ocurre de una manera especial. La transición española, el desarrollo económico y social, la estabilidad política de nuestro país en los últimos veinticinco años, se encuentran entre sus grandes referentes en política internacional.

También para el Gobierno Aznar uno de los grandes ejes de la política exterior ha sido Iberoamérica. Es una relación cimentada en un pasado común. España ha sido un nexo entre la Unión Europea y el continente americano, y un impulsor de los Acuerdos de Libre Comercio entre la UE y México en el año 2000, y Chile en 2003.

En este desplazamiento pude observar por primera vez cómo se prepara un viaje de Estado: son imprescindibles varios meses de conversaciones e informes preparatorios para que el viaje tenga contenido y éxito. Todo está milimétricamente organizado. El fallo de cualquier detalle, por pequeño que sea, puede convertirse en una catástrofe. Sincronizar agendas, horarios, tiempos en los trayectos, protocolos y duración de los discursos en los actos oficiales... Hasta el más mínimo detalle se contempla por parte de los departamentos de Protocolo e Internacional y el gabinete del presidente para no improvisar nada.

Cuando se inicia el viaje, los servicios de protocolo distribuyen entre los miembros de la delegación un programa de bolsillo, minutado con todo lujo de detalles, incluso hasta la hora y el lugar en el que se recogen las maletas para trasladarlas al avión. Estos programas, que elaboraban los servicios dirigidos por Enrique Pastor, primero, y después por Fernando Arias, han sido la envidia de mucha gente que durante estos años se han apresurado a tomar buena nota de ellos.

Cuando se concierta un viaje se elaboran unos informes sobre el país: su política general, su situación económica, las personas más destacadas, sus biografías, la cooperación de España y, en definitiva, todos los detalles necesarios para que al llegar se tenga la mejor idea posible de lo que se va a hacer, qué se va a ver y a quién se va a conocer.

Toda esta labor de preparación de los viajes permite aprovechar la visita infinitamente mejor. No sólo desde un punto de vista político, sino también desde una perspectiva personal. Por entonces, y durante seis años hasta que fue nombrado secretario de Estado de Política Exterior, al frente de toda esa tarea de preparación estaba Ramón Gil Casares, un diplomático que ha trabajado siempre de forma excepcional, pero sobre todo una gran persona a la que todos tenemos cariño.

Para aprovechar los viajes, se requiere una mínima preparación, como sabe cualquier turista: ver folletos, diseñar el recorrido, leer algo sobre la ciudad que vamos a visitar antes de salir. Es una forma de viajar dos veces. La primera lo preparas, y cuando ya vas físicamente, lo descubres y disfrutas al máximo de todos los detalles. Pues bien, esta preparación resulta imprescindible cuando se trata de un viaje oficial.

He de decir que a mí me apasiona viajar, creo que es una de las cosas buenas que tiene la vida. Conocer otras gentes, otras culturas, otras costumbres abre la mente, te hace más tolerante, aprendes a convivir y, por lo tanto, a compartir. Por eso el proceso de preparación es tan importante como el propio viaje y en las visitas oficiales, además, hay que tener en cuenta el contenido político, el cultural y el informativo.

Recuerdo que llegamos a Santo Domingo la tarde del 3 de septiembre de 1996. En la delegación española viajaban expertos en materia internacional, los periodistas que entonces cubrían la información de La Moncloa, el séquito del presidente del Gobierno, el personal de seguridad, el servicio médico... Un equipo que durante unos días convive entre el avión y los hoteles, con unos horarios apretados que en el caso de los periodistas se complican por razones profesionales cuanto mayor es la diferencia horaria.

Nos recibieron en el aeropuerto de Las Américas el presidente de la República Dominicana, Leonel Fernández, y el vicepresidente, Jaime David Fernández Mirabal, y su mujer, Lissy Campos, quien me acompañó durante esos días ya que Leonel era soltero.

Leonel Fernández colaboró con España deportando a los cinco terroristas que residían en territorio dominicano.

En la República Dominicana quieren a España; no existe ese sentimiento contradictorio, mezcla de cariño y recelo, que puede existir en otros lugares.

La recepción en el aeropuerto fue muy emocionante. Mientras sonaban los himnos de ambos países, varios niños de corta edad hondeaban las dos banderas sin perder detalle de lo que veían, con gesto alegre y entusiasta.

Hacía muchísimo calor. La duración del vuelo había sido de cerca de diez horas y aún teníamos que hacernos al cambio horario, así que el cansancio era patente en todos los miembros de la delegación. Nunca se han preparado los viajes internacionales dejando un tiempo para descansar al llegar, y este caso no fue una excepción. Recuerdo muy bien a los miembros de la delegación de aquel viaje, entre ellos, Abel Matutes, entonces responsable de Exteriores, y Fernando Villalonga, responsable de la Cooperación Internacional.

Tras la recepción en el aeropuerto fuimos directamente al hotel para cambiarnos y salir enseguida hacia el lugar en el que se celebraría la cena oficial. Al llegar al Palacio Nacional tuvo lugar la primera anécdota del viaje.

En esos magníficos programas de los que he hablado, figura en cada uno de los actos la vestimenta adecuada: caballero: traje oscuro; señoras: traje corto, largo o cóctel, etcétera. Para esa primera cena que daba Leonel Fernández estaba previsto de corto. Hice caso a las recomendaciones de Protocolo y me puse una falda hasta la rodilla y una chaqueta de manga corta.

Cuando llegamos, vi que todas las demás invitadas vestían de largo. Primer viaje oficial, cena de gala, periodistas... Al principio quise morirme, me imaginaba siendo el centro de atención de todas las miradas y criticada porque pudieran pensar que no había tenido la delicadeza de arreglarme según el protocolo.

Tras la cena, mi marido fue condecorado con la Gran Cruz Placa de Oro de la Orden de Duarte, Sánchez y Mella. Al día siguiente, la portada de la mayoría de la prensa dominicana era la foto de familia tras la condecoración. Todo el mundo pudo apreciar claramente quién era la única mujer que había optado por un traje corto. Allí estaba yo, entre unas señoras elegantemente vestidas con importantes trajes largos... En cualquier caso, un detalle menor.

A partir de ese momento fui insistente sobre la indumentaria adecuada para cada acto, tanto que, desde entonces, mi insistencia se convirtió en una broma entre los miembros de Protocolo de La Moncloa.

Al día siguiente visitamos el centro histórico de la ciudad: la catedral de Santo Domingo, construida en 1523, primer monumento plateresco de América, y la iglesia y el hospital de San Nicolás de Bari, también platerescos.

Generalmente, los españoles relacionamos Santo Domingo con un sitio de vacaciones, de hoteles y playas paradisíacas. Pero La Española es mucho más que un paraíso tropical. A las playas y los palmerales hay que añadir su valor monumental y su gran riqueza histórica y arquitectónica.

Santo Domingo es una ciudad luminosa y cálida. Sus calles empedradas están flanqueadas por esos característicos edificios de planta cuadrada que albergan un vivaz patio interior.

España es un país importante en el desarrollo económico de la República Dominicana, y no sólo por la fuerte inversión en los complejos hoteleros, sino porque en nuestro país hay un gran número de dominicanos trabajando, y ellos son una parte importante de la economía de Santo Domingo.

A la esposa del presidente o primer ministro visitantes se le prepara una agenda paralela a la de su marido y siempre va acompañada por la esposa del presidente del país visitado. La primera visita fue al Hospital de Niños de Santo Domingo, un centro creado y sostenido desde 1986 por el Estado dominicano que proporciona atención a niños con problemas de salud física y mental, al tiempo que promueve la enseñanza y la investigación. La República Dominicana tiene una medicina avanzada para un país en vías de desarrollo.

En este país, como en tantos otros, nos encontramos con muchos emigrantes españoles. Algunos trabajan de manera casi altruista: sacerdotes, religiosas o voluntarios seglares que van allí en un momento de su vida y deciden quedarse para ayudar.

Sería incapaz de enumerar los miles de españoles que nos hemos encontrado en estos y otros países ayudando en todo lo que podían. En la calle, atendiendo a personas con problemas de salud mental, educando, alimentando, curando...

Hay muchas instituciones españolas que trabajan en la educación y el cuidado de los niños sin familia. Personas que están con los que se encuentran en peor situación y lo hacen de forma ejemplar. España ha tenido siempre una vocación misionera y un enorme afán por salir al exterior.

En los viajes en que he acompañado a mi marido, he visitado los proyectos de ayuda al desarrollo de la Agencia Española de Cooperación; aquellos que tienen como objetivo la educación son los que, en mi opinión, darán mejores frutos.

Después de Santo Domingo fuimos a México, cuya capital me asombró desde la primera vez que fui en el año 1992. Con veinte millones de habitantes es la ciudad más poblada del mundo después de Tokio. La población mexicana es muy joven, un cincuenta por ciento de los ciudadanos es menor de quince años. El proceso de urbanización ha sido muy rápido y ha planteado uno de los problemas sociales más dramáticos del México moderno: el hacinamiento en las grandes ciudades, especialmente en la capital federal.

Recuerdo aquel viaje de septiembre del año 1996 con un cariño especial. Había pasado poco tiempo desde nuestra última visita a este país porque estuvimos en la toma de posesión de Ernesto Zedillo; en México este acontecimiento se repite el 1 de diciembre de cada seis años.

En esta ocasión, cuando llegamos al aeropuerto de México D.F., Ernesto Zedillo y su mujer, Nilda Patricia Velasco, nos esperaban en la escalerilla del avión. A partir de ese encuentro iniciamos una muy buena relación.

Como en casi todas nuestras visitas a México, nos alojamos en el Camino Real, hotel muy mexicano; sus habitaciones están decoradas en esos tonos fuertes característicos de este país, mezclados con el encalado blanco.

Ernesto Zedillo fue un presidente con un papel importante en la historia de México. Político con experiencia, había tenido distintas responsabilidades públicas: secretario de Educación y, años antes, secretario de Programación y Presupuesto.

Era jefe de la campaña del candidato priísta Luis Donaldo Colosio, cuyo asesinato abrió un período especialmente convulso en el país azteca. Pasadas las elecciones mataron también a José Francisco Ruiz Massieu —entonces secretario general del PRI— después de haberse reunido en Sanborns con 180 diputados electos. Zedillo sustituyó al candidato asesinado y el 1 de diciembre accedió a la presidencia de México.

Durante su gobierno, la colaboración entre México y España fue excelente en los terrenos político y cultural, así como en la cooperación y en las decisiones en la lucha antiterrorista; esta dinámica fue continuada por el presidente Vicente Fox.

México es un gran país. Una nación de cien millones de habitantes, con grandes recursos y expectativas económicas. Será uno de los países importantes del futuro. Hablamos largamente de ello con Emilio Azcárraga, el creador del gran imperio Televisa, orgullo para cualquier hispanoparlante, y con Guillermo Cañedo, por entonces su mano derecha a pesar de su juventud.

La riqueza monumental del centro de la Ciudad de México es extraordinaria. La plaza del Zócalo, es una de las más grandes del mundo. En ella se encuentran dos de los edificios más emblemáticos de su historia: a un lado se levanta la catedral y su magnífico Sagrario, la primera construida por Hernán Cortés sobre el antiguo Templo Mayor del Imperio azteca y, frente a ella, en el costado oriental, el majestuoso Palacio Nacional.

En el centro de la plaza, presidiéndolo todo, se erige una enorme bandera que se ve ondear desde lejos. Todos los días la izan y arrían.

La catedral es inmensa, monumental. Cuando la vi tuve la sensación de que, para los españoles que la construyeron en el último tercio del siglo XVI, México era más importante que la propia España.

Nada más aterrizar fuimos al Palacio Nacional. Sus escaleras están decoradas por los enormes murales de Diego Rivera que, junto con Siqueiros, es uno de los mejores pintores mexicanos. La pintura fue utilizada por ellos como un sistema expresivo de oposición política y nacionalista.

Los murales del Palacio Nacional reproducen los más importantes episodios nacionales. Por ejemplo, en los de Diego Rivera se ve a Hernán Cortés castigando a los indios con un aspecto que denota que el pintor no le quería demasiado. Reflejan lo que los artistas mexicanos consideraron lo peor del descubrimiento, la idea de que España arrasó su cultura y acabó con el Imperio azteca.

La conquista de América es, probablemente, uno de los grandes acontecimientos de la historia de la humanidad: pero la llegada de los españoles a México, siendo una de las grandes gestas de la historia tanto para españoles como para mexicanos, provocó sentimientos encontrados que se han trasladado a lo largo de generaciones y que con el paso de los años se van moderando.

Hoy existe una admiración hacia nuestro país que, al igual que en el resto de los países iberoamericanos, tiene su fundamento, como he dicho antes, en cómo se hizo la transición española y en nuestro desarrollo cultural, social y tecnológico. En toda América se han hecho seminarios, jornadas y conferencias sobre el proceso de transición en España, así como sobre el desarrollo económico, político y social español de los últimos veinticinco años.

Después del Palacio Nacional visitamos el Museo Antropológico, uno de los mejores museos del mundo. En él se pone de relieve lo que era el Imperio azteca y su cultura, existente antes de que los españoles llegaran a México.

Mi pintora mexicana favorita es Frida Kahlo, mujer de Diego Rivera, que ahora mismo es un icono de la historia mexicana y toda una figura dentro del movimiento feminista. He visitado su casa en más de una ocasión en Coyoacán, antes un pequeño pueblo y hoy integrado en la capital y habitado por un número importante de artistas e intelectuales mexicanos.

Su pintura es la expresión de su vida atormentada, marcada por el trágico accidente que sufrió siendo aún muy joven, que le dejó unos dolores que condicionaron toda su vida, y por las tumultuosas relaciones con el pintor Diego Rivera.

Los mexicanos tienen un gran sentido estético que se manifiesta en el uso de los colores. Los colores de México son intensos, fuertes y ácidos. El rojo, el verde, los colores vivos... Decoran las casas con un toque especial: tratan de integrar el exterior con el interior y las casas están muy abiertas, con unos patios que se viven mucho, repletos de árboles y flores. Tienen un clima eternamente primaveral que les regala una vegetación exuberante.

México ha tenido siempre una intensa vida cultural; ha sido la cuna de destacados escritores, pintores, poetas, artistas e hispanistas que con su obra han contribuido notablemente a enriquecer la cultura hispana y la lengua española. Un buen ejemplo fue Octavio Paz, a quien tuvimos la suerte de conocer en sus últimos años de su vida durante una cena en la embajada de España, precisamente en este viaje de 1996.

Octavio Paz era de esas personas que, siendo importante en el mundo cultural, siempre conservó su sentido de la realidad y su carácter sencillo. Mi marido es un ferviente lector de su poesía, aunque su conocimiento de Octavio Paz es superado, desde luego, por Luis María Anson, que es capaz de recitarle de memoria durante horas.

Durante este viaje estuvimos también con José Luis Martínez, el primer mexicano que escribió una biografía «objetiva» de Hernán Cortés. Hasta entonces, todas las biografías que se habían escrito sobre el colonizador eran interpretaciones de sus autores.

Como en cada viaje, durante éste a México de 1996 visité varias instituciones de carácter social para conocer sus obras y comprobar de cerca la realidad del país. Entre ellas, visité una residencia de Mensajeros de la Paz, ONG española que he tenido la satisfacción de presidir de manera honorífica durante muchos años gracias al padre Ángel, hombre del que me atrevo a afirmar que tiene más talento que bondad —y su bondad es mucha—, que trabaja en toda Iberoamérica y en muchos países de Europa. Esta residencia albergaba a niños sin familia, era como una casa para los niños de la calle. A diferencia de los orfanatos, donde todo está institucionalizado, en este tipo de residencias se intentan reproducir los patrones de una familia. Matrimonios sin hijos, religiosas y voluntarios de todo tipo hacen de padres de estos niños y recrean el ambiente familiar. Una labor que Mensajeros de la Paz realiza de forma excepcional en todas las residencias que he visitado durante estos años.

Visité también el Hospital de la Beneficencia Española, el mayor y mejor equipado centro hospitalario de toda Iberoamérica, mantenido exclusivamente gracias a la colaboración de la colonia española en México.

Como ya habíamos hecho en Santo Domingo, y como solíamos hacer en todos estos viajes, en México también nos reunimos con la colonia española. Las vivencias de los emigrantes españoles a veces me han hecho sentir verdadera tristeza. Sobre todo, esas historias quebradas, fallidas y dolorosas. Españoles que se fueron en su juventud buscando nuevos horizontes, repletos de ilusiones y que, sin embargo, no han visto cumplirse ninguno de sus sueños. Una de las cosas más tristes es que muchos de ellos se encuentran en los últimos años de su vida y sienten que no son ni de aquí, ni de allí, ni de ningún sitio. A veces te cuentan que gracias al Gobierno español pudieron volver a España, pero que, una vez en su tierra natal, o no la reconocen, o no encuentran lo que dejaron y, al final, deciden volver a donde siempre serán inmigrantes.

Recordaré la historia de una mujer que me hizo pensar mucho. Era muy mayor y estaba sentada a mi lado en una recepción con la colonia española en México. Hablando de su vida, me contó que desde que llegó a México —haría más de cuarenta años— nunca había cambiado la hora de su reloj. Mantenía el horario español desde entonces porque ella, en el fondo, seguía en España de alguna manera. Ese tipo de cosas son toda una lección de vida.

Detrás de cada emigrante hay a veces una ilusión conseguida, otras una decepción por lo que no se alcanzó y, siempre, una añoranza por su país que no se borra con el paso del tiempo. Y queda el recuerdo de los suyos, a los que tuvo que dejar cuando cruzó el charco en busca de un futuro que se presentaba incierto.

Te das cuenta de lo difícil que es abandonar tus raíces y empezar una nueva vida, aunque México ha sido siempre patria de acogida para los españoles.

Como a las plantas, a las personas nuestras raíces nos sujetan, nos dan fuerza, nos alimentan, son nuestra referencia y nos dan vida. Por eso es tan difícil emigrar, porque el individuo no puede trasplantar sus raíces. Por eso Rilke decía que la patria es la infancia.

... LLEGÓ LA NAVIDAD

Y si como antes decía, la patria es la infancia, es imprescindible la certeza de la infancia. Los recuerdos dejan una huella imperecedera en las personas: memorias que a lo largo de la vida tienen que reconstruirse cada vez que se necesita recuperar un punto de referencia, algo que guíe y explique cómo y por qué se ha llegado donde se está. Por eso los niños tienen que tener certezas y seguridad.

Desde que nació mi primer hijo tuve claro que quería que crecieran en un entorno de seguridad y procurarles esas certezas que les serían fundamentales para recorrer el camino de la vida.

De todos los recuerdos de la infancia las fiestas de Navidad y Reyes nos quedan grabadas en la memoria y, cuando echamos la vista atrás y reconstruimos nuestra vida, en cada año encontramos un sentido especial: por las circunstancias, por las personas que ya no están, por las que se van incorporando...

Terminaba el año 1996 cuando nos disponíamos a pasar nuestras primeras Navidades en el palacio de La Moncloa. Yo estaba empeñada en que, a pesar del cambio de domicilio, esas fiestas fueran lo más parecidas posible a todas las anteriores. Recuerdo que en un reportaje que me hicieron para la revista *¡Hola!* se veía la parte privada de La Moncloa y también la casa anterior de La Moraleja. Curiosamente, no sólo eran los mismos muebles, sino que su disposición era la misma en un sitio que en otro.

Para mí, las Navidades empiezan el 30 de noviembre con el

cumpleaños de mi hijo mayor José María, siguen con la celebración del aniversario de mi madre el día 1 de diciembre y terminan el 7 de enero, después de pasar unos días en el valle de Arán. Por lo tanto, en casa los adornos se colocan el día 30 de noviembre y se retiran el día 7. Es decir, nuestro calendario navideño coincide con las luces de las calles y con los grandes almacenes.

Una vez, uno de los «fontaneros» monclovitas se pronunció sobre los adornos de Navidad del palacio; en su opinión los árboles y belenes se habían adelantado «un poco» en el tiempo. Intenté explicarle el porqué de aquello y continué, lógicamente, con la costumbre de siempre; la misma que aún mantengo.

Ese primer año, al acercarse el 30 de noviembre, lo primero que hice fue pedir que buscaran los adornos, árboles y belenes que había en La Moncloa y he de decir que aparecieron muchísimos.

Colocamos varios árboles y varios belenes: uno en la entrada del palacio, en el hueco de la escalera que sube a la vivienda. De éste se encargaba la Asociación de Belenistas, a cuyo frente estaba Isabel Rosel, quien con los años se convirtió en un personaje habitual de La Moncloa en esas fechas. Cuando venía a colocar el belén, junto con toda la asociación, había una complicación en el funcionamiento diario de La Moncloa. Se situaban en la entrada del palacio, pared con pared con el despacho oficial del presidente del Gobierno y paso obligado de cualquier visita que tuviera Jose en esos días. Recuerdo, ahora divertida, cómo sufría el ayudante de turno con los martillazos, los ruidos y la sola presencia de los belenistas.

Otro belén, para mí muy importante, se coloca y se seguirá colocando en casa. Éste es un regalo de Isabel O'Shea, una de las señoras más veteranas del Partido Popular, que tuvo que dejar Bilbao por culpa del terrorismo. Nos quería mucho y el año que nos trasladamos de Valladolid a Madrid me dejó su belén porque quería que lo tuviéramos en casa. El año siguiente nos regaló otro, que he puesto desde entonces en recuerdo suyo. Murió hace cinco años, pero cada Navidad hay un recuerdo especial en mi casa para ella.

La preparación de estas fiestas también ha adquirido su rutina en los años que hemos vivido en La Moncloa. Durante los últimos días de noviembre se preparaba la agenda del mes de diciembre; cuatro semanas repletas de comidas, cenas, viajes, copas navideñas, etc.

Cada Navidad había una serie de cosas fijas: en los días previos a Nochebuena se celebraba una cena con los grupos parlamentarios del Congreso, del Senado y del Parlamento Europeo y acompañantes. En ella el presidente entregaba un pequeño obsequio a cada uno.

Esta cena se celebró por primera vez en el año 1991; ya se ha institucionalizado y me parece una buena costumbre. Se repasa el año político y, como en la vida misma, si hay que hacer una valoración tengo que decir que ha habido de todo: años buenos, años buenísimos y otros complicados.

Han sido años clave en la conversión del PP en una de las organizaciones más importantes de España, con su implantación en todo el país, con capacidad de movilización desde Finisterre hasta Algeciras y, lo que es más importante, con una cultura muy especial y creo, sinceramente, vertebradora de la realidad española y punto de referencia para muchas personas. Esa cultura, como medio de actuación y de relación entre sus miembros, con sus altos y sus bajos, permanecerá en el tiempo haciendo que el PP sea el partido que posiblemente no había existido hasta ahora en el espectro del centro-derecha español.

Otra de las cenas tradicionales es la que organizábamos con las personas que formaron parte del Gobierno que presidió Jose en la Junta de Castilla y León. Una evocación nostálgica de una época llena de ilusión, que ya tiene quince años, pero que permanece y permanecerá en nuestro recuerdo como una de las etapas más felices de nuestra vida.

También era costumbre cenar con los miembros del Gobierno al completo y sus cónyuges. La primera vez para nosotros se produjo en ese año de 1996, año turbulento en los días previos a la Navidad, en los que había muchas apuestas sobre si José María Aznar iba a ser recordado como el presidente más breve de la reciente historia y volvería el socialismo «triunfante».

Era un momento con alguna tensión política derivada del llamado Pacto de Navidad, el lío de las plataformas digitales y los medios de comunicación. Entonces parecía el fin del mundo, pero con el paso del tiempo se ha convertido en algo poco más que anecdótico. Sin embargo, aquélla es una de las cenas que recuerdo con especial cariño. Todos hicimos apuestas sobre si el año siguiente volveríamos a repetir esa cena en el comedor de la lámpara de los pajaritos. Evidentemente hemos repetido durante ocho años y sólo las fotos muestran el paso del tiempo, que es verdaderamente implacable. El tiempo no perdona y queda reflejado en la huella que deja en los rostros, en las más o menos incipientes canas y en algunos kilos que ya se quedan apalancados.

Tradicionales son también las copas de Navidad que como en cualquier empresa se organizan en La Moncloa con los funcionarios de Presidencia y con los periodistas que cubren la información del presidente del Gobierno. A éstas se unen las comidas y cenas con grupos de amigos y las familiares. Son costumbres que muestran el lado amable de la vida, momentos en los que se rebajan las tensiones cuando, aunque sea por unos días, se aparcan las polémicas y todos nos sentimos más cercanos.

Llegado el día 24, se acababa la parte navideña *hacia el exterior* y empezaba el ansiado momento en el que todas las familias se reúnen con un poco más de calma que el resto del año. En mi caso, el día de Nochebuena cenamos en casa de mis padres con todos mis hermanos, hermanas, cuñados, cuñadas, sobrinos... (¡tengo treinta y nueve sobrinos! En los últimos años han nacido tantos que hoy en día es difícil saber cuál es uno y cuál es otro: ¡puede haber hasta cinco niños de diez meses!).

Normalmente íbamos a misa del Gallo a la iglesia de San Agustín, la que durante años fue la parroquia de mis padres, donde nos habían bautizado a todos y nos habíamos casado la mayoría de los trece hermanos. Con la llegada de tanto niño pequeño y la incomodidad que supone sacarlos de casa por la noche, cambiamos la misa del 24 por la del día siguiente, Navidad.

Por supuesto, en esa primera Nochebuena en La Moncloa cenamos también en casa de mis padres; la casa donde nací y en la que viví hasta que me casé. En ese momento no sabíamos que se trataba de una de las últimas Nochebuenas que pasaríamos allí.

El día de Navidad comimos en casa de mis suegros; era una de las últimas Navidades para el padre de Jose. Tanto él como mi padre comenzaban un proceso de deterioro de su salud, probablemente prematuro para su edad, pero en el que empezamos a ver de cerca el paso del tiempo en la generación de mis padres.

Aquel año de 1996, la llegada al valle de Arán se retrasó por dos motivos: dos bodas el 28 de diciembre, y un viaje de cuarenta y ocho horas de mi marido a Guatemala para la firma de los acuerdos de paz.

Así, el día de los Santos Inocentes fui de boda: por la mañana asistí a la de una hija de José María Álvarez del Manzano, entonces alcalde de Madrid, y por la tarde volé a Santiago de Compostela para ir al Parador de la Toja donde se casaban Mariano Rajoy y Elvira Fernández Balboa. En estos años ha habido de todo entre los miembros del Gobierno: bodas, segundas nupcias, separaciones, nacimientos... Indudablemente, compartir estos acontecimientos crea vínculos y recuerdos entrañables que permanecen en el tiempo.

Por fin, el 29 de diciembre llegamos al valle de Arán, donde siempre pasamos los momentos más agradables del invierno. En la montaña también tienes la sensación de que se para el tiempo viendo los picos de los Pirineos recortados en el cielo y, si hace un día de sol, su reflejo en la nieve, los colores y la sensación de grandiosidad que transmite, te hacen comprender que nada es tan perfecto como la naturaleza.

Y eso sólo en el exterior, porque las casas del valle de Arán, en las que la chimenea siempre está encendida —y en la nuestra siempre acompañada de música—, te hacen sentir realmente a gusto; es ese estado de perfección que existe a veces en determinados momentos.

Allí mis hijos se sienten bien. La vida se centra en el esquí, la chimenea, la conversación, la lectura y algunas salidas nocturnas a cenar a cualquiera de los sitios que hay en los distintos pueblos del valle. La bajada desde lo alto de la montaña hacia los pueblos situados en el valle es como ver distintos belenes; se ha cuidado la construcción, la iluminación... Es un conjunto de una gran belleza.

El 31 de diciembre de 1996, la primera Nochevieja en la que mi marido era presidente del Gobierno, fue el primer día que subí a esquiar con mi hijo Alonso, que entonces tenía sólo ocho años. Cuando nos íbamos a bajar de la silla, encontramos un grupo de fotógrafos a los que yo no esperaba. Me puse nerviosa. Tenía que ocuparme del niño, el esquí, la silla, los fotógrafos y... Me caí de bruces al bajar. Cuando eres foco de atención de los fotógrafos, te das cuenta de todo lo que normalmente hacías por puro instinto y que ya no puedes hacer porque tienes un testigo ocular de tus movimientos. Por eso sabía que antes o después me caería y, realmente, me veía un poco ridícula. Pero no pasa nada. Una vez ocurrido, me di cuenta de que lo mejor es comportarse con toda naturalidad sin intentar aparentar nada. Los fotógrafos, además, por regla general son amables y respetuosos.

Ésa fue también la primera Navidad en que mis hijos esquiaron con seguridad detrás y, a decir verdad, tengo que reconocer que me sentía tranquila.

Después de esos maravillosos días en el valle de Arán, el día 5 volvimos a Madrid para que mi marido asistiera a la Pascua Militar. Era la primera vez que los Reyes Magos venían al palacio de La Moncloa donde, entre todos, colocamos pan para los camellos, y turrón y coñac para Melchor, Gaspar y Baltasar.

Alonso tenía ocho años y se prestaba todavía al juego. La verdad es que he intentado prolongarlo tanto como he podido y, aún hoy, cada noche de Reyes sigo haciendo un pequeño teatro; como si todos creyéramos que van a venir de verdad. Es importante mantener la ilusión viva durante toda la vida. La juventud es un estado vital que pasa por mantener vivas las ilusiones y la fe en los demás. La vejez llega cuando no hay ilusiones, ni confianza en los demás ni planes de futuro. Hay mayores que mueren jóvenes y, por el contrario, algunas personas son ya viejos con tan sólo veinte años.

Cuando esa Navidad terminó y recogimos todos los adornos, me hice la misma pregunta que me hago cada año: ¿cómo será el año que viene?

Todas las Navidades que pasamos durante estos ocho años tuvieron cosas parecidas, pero cada una fue distinta, como lo es cada día en la vida.

La última Navidad que pasamos en La Moncloa fue de despedidas.

Tantas que, incluso, una vez, volviendo mi marido de la sede de FAES, al preguntarle qué tal le había ido, me respondió: «Fenomenal, es el único sitio del que no me tengo que despedir».

Fue un mes de diciembre intenso. Comenzó con la celebración de los veinticinco años de la Constitución Española, fecha muy importante; mucho más cuanto que había algunos que querían modificar el sistema que nos habíamos dado veinticinco años antes y que tanta estabilidad y progreso han traído a nuestro país.

Los veinticinco años, además, se celebraban con el ya anunciado compromiso matrimonial del príncipe de Asturias con doña Letizia Ortiz Rocasolano, con lo que implicaba dicho enlace para la continuidad de la institución monárquica, tan querida y apreciada por todos los españoles.

Como ya he dicho, hubo muchos actos de despedida: última copa con los funcionarios de La Moncloa, con la prensa que ha seguido durante estos años la actividad del presidente del Gobierno...

Entrañable fue la cena con los grupos parlamentarios del PP. Significó no sólo la despedida de mucha gente, sino, en cierta medida, la despedida de mi marido del Parlamento tras veintidós años de actividad parlamentaria.

Esta cena se celebró al día siguiente de la última intervención de Jose en el Congreso, que fue retransmitida por televisión. Luis de Grandes, portavoz del Grupo Popular en el Congreso de los Diputados, me había avisado de que tenían intención de rendirle un pequeño homenaje.

Vi aquella imagen por televisión, la cual definía la manera de ser de mi marido.

Muchos consideraron de mal gusto la forma en que el PSOE despidió al presidente del Gobierno. Era alguien que había sido elegido democráticamente por mayoría absoluta de los españoles y que, además, se iba sin que éstos le hubieran negado su apoyo.

Pero además era la despedida a un diputado que había estado en el Congreso durante veintidós años.

Durante la cena hablaron Luis de Grandes, Gerardo Galeote y Antolín Sanz, portavoces, respectivamente, del Grupo Popular en el Congreso, en el Senado y en el Parlamento Europeo. También tuvieron unas palabras Mariano Rajoy y mi marido.

Jose, en su pequeño discurso, agradeció a todos su trabajo y su lealtad y pidió perdón a quien hubiera podido ofender a lo largo de estos años. Pero fundamentalmente tuvo palabras de agradecimiento y de cariño para todos.

Recordamos muchas cosas aquella noche. Las cenas anteriores, los avatares de los primeros años, la gente del partido que ya no estaba en la cena al haber sido sustituidos por otros más jóvenes...

A esta cena le siguió la cita actual con los ministros. En ella, Rodrigo Rato habló en representación de todos y dijo algo que se me quedó grabado. A su juicio, mi marido había conseguido en su equipo una «extraña mezcla» de talento y lealtad. No sabía cuál de los dos adjetivos le calificaban mejor, porque, a su entender, Jose había mantenido un perfecto equilibrio entre ambos.

Por su parte, mi marido se dirigió a cada uno de los ministros individualmente para dedicarles unas palabras de agradecimiento.

Como cada año, nos hicieron un regalo que, en esta ocasión, fueron dos estupendos sillones de cuero y una lámpara que han sido todo un acierto, porque nos vendrán muy bien en nuestra nueva casa.

Al terminar, Rodrigo dijo que esta cena le parecía entrañable y que debía seguir haciéndose todos los años, algo con lo que todos estuvimos de acuerdo.

Al igual que la cena con los miembros del Gobierno de mi marido en la Junta de Castilla y León es una costumbre que se sigue manteniendo desde 1989 —año en que volvimos a Madrid—, espero que la cita con los que han sido ministros durante estos años se siga produciendo Navidad tras Navidad.

Al día siguiente de esa cena, Nochebuena, hice algo que supuso otra novedad para mí en esas fechas. Acompañé al alcalde de Madrid al albergue de San Isidro, una residencia de gente sin hogar que te hace ver la otra realidad de la sociedad en estos días. El anterior alcalde, José María Álvarez del Manzano, siempre había ido a visitarles en Nochebuena y, este año, Alberto Ruiz-Gallardón quiso mantener la tradición y manifestar su compromiso con la gente sin techo.

Después de visitar el albergue de San Isidro fui a algo mucho más frívolo. Quedé con mi hija Ana y Alejandro —que habían llegado a Madrid hacía unos días— para tomar el clásico aperitivo del día de Nochebuena, una tradición que me gusta seguir siempre que puedo.

Lo que aún no sabíamos es que por la tarde nos esperaría una gran alegría. Dos terroristas habían sido detenidos antes de cometer la barbaridad que se proponían llevar a cabo: un terrible atentado en la madrileña estación de Chamartín; habían cargado un vagón con explosivos que pensaban hacer estallar alrededor de las cuatro de la tarde de un 24 de diciembre.

Una vez más, todos tenemos que estar muy agradecidos a las Fuerzas y Cuerpos de Seguridad del Estado por su eficacia y al ministro del Interior, en esta ocasión, Ángel Acebes, por su determinación en la lucha contra los terroristas.

... FUIMOS A DOÑANA

Había pasado un año desde nuestra llegada a La Moncloa cuando decidimos ir por primera vez al Parque Nacional de Doñana. En ese momento no sabía que allí iba a encontrar muchas de las imágenes que guardaré en la memoria para toda la vida.

El 30 de abril de 1997 fui al Coto de Doñana para preparar la estancia del primer ministro luxemburgués, Jean-Claude Junker, y del presidente del Partido Popular Europeo y antiguo primer ministro belga, Wilfred Martens. Luxemburgo se preparaba para asumir la presidencia de la Unión Europea en el segundo semestre de aquel año y mi marido creyó conveniente pasar unos días en Doñana con Junker y Martens con el objetivo de intercambiar opiniones.

Jean-Claude Junker es un veterano de la política de su pequeño y rico país, uno de los estados con mayor renta per cápita del mundo. Él lo ha sido todo en Luxemburgo, y además es un buen conocedor de los temas europeos.

Wilfred Martens es un gran amigo del Partido Popular español, uno de los pocos invitados extranjeros que asistía a los congresos cuando estábamos en la oposición y sin muchas esperanzas de ganar unas elecciones. Siempre venía acompañado de su mujer, veinte años más joven que él, con la que estaba casado en segundas nupcias. De su matrimonio nacieron trillizos a los que Martens, que tiene cerca de sesenta años, está educando con una gran ilusión. El trabajo de su segunda esposa le obligaba a conciliar la vida laboral y familiar; Martens estaba haciendo la prueba y parecía estar disfrutando de ello como cualquier padre que dedica parte de su tiempo a sus hijos.

Venían también a pasar el fin de semana Rodrigo Rato, entonces vicepresidente económico del Gobierno, con su mujer Gela Alarcó y su hija Gela. Ellos son, han sido y serán siempre grandes amigos.

Yo me adelanté a todos un día, con Antonio Cámara, asesor de la Presidencia del Gobierno, y mi secretaria, Cristina Alonso, que me acompañaron para ayudarme a decidir dónde nos instalaríamos. Llegamos tarde, ya de noche. Nos esperaba para cruzar el río Guadalquivir José Pérez de Ayala, que trabaja en el Coto desde hace veinticinco años, y al que no conocía, pero que quedará vinculado a nuestro recuerdo de los períodos vividos en Doñana, estancias de lo más entrañables y especiales mientras que mi marido ha sido presidente del Gobierno.

Cruzar el río en una barcaza y dejar Sanlúcar atrás ya entraña algo mágico. El Guadalquivir lo es, y mucho más en ese tramo por donde desemboca al Atlántico, con Sanlúcar (uno de esos lugares con encanto único) en una orilla y el Coto en la otra.

Ese día entramos a Doñana ya de noche cerrada y desembarcamos en la playa. Nos subimos en un todoterreno y fuimos hacia el palacio de las Marismillas. El camino de arena, los pinos, el río a un lado, la luna apareciendo a través de los pinos y las explicaciones de Pepe Pérez de Ayala, me hicieron comprender que me iba a enamorar de ese mundo único que es Doñana.

Creo que ese sentimiento es común en todos los que por una u otra razón han tenido la ocasión de vivir en el Coto. En ese primer trayecto pasé por lo que llaman Los Llanos, unas extensiones desde las que es fácil avistar venados a diferentes horas del día. Como nadie les molesta, no se apartan y por eso es posible verles muy de cerca.

Tras el espectacular recorrido, llegamos al palacio de las Marismillas, construido en el año 1902 y gestionado de forma privada hasta 1983, año en que pasó a manos del Estado. Es una casa con cierta influencia inglesa, pintada por fuera de gris, con cristales emplomados y con dos miradores en la planta superior. Desde ellos, por la noche, se ve el jardín con su palmeral, que te hace sentir que estás en el sur, unos olivos diseminados y el clásico encalado blanco de Andalucía que demuestra que hasta en la cosa más simple, esta tierra pone de manifiesto su gran sentido estético. El jardín también tiene una jacarandá que cuando brota sus flores azules llegan a las ventanas del piso alto de la casa.

Esa noche llegamos tarde y enseguida nos fuimos a descansar. Entonces escuché el sonido del campo, ese ruido que te recuerda dónde estás y que en Doñana es especial, porque los rumores de la noche son muchos y muy variados. Hay multitud de pájaros y animales a los que se oye sin parar. Sonidos que, desde el primer momento, te sumergen en ese universo único que es la naturaleza y te alejan, al menos durante los días que estás allí, del otro mundo en el que vives y todas las reglas que lo rigen.

A la mañana siguiente fuimos a visitar el palacio de Doñana, situado muy cerca de la Marisma, para decidir si nos instalábamos allí a dormir. En él comparten vivienda los investigadores de la Estación Biológica y la familia González-Byass, propietaria de una parte del Coto (la otra es del Estado).

Me pareció que el palacio de las Marismillas reunía mejores condiciones para vivir, así que lo preparamos todo para la llegada de los invitados por la tarde. Mi hijo Alonso llegó con su padre y, desde entonces, siempre nos ha acompañado en nuestras visitas al Coto durante estos años. Él también guardará siempre un recuerdo de los días allí vividos.

Durante ese primer fin de semana empezamos a conocer los distintos sistemas del Parque Nacional de Doñana. En él conviven la marisma, las dunas, los pinos y treinta y cinco kilómetros de playas.

El primer día fuimos a las dunas a ver la puesta de sol. Los ocasos en Doñana siempre son distintos y cada cual más fascinante. Ver el sol ponerse detrás del mar en el silencio de las dunas es un espectáculo incomparable. Nuestros invitados quedaron deslumbrados. A un luxemburgués o un belga les sorprenden de forma especial los espacios vírgenes como éste que tenemos en España.

En la mañana del segundo día fuimos a las marismas. El camino hacia éstas en primavera es una explosión: las adelfas floridas se incrustan en los pinos y la luz se filtra entre los árboles reflejándose en la arena blanca, lo que produce una luminosidad especial.

Las marismas, que en la época del descubrimiento de América ocupaban una superficie muy superior a la actual —unas 200.000 hectáreas que acariciaban las mismas puertas de Sevilla—, son unas llanuras que, debido a su peculiar orografía, se ven sometidas a ciclos de inundación que las convierten en lagunas de mayor o menor profundidad, dependiendo de la estación y de la generosidad de la lluvia de cada año.

Durante aquel de 1997 había llovido en abundancia, así que el espectáculo de las marismas repletas de miles de flamencos, que según su posición se ven rosas o blancos, fue de esas imágenes que quedan impresas para siempre en la retina de quien las contempla.

Todos los que trabajan en el parque hacen la vida agradable a los visitantes. Están encargados de atender a la multitud de visitas que pasan por Doñana a lo largo del año y se nota que están enamorados del Coto. De él cuentan todos sus secretos y cada vez lo hacen como si fuera la primera y única vez. Ellos, encabezados por su director, Alberto Ruiz de Larramendi, fueron fundamentales para que la visita fuera un éxito, objetivo que también consiguieron todas las veces posteriores.

Esa tarde fuimos a ver la puesta de sol en la desembocadura del río Guadalquivir, por donde partían los barcos hacia América hace más de quinientos años. De las marismas enclavadas en el río Guadalquivir surgió el núcleo de la colonización ganadera y ecuestre de América, la que ha otorgado una parte de su personalidad a aquel continente.

La puesta del sol vista desde el río, con el Coto a un lado y las luces de Sanlúcar de Barrameda al otro, fue ese día simplemente perfecta. No había una nube y todo el cielo se tornó rojo cuando el sol se ocultó tras el mar.

La naturaleza es tan perfecta que la mano del hombre nunca llega a igualar esa belleza que hace que el ser humano se sienta parte de ella.

Todo esto contribuyó a que la reunión políticamente fuera un éxito, como otras muchas que se realizaron en los años siguientes. Entre ellas la del primer ministro británico Tony Blair, su mujer Cherie Booth y sus tres hijos, que vinieron a España en abril de 1998.

Entre el 2 y el 4 de abril de ese mismo año se celebró en Londres una cumbre entre los países asiáticos y los países miembros de la Unión Europea. España acudía y yo acompañé a mi marido.

El anfitrión era Tony Blair. Durante los meses previos se estaba organizando una visita a España del primer ministro británico acompañado por su familia.

Cherie Booth hizo de anfitriona de las mujeres de los jefes de Estado y primeros ministros que acudimos a la cumbre. La noche que llegamos nos ofreció una cena en la Readers Terrace. Nada más conocernos concretamos los detalles que faltaban para el viaje y así acordamos el día de su llegada para el 7 de abril.

Ella vendría antes que su marido, que estaba negociando los acuerdos de paz del Ulster.

Estuvimos en el Coto de Doñana con la familia de Tony Blair durante dos días hasta que él llegó la noche del jueves 9 de abril.

Eso fue el comienzo de una relación estrecha entre las dos familias, ya que en esos días tuvimos tiempo para conversar sobre nuestras vidas anteriores a la llegada a Downing Street y La Moncloa: cómo nos habíamos conocido, cuáles habían sido las carreras políticas de mi marido y de Tony Blair, y qué habíamos hecho Cherie Booth y yo anteriormente. En estas conversaciones de sobremesa estaban presentes sus hijos y los nuestros, que a veces hacían de intérpretes. Hemos vuelto a repetir estos encuentros con posterioridad: tres veces hemos estado nosotros en Chequers, residencia de fin de semana de los primeros ministros británicos. Allí la historia inglesa está gráficamente representada en los retratos de sus primeros ministros.

Creo que para nuestros hijos ha sido una oportunidad el haber asistido a unas conversaciones que siempre recordarán. Los Blair volvieron a España en noviembre de 2001 con su hijo pequeño Leo, nacido en el año 2000. Estuvimos con ellos en Quintos de Mora, en Toledo.

Tony Blair, como su mujer Cherie, son personas cercanas que saben escuchar, que se mantienen apegados a la realidad y que son una familia. Eso lo transmiten. Cherie es una gran profesional de la abogacía. Conocer a los Blair ha sido interesante. Tony Blair lo es como político, pero ambos lo son como personas.

2

LA CALLE ES LA VIDA

Durante los años en que mi marido fue presidente del PP y candidato a la Presidencia del Gobierno, fueron muchas las conversaciones cotidianas, las entrevistas con los distintos medios de comunicación y las reflexiones con amigos cercanos en las que siempre se planteaba una cuestión: el aislamiento que trae aparejado el poder, el coste que sufre la familia y la dificultad que supone para las relaciones de pareja.

Unos perjuicios que siempre se basaban en los mismos argumentos: todo en esa situación conspira para aislar a quien ejerce el poder. Se ha llegado a decir incluso que las relaciones afectivas se debilitan.

Cualquier situación que no se ha vivido y que, por lo tanto, se desconoce, hace que toda opinión previa tenga un punto de inconsistencia. Hoy, después de haber vivido durante ocho años en el palacio de La Moncloa junto a la persona que asumió la Presidencia del Gobierno, sí tengo elementos de juicio para poder afirmar lo contrario.

Las relaciones humanas en estas circunstancias no sólo no tienen por qué deteriorarse, sino que, por el contrario, se pueden ver fortalecidas. Además, sólo se aísla el que quiere hacerlo. La vida sigue, está detrás de la verja de La Moncloa, y así lo vi desde el principio.

Para no saber lo que pasaba fuera hubiera tenido que hacer

muchas cosas que nunca hice, como desvincularme de la vida de mi familia, de mis amigos o de la prensa, abandonar las visitas que me proponía hacer, despreocuparme de los colegios de mis hijos, aislarme de los problemas, ignorar las grandezas de unos y las pequeñeces de otros, dejar de leer las cartas que recibía…

Pertenezco a una generación en la que aún se escribían cartas. Esa forma de comunicación —olvidada hoy en la práctica— tiene para mí un significado muy especial. En una carta, el remitente es sincero y claro; te dice exactamente lo que te quiere decir y te lo cuenta como de verdad quiere contártelo, sin complejos.

Hay algo mágico en las cartas: la ilusión con que las recibes, la emoción que da sentir el pulso de quien plasmó las letras y, sobre todo, esa nostalgia que produce revisarlas al cabo de los años. Las cartas tienen la facultad de hacerte revivir el pasado con lo bueno y lo malo.

Si hay algo de lo que me arrepiento es de haber tirado ese montón de cartas que me escribieron mi madre, mis hermanos y muchas amigas durante los años de mi infancia, adolescencia y juventud. Sí conservo las de Jose que, aunque son pocas, pues no fueron muchos los días que estuvimos separados durante la época de novios, sí que, evidentemente, están cargadas de simbolismo.

Del resto tuve que deshacerme cuando me casé. Vivíamos en un apartamento muy pequeño, en el que el espacio era vital. Luego me arrepentí de no haber encontrado una solución mejor.

Con el paso de los años, a medida que mi marido iba asumiendo responsabilidades políticas, comencé a recibir todo tipo de cartas de personas que, a través del papel, me contaban sus problemas o me daban su opinión sobre cualquier asunto.

Como es lógico, desde que Jose asumió la Presidencia del Gobierno este tipo de correo se multiplicó considerablemente, hasta el punto de que, ocho años después, he podido contar la friolera de 11.538 cartas remitidas por personas a las que no conozco.

Estas cartas han supuesto para mí toda una lección: de ellas he aprendido sobre las preocupaciones de las personas, sus inquietudes o sus problemas con el entorno. A través de los renglones de esas cartas he podido «viajar» a cada rincón de España; ellas me han permitido conocer lugares y observarlos a través de los ojos de sus gentes.

Era consciente de que no había ningún reglamento que me obligara a leerlas y menos a contestarlas. La mujer del presidente del Gobierno no tiene ninguna función establecida, pero siempre me ha interesado conocer las razones que empujan a cada remitente a escribirme una carta personal y, aunque ello me haya costado la vista, tengo que decir que las he leído prácticamente todas.

Al principio, cuando mis hijos aún eran pequeños, aprovechaba los ratos en que hacían sus deberes para sentarme a leer y contestar a cada carta, aunque sólo fuera con unas breves líneas. Era lo mínimo que podía hacer después del interés que se había tomado tanta gente escribiéndome.

Más tarde, durante estos últimos años, he sacado tiempo de los sábados y domingos para abrir el correo de toda la semana, gran parte distribuido en mis bolsos; en estos años ha sido algo habitual encontrármelos llenos de cartas, sobres, tarjetas o simples papeles al llegar a casa. La gente me las daba en cualquier momento: en los mítines de campaña, en la calle y, en general, en cualquier acto público, y mi reacción natural era guardarlas en el bolso.

Los motivos de estas cartas han sido muchos y variados, aunque fundamentalmente para pedir trabajo. ¡Cuántas madres me habrán escrito para pedirme que intercediera por sus hijos, recién licenciados y aspirantes a un puesto laboral acorde con su titulación!

Otras muchas, sin embargo, eran de personas que quisieron plasmar en unas líneas su cariño, su agradecimiento, su apoyo... Habrá quien piense que estas cartas no son valoradas individualmente o que, simplemente, ni siquiera son leídas, pero lo cierto es que todas las muestras de afecto que hemos recibido durante estos años las hemos agradecido y en muchas ocasiones nos han dado ánimo y aliento en momentos difíciles. Es maravilloso sentir el cariño de tanta gente y aprovecho para agradecerles de corazón a todos ellos su apoyo.

En algunas de esas cartas reclamaban nuestra intercesión para la concesión del indulto al hijo, marido o amigo. Muchas madres me han escrito durante estos años contándome historias con esa sensibilidad de la que sólo es capaz una madre que habla de un hijo.

Es verdad que la justicia es lenta, aunque afortunadamente esta situación ha ido mejorando notablemente gracias a las reformas llevadas a cabo durante estos años, entre ellas los juicios rápidos. Sin embargo, no pocas veces quien cometió un pequeño delito durante su juventud es reclamado por la justicia después de muchos años, cuando ya ha rehecho su vida y aquel suceso sólo permanece como un amargo recuerdo del pasado.

Evidentemente, la justicia tiene sus propios mecanismos para valorar estos hechos y el tiempo transcurrido desde que se cometió el delito; por eso, todo lo que yo he podido hacer por estas personas ha sido tomarme el máximo interés posible en cada caso.

He recibido cartas verdaderamente curiosas en las que preguntaban por el traje que llevaba en una determinada fiesta, o la chaqueta que me puse no sé cuándo; cartas en las que me hacían sugerencias sobre mi peinado o mi forma de vestir… ¡Cuántas veces nos habrán escrito para pedirnos la corbata que llevaba Jose en un mitin o en una comparecencia!

Y, aunque algunas cartas no dejan de sorprenderme al leer las variopintas peticiones de sus remitentes, la verdad es que he acabado por acostumbrarme. Si se separan un montón de estos manuscritos al azar y se repasan sus objetivos, se puede comprobar que la realidad supera a la ficción. Cito textualmente:

«Grupo de ancianos de la residencia Casa Julita [el nombre es ficticio] solicita una furgoneta para pasear en el campo»; «Desearía que me dedique este poema»; «Me gustaría que me regalase un cachorro de la camada de los cocker»; «¿Me podría enviar un libro que le sobre?»; «Que si podría lucir mi mantilla de Chantilly en la boda de la infanta Cristina»; «Para que entregue unas cartas a Julio Iglesias»; «He ganado un viaje de una semana a Disneyland-París pero sólo tengo entradas para un día, ¿podría conseguirme las del resto?».

Otros, directamente van al grano: «Dos millones de pesetas en un cheque, a ser posible al portador ya que si es nominativo podría enterarse mi marido»; «Le pido que mi hija pueda volver a examinarse»; «Que me envíe su traje verde que utilizó en la boda»; «Ruego me manden libretas y lápices»; «Un cheque al portador sin definir cantidad»; «Quisiera la ropa que usted no use, ya que es bonita y exclusiva»; «Familia de pensionados quieren: un sofá de tres plazas, una cocinilla y un mueble de salón»; «Todo lo que no use de palacio (una silla, una vajilla, un vestido...) me podría venir muy bien».

Ha habido también una particular bolsa de empleo: «Señora de 48 años se ofrece para ser conductora oficial o particular de usted»; «Se acepta escribir un prólogo para su libro sobre las víctimas del terrorismo»; «Deficiente, vidente y parapsicólogo pide su apoyo y que lo presente ante los medios de comunicación»; «Me ofrezco para restaurar los muebles de La Moncloa».

Peticiones de ayuda de todo tipo: «Ayuda para sacarme el carné de conducir, al menos el teórico»; «Joven de 16 años le pide consejos y que me indique el camino para llegar a ser alcalde de Talia» [el nombre es ficticio]; «Ayuda para la operación de mis dos hijos transexuales»; «Ruego su colaboración para comercializar mis productos en Madrid»; «Ayuda para la compra de un camión refrigerado»; «Abuela de 72 años con 10 hijos, 36 nietos y 30 biznietos solicita ayuda para adquirir unas gafas nuevas»; «Solicito ayuda para obtener la licencia de quiosco de prensa»; «Si podría ayudarme a conseguir el permiso de residencia y así poder jugar al fútbol»; «Mi padre tenía sus mismos apellidos, así que, como somos familia, solicito ayuda».

Y, por otro lado, algunas más difíciles de clasificar: «Durante su visita a El Salvador, ¿podría usted llamar a mi hija y decirle que estamos bien y que la queremos?»; «Le invito a pasar unos días en casa de mi abuela»; «Está invitada a la fiesta de mi colegio», «¿Cómo están los bonsáis?»; «Joven chilena de origen chino solicita una beca de alimentación y habitación en la Universidad Complutense»; «A ver si consigue averiguar quiénes fueron los padres de mi bisabuelo que emigró a Marruecos».

Y éstos son sólo algunos ejemplos.

Luego están los asiduos, como Esteban, un señor de Alicante que durante estos años me ha escrito de puño y letra nada menos que noventa y ocho cartas. A través de ellas, mi querido Esteban opinaba sobre todo lo que se iba produciendo: temas de actualidad, medidas adoptadas, líneas de actuación... De momento no he tenido la oportunidad de conocerle personalmente, aunque su letra la reconozco de inmediato. Conozco su expresión, su caligrafía, su firma y casi hasta adivino su opinión. Como es lógico, después de tanta correspondencia ya le he tomado cariño, así que espero llegar a conocerle algún día.

Otra habitual en el buzón de La Moncloa ha sido Maruja Moreno, una señora de Lucena, en la provincia de Córdoba, que me ha enviado treinta y cuatro cartas. A ella sí la conocí personalmente, primero en Córdoba y más tarde en Madrid cuando la invité a venir a La Moncloa, lo que para ella suponía todo un acontecimiento. En sus cartas, Maruja me hacía todo tipo de comentarios, desde cómo me quedaba el traje verde hasta qué tonalidad de pelo me favorecía más. He disfrutado mucho leyendo sus comentarios durante estos años y guardo de sus cartas un grato recuerdo.

Hay dos niñas que me mantienen siempre informada. Una de ellas, Andrea, que vive en Luxemburgo, me ha ido enviando un álbum con todos los recortes de prensa que se referían a Jose o a mí misma. Una tarea encomiable que me ha venido muy bien porque ha sido la manera de que pudiera ver muchas fotos publicadas en medios de comunicación extranjeros que, de otra manera, nunca habría visto.

Por supuesto, no olvidaré jamás a Juan (el nombre es ficticio), un señor muy curioso al que no le importaba que yo leyera su biografía; es más, me la mandaba por entregas. Decenas de cartas resumían acontecimientos de su vida, muchas veces a modo de diario. Se podría decir que escribía su vida para que yo la leyera y, aunque pueda parecer algo surrealista, la verdad es que ha resultado de lo más interesante.

Mucha gente, simplemente, nos enviaba recortes de prensa con noticias o artículos de opinión expresando sus opiniones sobre la actuación del Gobierno.

Ésta ha sido una forma de comunicación muy común durante estos años en los que tampoco han faltado temas tan controvertidos como la famosa panacea del Bio-Bac, la píldora abortiva RU-486 o la adopción de niños por parte de parejas homosexuales, que despertaron un gran interés en su momento y dieron pie a numerosos editoriales que algunos ciudadanos nos remitían.

Por supuesto, las veces que he aparecido en televisión han tenido una enorme repercusión en el volumen de cartas recibidas en La Moncloa. Cada vez que intervenía en un programa de televisión, un aluvión de cartas se amontonaban sobre mi mesa y cientos de remitentes me daban su opinión sobre lo que había dicho, cómo lo había enfocado, de qué manera me había expresado, en qué acertaba, en qué no... La verdad es que es de agradecer, porque de estas opiniones he aprendido mucho.

Conservo también cientos de vídeos que la gente me ha mandado estos años. La primera comunión del niño, las bodas de oro de los padres, el viaje a Túnez de fin de curso, el cumpleaños del hijo pequeño... cualquier acontecimiento. A la gente le gusta inmortalizar con su cámara los momentos de especial emoción y, es un detalle bonito, mucha gente nos los mandaban en vídeo para compartirlos con nosotros.

Con las cartas me encuentro ante el mismo dilema de hace veintiséis años porque, como cuando me casé, ahora también me he cambiado de casa y por supuesto, ésta tiene menos espacio que el palacio de La Moncloa.

Sin embargo, esta vez he aprendido la lección y no me desharé de ni una sola de estas 11.538 cartas. Todas ellas están cargadas de sentimientos y tendrán un sitio reservado en mi nuevo hogar. No conozco a la inmensa mayoría de sus remitentes, pero a todos ellos les echaré de menos en los próximos años porque, muchos, como Andrea, Esteban, Maruja, Sonia, Silvia y tantos otros, forman ya parte de mi vida y de mis recuerdos.

Junto al cariño o la crítica, a veces constructiva y las menos agria, que llegaba con estas cartas de las que siempre he aprendido, también he tenido la oportunidad de saber lo que pasaba en la calle gracias a mi gente y a la relación que he seguido manteniendo con ellos, con su vida y con sus problemas, los cuales muchas veces son como los de la mayoría, pero otras nos desbordarían por ser excepcionalmente graves.

En el año 1996 no me había encontrado todavía con la muerte de cerca; tampoco con la enfermedad, el dolor o el deterioro que se manifiesta en el ser humano cuando sufre. Son momentos en los que todos nos hacemos las mismas preguntas, interrogantes para los que a veces es muy difícil encontrar respuesta. En mi caso en estos últimos años se ha precipitado un proceso en el que la enfermedad empieza a ser una cosa habitual en la vida familiar.

El 3 de enero de 1997 estábamos en el valle de Arán, a punto de volver a Madrid, cuando nos avisaron de que mi madre se había caído y se había roto la cadera. Me fue imposible llegar a tiempo para la operación; la intervinieron inmediatamente en el hospital Gregorio Marañón, a las dos horas de haberse accidentado. Varios de mis hermanos y mi padre estuvieron con ella.

Y aunque afortunadamente la operación fue un éxito, en esos momentos me di cuenta de que la vida había pasado también para mis padres y que a partir de entonces tanto mis hermanos como yo teníamos que pensar en ocuparnos de ellos. Por primera vez mi padre no se quedaba a dormir en un hospital con mi madre, así que hicimos turnos entre todos los hermanos.

Para mí, las noches que pasé en el Gregorio Marañón acompañando a mi madre supusieron encontrarme con el dolor que cada noche se palpa en los hospitales de cualquier ciudad, y comprobar lo mucho que trabajan, por ejemplo, las enfermeras de la planta de traumatología de un hospital como el Gregorio Marañón. ¡Eso es trabajar! Cuando el ser humano se siente enfermo y dependiente de los demás es cuando necesita de más cuidados.

Muchos son los que a partir de una edad pierden la cabeza tras haber pasado unos días en un hospital y, aunque luego la recuperan, el espectáculo es de lo más triste. Hay quien siempre encuentra una mano tendida a la suya en esos momentos, pero también hay quien está solo. Y hay quien llega al final sin sufrir el deterioro ni en su mente ni en su cuerpo y quienes, por el contrario, padecen un proceso de deterioro cuyos motivos no conocemos.

Mi madre ha sido siempre, y lo sigue siendo, quien aglutina a toda la familia; todos y cada uno de los trece hermanos sentimos por ella verdadera adoración, aunque cada uno la manifestamos con unos sentimientos y de una forma distinta.

Pertenezco a esa generación de mujeres que vivimos la transición entre dos formas de vida y dos modelos de familia. Mujeres que hemos protagonizado un cambio social que ha marcado el siglo XX y que hemos abierto muchos caminos que hoy ya no tienen vuelta atrás, pero que hemos actuado sin referencias, la mayor parte de las veces sin saber muy bien hasta dónde podíamos llegar.

Mucho se ha hablado del cambio de la mujer y de su incorporación al mundo laboral como la gran revolución del siglo pasado. Las mujeres de mi generación la hicimos en primera persona, algunas se dieron cuenta de que querían cambiar su papel en la sociedad muy pronto y adoptaron una actitud rupturista que manifestaron de forma activa y pública.

Otras, entre las que me encuentro, nos dimos cuenta quizá muy pronto, pero no rompimos nada ni tuvimos ninguna actividad pública, sino que empezamos a cambiar nuestro entorno poco a poco y por la vía de los hechos.

La familia en la que yo nací respondía al modelo tradicional. Pero con una diferencia para aquella época: a todos nos educaron desde el principio de igualdad: niños y niñas tuvimos la misma preparación, algo que en casa nunca se puso en cuestión y que significó todo un avance para los tiempos que corrían. Sin embargo, los trece hermanos veíamos el modelo jerárquico de esa época en nuestra propia casa. A mi padre tengo que agradecerle que tuviera esa visión de futuro en un momento en el que todavía eso no era lo habitual.

Mi madre, sin embargo, pertenece a una generación en la que algunas mujeres querían estudiar pero no se lo permitían sus padres, ni siquiera aunque hubiesen podido. Mi madre quiso ser médico, pero no pudo, no estaba bien visto. Hoy, paradojas de la vida, tiene dos hijas y tres hijos médicos.

Mis hermanas, mis hermanos y yo hemos hecho nuestros muchos de los valores con los que vivimos en nuestra infancia, pero hemos roto con otros. El más significativo es ese modelo de relación en la pareja. Hoy, para que la relación funcione en un matrimonio, tiene que ser entre iguales.

En mi familia estaba representado todo el arco político de la transición; era un fiel exponente de la realidad española y probablemente lo sigue siendo también hoy.

Cuando el PP ganó las elecciones del año 1996 y mi marido fue investido como presidente del Gobierno, sabíamos que alguno de mis hermanos no le había votado, al igual que alguno de sus amigos. Sin embargo, a medida que transcurría el tiempo y Jose iba demostrando que gobernaba para todos los españoles, el número de sus votantes en la familia fue aumentando.

Mis padres, por el contrario, fueron entusiastas desde el principio. Han vivido los procesos electorales de manera militante, como interventores en su mesa electoral hasta el 2000. Después, la salud de mi padre impidió que lo siguieran haciendo.

Durante estos ocho años mi familia siempre ha estado cuando la he necesitado. Sé que mi madre lo ha pasado mal en los momentos duros, pero también sé que ha sido feliz cuando las cosas iban bien.

A pesar de vivir en el palacio de La Moncloa, yo he tenido una sensación de normalidad gracias a que mi familia y mis amigas y amigos de siempre han estado cerca de mí; el hecho de continuar viviendo en la ciudad donde nací y en la que he estado siempre también ha contribuido en gran medida a esto. Madrid, cuando has vivido en ella cincuenta años, es tan cotidiana y familiar como cualquier ciudad pequeña. Lo cotidiano, para mí, implica normalidad. Y mi vida está en Madrid. Todo esto contribuyó a que no perdiera el contacto con la realidad.

Durante estos años, hemos celebrado muchos acontecimientos familiares en la que ha sido nuestra casa: cumpleaños, bodas de plata, Navidades... Nada más llegar a La Moncloa, mi hijo pequeño empezó a invitar a sus amigos a pasar los fines de semana en casa como lo había hecho antes.

Más tarde, la quietud del palacio no era siempre atrayente ni para él, ni para sus amigos. Preferían sentirse inmersos en la música «bacalao», un síntoma que no falla al llegar a una edad: cambio de gustos musicales, volumen atronador y cerrar la puerta de su dormitorio. Esa señal marca el comienzo de la adolescencia en la que se busca la soledad y se crea un círculo íntimo en el que a los padres no nos queda hueco. A mi hijo pequeño le llegó muy poco después de haberse casado Ana y con su hermano mayor viviendo ya en Nueva York.

Durante estos años mis amigas de siempre también han sido fundamentales. Para las mujeres la conversación es un fin en sí misma, nos permite analizar sentimientos y situaciones, cosa que no hacen la mayoría de los hombres. Las mujeres necesitamos un mayor nivel de comunicación para nuestra felicidad, queremos saber el porqué de las actitudes de las personas que amamos.

Las diferencias entre las maneras de entender la vida de hombres y mujeres —que son el gran reto de esa relación— son, precisamente, las que hacen que la amistad entre mujeres sea tan importante. Para mí, mis amigas son una parte de mis afectos y así lo han sido también durante estos años. Juntas hemos empezado a vivir las bodas de los primeros hijos, así como todos los acontecimientos vitales que son comunes en cada etapa de la vida.

Mucho se ha escrito sobre la pérdida de algún amigo, uno de esos sentimientos dolorosos que marcan profundamente. Es difícil no haber perdido alguno a los cincuenta años; en la vida se producen determinados acontecimientos que modifican los sentimientos e interfieren en las relaciones personales. Pero aun así el recuerdo de lo vivido siempre queda, al igual que la añoranza. Añoranza de lo que podía haber durado toda la vida pero que no fue posible conservar.

Durante los años que viví en La Moncloa conocí muchos hospitales por muy distintas causas, algunos por motivos muy cercanos. El padre de mi marido murió en enero de 2001, después de una enfermedad que duró diez meses y que también comenzó por

EL JARDÍN DE LA MONCLOA ES UN LUGAR QUE HE IDO QUERIENDO CON EL PASO DE LOS AÑOS. EN ÉL, HE VISTO PASAR LAS ESTACIONES AL MISMO TIEMPO QUE HAN IDO CRECIENDO MIS HIJOS.

2

EN UN SALÓN DE LA *VIVIENDA* DONDE DESAYUNÁBAMOS HABITUALMENTE.

CUARTO DE ESTAR DE LA *VIVIENDA*. CUANDO LLEGAMOS, AQUÍ ESTABA EL COMEDOR. COMIMOS EN ÉL DESPUÉS DE QUE MI MARIDO JURASE EL CARGO, EL 5 DE MAYO DE 1996.

En mi despacho, situado en la última planta de La Moncloa.

En las dos fotos de la derecha, en nuestra casa de La Moraleja el 5 de mayo de 1996, celebrando la investidura de Jose.

ARRIBA, DE IZQUIERDA A DERECHA, MIS PADRES (ERNESTO BOTELLA Y ANA SERRANO); MI CUÑADO MANOLO ROBREDO, FALLECIDO EN EL 2002; JOSE; MI HERMANA MACARENA; YO; Y MIS HERMANAS MARTA Y MARÍA JESÚS.
ABAJO, EL MISMO DÍA, MI CUÑADA ELVIRA; MI SUEGRO, MANUEL AZNAR, FALLECIDO EN EL 2001; MIS CUÑADOS RAÚL DEL HOYO Y GONZALO MONTES; JOSE; MI SUEGRA ELVIRA LÓPEZ VALDIVIESO; Y MIS CUÑADOS PITI, PILAR Y MANOLO.

En el Coto de Doñana he encontrado durante estos ocho años muchas de las imágenes que guardaré en la memoria para toda la vida. Arriba, con mi madre. Abajo, con mis hijos: Ana, José María y Alonso.

En el valle de Arán con Alonso, en las Navidades de 1996.

A LA DERECHA, CON RODRIGO RATO Y GELA ALARCÓ EN LA FINCA "LUGAR NUEVO" (JAÉN), EN LA SEMANA SANTA DE 1997. EN EL CENTRO, CON RODRIGO, GELA Y SU HIJA, GELA, EN LANZAROTE, Y CON EL CANCILLER GERHARD SCHRÖDER Y SU MUJER, DORIS SCHRÖDER-KOPF, Y MIS TRES HIJOS, EN BERLÍN, EN DICIEMBRE DE 2000, RESPONDIENDO A UNA INVITACIÓN DEL CANCILLER ALEMÁN. ABAJO, EN EL COTO, JOSE; MI HIJA; JAIME MAYOR OREJA; SU MUJER, ISABEL BASTIDA; EL RESTO DE SUS HIJOS, Y YO.

En el Club de Campo de Madrid, en septiembre de 1997. Por aquel entonces Alejandro Agag era ayudante del presidente del Gobierno.

En el colegio de los Jesuitas, en la fiesta de despedida de mi hija Ana, el 31 de mayo de 1999.

La Nochebuena de 1999 la pasamos en Jerusalén. Aquí estamos en la basílica de la Natividad.

En Menorca, en la casa donde pasamos los últimos dos veranos.

A la izquierda, otra imagen del Coto de Doñana. Aquí, posando con el gato Manolo delante de las escaleras de La Moncloa. Mi marido ha sido siempre un apasionado de los animales.

En el colegio de los Jesuitas, el día de la despedida de mi hijo junto a su entonces director, el padre Agustín Alonso. Era el 31 de mayo de 1996 y hacía cuatro días que vivíamos en La Moncloa.

EN LA NAVIDAD DEL 2002 COMIMOS TODA LA FAMILIA CON D. MANUEL FRAGA EN EL COMEDOR DE LA *VIVIENDA*.

1998. Con mi hijo Alonso en el valle de Arán, donde hemos pasado momentos muy agradables durante estos años.

Jose y nuestro hijo, el día del acto de su graduación.

JOSE Y ANA, EL DÍA EN QUE MI HIJA LLEGÓ DE LONDRES PARA VOTAR EN LAS ELECCIONES MUNICIPALES Y AUTONÓMICAS DE MAYO DE 2003.

El 28 de octubre de 2001 celebramos en La Moncloa nuestras bodas de plata. La misa tuvo lugar en el que hemos llamado Salón Amarillo de la *vivienda*. De izquierda a derecha, mi cuñada Lourdes de la Infanta; mi padre; Fernando Yarto; mi hermana Belén; mi tía Pepita Serrano; nosotros; mi prima Mari Pepa Botella; Concha Tallada; mi hermana Marta y mi cuñada Piti.

Mi hija Ana fue la encargada de entregarnos las alianzas ese día.

Con S.S. el Papa Juan Pablo II, en la misa celebrada en la Plaza de Colón de Madrid durante su última visita a España, el domingo 4 de mayo de 2003. Detrás, monseñor Rouco Varela y monseñor Stanislaw Dziwisz.

Durante aquellos días, visitamos a S.S. el Papa en la Nunciatura del Vaticano en España. En la imagen, con parte de las dos familias. De izquierda a derecha, Fernando Arias, director de Protocolo del Estado; mi suegra Elvira López Valdivieso; mi cuñado Gonzalo Montes; mi hija Ana; mi hermana Marta; mi hijo Alonso; mi cuñado, Santiago Barandiarán; mi hermana Cristina; mi madre; mi sobrina Carlota Botella, con su madre, María; mi padre; mi sobrina, Ana Serrano; y mis sobrinos, Manuel, Ana y Macarena Robredo.

ALONSO Y ANA CON LA TARTA DE MI CINCUENTA CUMPLEAÑOS, EL ÚLTIMO QUE PASÉ EN EL PALACIO DE LA MONCLOA, EL 24 DE JULIO DEL 2003.

EL MISMO DÍA, CON JOSE EN EL JARDÍN, DONDE LO CELEBRAMOS.

Una de las mesas preparada para una fiesta en el jardín, frente al Patio de Columnas, donde hemos celebrado distintos acontecimientos personales y políticos.

Con Alejandro y Ana, el día de la pedida, 6 de julio de 2002.

Sobre estas líneas, Ana en el *hall* de entrada a la *vivienda* el día de su boda.

A la izquierda, Ana en el Patio de Columnas con sus tres primas, Patricia Barandiarán Botella, Clara Alonso Botella y Marta Menéndez Botella. 5 de septiembre de 2002.

En los jardines de La Moncloa, el día de la boda de mi hija.

M. Povedano

M. Povedano

Los jardines de La Moncloa nos dieron la bienvenida en la primavera de 1996.

una rotura de cadera a los pocos días de las elecciones de 2000.

El marido de mi hermana Macarena murió en junio de 2002 como consecuencia de un cáncer con tan sólo cincuenta y dos años. Durante los meses que estuvo enfermo comprendí qué vulnerables somos, incluso a una edad que hoy consideramos de plenitud; pero también experimenté lo mucho que se quiere a una hermana. A veces, cuando más claramente se manifiesta ese sentimiento es al ver sufrir a esa persona a la que quieres tanto.

Hubo muchos más hospitales y muchas más enfermedades a lo largo de estos años; yo procuré compaginar mis distintas actividades y aprendí mucho sobre el ser humano en esas situaciones. Todas estas circunstancias son las que te recuerdan que los años que cumplimos te van haciendo distinto, no sólo por fuera, sino también por dentro.

Aprendí mucho sobre las distintas minusvalías y discapacidades, y me encontré con muchos que querían explicarme sus problemas y pedirme ayuda. Escuché y descubrí que hay muchas discapacidades que generan ternura a su alrededor, mientras que otras llevan a los suyos a la tristeza y a la desesperanza.

Son muchos los que trabajan con ellos y se sienten felices porque comprueban la utilidad de sus vidas; yo misma pude ver de cerca lo que significa la integración y pude comprobar que ésta realmente puede producirse.

La Fundación Carmen Pardo Valcárcel es un ejemplo de ello, como otras muchas. Allí todos los que padecen alguna minusvalía y los que no conviven en un mundo laboral integrado. Está dirigida por Carmen Cafranga, que contagia a todos su entusiasmo.

Conocí y comprendí también la sensación de fracaso y el sufrimiento de los que trabajan con estos enfermos, profesionales que podrían tener una vida con un mejor estatus económico y que, sin embargo, renuncian a ello por un trabajo mal remunerado pero que les produce otras satisfacciones.

Un ejemplo de esto es Semilla, una asociación que trabaja en el sur de Madrid presidida por Lourdes Ibáñez, personaje distinto y extraordinario.

Cuando llegué al Ayuntamiento de Madrid y formé mi equipo, propuse a una economista de veintinueve años que trabaja en Semilla colaborar conmigo. Sin embargo, ella optó por seguir con su labor en esta asociación; está enamorada de su trabajo. Sólo le preocupaba una cosa: que su madre no se enterara de la oferta que no aceptó. Me alegró comprobar una vez más que en el mundo no todos nos movemos por lo mismo. Hay muchos que optan en la vida por algo que parece no estar de moda en la actualidad.

Por otro lado, en los años pasados también tuve acceso a un mundo al que nunca habría llegado si no fuera por Jaime Garralda, un sacerdote jesuita que lleva años trabajando con la gente que está en prisión. Preside Horizontes Abiertos con una humanidad encomiable en una sociedad que a veces olvida a los presos. Desde su sencillez da una lección permanente de lo que es la solidaridad.

Se trata de un mundo que a mí siempre me había interesado conocer. Es difícil comprender qué ocurre en el ser humano cuando se le priva de su libertad. La mayoría son personas a las que la vida ha llevado a situaciones límite; muchos se han rehabilitado y nunca aparecieron en las páginas de los periódicos: lo bueno no es noticia. Hay otros que o nunca tuvieron una oportunidad o desaprovecharon la única que se les presentó en su vida; éstos, cuando alguien les tiende una mano, reaccionan primero con desconfianza pero casi siempre positivamente.

He colaborado en la recuperación de algunas de estas personas y aunque sólo hubiera sido por una, habría merecido la pena.

Durante esos años promoví la creación de dos fundaciones: Realiza e Integra, de las que fui presidenta ejecutiva, que se dedican a la integración laboral de personas con especiales dificultades.

En ambos casos, a todos los que pedí su colaboración me la

dieron, y aunque las dos fundaciones son aún relativamente nuevas, pienso que tendrán un largo recorrido. Parte de su labor ha sido trabajar con mujeres que habían estado en la cárcel, y han conseguido en muchos casos su integración en la sociedad.

El sistema carcelario que existe en España es pionero en muchas cosas, por ejemplo en el tercer grado, estado intermedio entre la prisión y la libertad. A él acceden quienes, tras haber cumplido parte de su condena, encuentran un trabajo o están en proceso de formación. Vuelven a dormir a la cárcel y, durante el día, se les da la oportunidad de usar bien su libertad. Gracias a este sistema, he visto la reinserción en la sociedad de un número importante de presos.

Haber vivido durante estos años en contacto permanente con la «normalidad» supuso para mí, además de un valioso aprendizaje, la oportunidad de sentir el cariño de la gente, aunque es cierto que, dependiendo de cómo se desarrollaron los acontecimientos, era mayor o menor.

Aprendí a distinguir en las caras, en el tono de voz, en sus ojos, el grado de resignación, de voluntad de salir de allí, de disposición a cambiar y comenzar una nueva vida o de desesperación que cada uno de ellos sentía. Ha sido infinitamente más el calor que he recibido e incluso el cariño que me ha dado gente desconocida que los sinsabores o tristezas. Probablemente nunca vuelva a estrechar su mano, pero, sin duda, ha sido lo mejor de estos años.

3

CUANDO NO SE PUEDE LLORAR...

La emoción forma parte de las cosas que vives, pero a veces resulta difícil de expresar.

En estos años ha habido momentos de tristeza o de alegría que, por evidentes razones, no podía compartir con otros, ni siquiera mostrar la emoción que me producían. También ha habido momentos en los que he tenido que morderme la lengua, momentos de hastío, de absoluto cansancio, otros de gran felicidad... Pero he procurado guardar mis estados de ánimo para mí misma y, si los he compartido, ha sido con los muy cercanos.

Así que estos cuatro relatos que vienen a continuación son un pequeño ejemplo de aquello que guardas en la memoria y que sólo los muy allegados conocen como parte de tu vida. Los demás quizá lo imaginan, pero la envoltura de la política oscurece los colores vivos de las emociones.

... DE PENA: LA MUERTE DE MIGUEL ÁNGEL BLANCO

Disimular los sentimientos, aguantar las lágrimas en situaciones de verdadero sufrimiento es, desgraciadamente, algo a lo que se ve obligada cualquier persona en muchos momentos de la vida.

Durante estos ocho años en que mi marido ha presidido el Gobierno de España hemos vivido situaciones difíciles a las que hemos tenido que reaccionar con firmeza. La responsabilidad institucional y la trascendencia de los acontecimientos te convierten, a veces, en un témpano ante la opinión pública, te exigen no llorar. Ésa es la dificultad de gobernar y eso es lo difícil de convivir con una persona que tiene la responsabilidad de tomar las decisiones más drásticas en los momentos más importantes.

Echando la vista atrás para recuperar un momento de especial crudeza, a pesar de que el mecanismo de autodefensa te exige olvidar ciertas sensaciones, aún me estremece un nombre propio: Miguel Ángel Blanco Garrido.

La primera vez que escuché este nombre fue la tarde del jueves 10 de julio de 1997. Los terroristas habían secuestrado en Ermua (Vizcaya) a un joven concejal del partido y amenazaban con matarle en un plazo de cuarenta y ocho horas si el Ministerio del Interior, a cuyo frente estaba entonces Jaime Mayor Oreja, no accedía al reagrupamiento de los presos etarras en cárceles del País Vasco.

Nueve días antes habíamos vivido uno de los momentos más felices desde que mi marido accedió a la Presidencia del Gobierno:

el martes 1 de julio el funcionario de prisiones José Antonio Ortega Lara había sido liberado después de 532 días de cautiverio encerrado en un zulo de la localidad guipuzcoana de Mondragón, donde estuvo a punto de morir de inanición. Tres horas antes, la banda armada había devuelto también la libertad al abogado vizcaíno Cosme Delclaux.

Pues bien, la banda terrorista no se hizo esperar; tardaron poco en volver a amenazar a toda la sociedad española. Recuerdo que aquel jueves de julio estábamos cenando en el jardín de La Moncloa Jose, mi hijo Alonso y yo. Mi marido no paraba de hablar por teléfono con distintos miembros de su gabinete. Organizaban una manifestación multitudinaria para el sábado por la mañana en Bilbao en la que se mostrara a los terroristas el rechazo absoluto de la sociedad para que, de alguna manera, si aún quedaba alguna posibilidad, recapacitaran sobre el crimen que pensaban cometer.

Alonso, que por entonces sólo tenía nueve años, estuvo presente en todas las conversaciones de esa noche. Me viene a la mente, a los dos años de llegar a La Moncloa, el día que Alonso me dijo acerca de su hermano: «Mamá, los escoltas de José María quieren cambiar de ruta y José María no quiere y, claro, están casados y dicen que un día van a saltar por los aires y van a dejar a sus mujeres viudas y a sus hijos huérfanos».

Resultaba evidente que, aunque fuera pequeño y yo intentara dejarle al margen, Alonso conocía el peligro al que estábamos sometidos. Ha vivido siempre rodeado de seguridad, conoce sus claves y sabe cuáles son los riesgos de lo que le ha tocado vivir. Ha sido imposible ocultárselo, pero sé que él mismo, al igual que sus dos hermanos mayores, se ha creado sus propios mecanismos de autodefensa.

El sábado 12 de julio, junto con miles y miles de personas, Jose y yo fuimos a la manifestación de Bilbao. Queríamos estar en primera fila arropando a la familia de Miguel Ángel Blanco en esos momentos tan duros, inciertos y crueles.

Recuerdo perfectamente esa jornada. Hacía bochorno; uno de esos días del norte en los que, a pesar de que la temperatura no es excesivamente alta, la humedad te envuelve y te produce una sensación de opresión en la piel.

Bilbao era una auténtica marea humana que daba la cara. Un mar de gente de todas partes del país había viajado hasta la capital vizcaína para sumarse a la movilización. Todas las expectativas se quedaron cortas: medio millón de personas reclamaban la liberación del concejal secuestrado en lo que, hasta la fecha, ha sido la mayor y más imponente concentración en el País Vasco.

La Gran Vía, la plaza Moyúa, todo el centro de Bilbao estaba inundado de personas que portaban fotografías de Miguel Ángel y guardaban un impresionante silencio.

Al mismo tiempo, todas las demás ciudades y pueblos de España se llenaron de manos blancas y velas en perfecto orden. No se escuchaba un grito más alto que otro, lo que llamó la atención de toda la prensa extranjera que ya empezaba a hablar del «espíritu de Ermua». La sensación de unanimidad que daba estar rodeada de toda esa gente con un mismo sentir es algo que todavía mantengo vivo.

Las manifestaciones de ese sábado de julio de 1997 permanecerán en mi memoria y estoy segura de que también en la del resto de los españoles.

Acabada la concentración, volvimos a Madrid. Quedaban pocas horas para que culminara el plazo impuesto al Gobierno, pero aún manteníamos la esperanza de que los terroristas recapacitaran al ver la reacción de toda la sociedad. Era la última posibilidad, aunque imaginábamos que la banda terrorista llevaría a cabo su fatal sentencia.

Como es lógico ante un chantaje terrorista, el Gobierno no accedió a sus peticiones. Un Estado de Derecho no puede sucumbir nunca ante las presiones de una banda terrorista. De haber hecho lo contrario, se hubieran puesto en entredicho todas las instituciones del Estado, hubiera supuesto su fin.

Cumplidas esas fatales cuarenta y ocho horas nos comunicaron el trágico desenlace: Miguel Ángel Blanco era hallado en Lasarte maniatado y gravemente herido por dos disparos en la cabeza. Aún tenía un hilo de vida, y durante once horas interminables la ciencia trató de tirar de él, pero sus esfuerzos resultaron vanos.

El joven Miguel Ángel murió a la madrugada siguiente.

España entera se rebeló: madrileños, catalanes, andaluces, gallegos, vascos... todos salieron sin temor. Gente de toda clase y condición, jóvenes y mayores, hombres y mujeres, familias enteras compartían un idéntico sentimiento de rabia y dolor. Doce millones de manos se elevaron al cielo pidiendo la paz en la inolvidable manifestación del lunes 14 de julio de 1997.

Fueron momentos de duelo de toda la sociedad; personas que se echaban a la calle con verdadero sentimiento de repulsa ante la barbaridad que acababan de cometer los violentos. Era algo absolutamente necesario, significó un paso de gigante en la lucha contra los terroristas. Hasta ese día en el que los españoles se enfrentaron unidos al terror impuesto, había miedo en mucha gente.

El 14 de julio de 1997 marcó un antes y un después.

Aún mantengo vivas en la memoria imágenes del entierro en San Sebastián de Gregorio Ordóñez, asesinado por los terroristas el 19 de enero de 1995; fueron momentos muy duros y las reacciones contrastaron con las que dos años más tarde se vivirían ante la tragedia de Miguel Ángel Blanco.

El entierro de Gregorio Ordóñez es de esos recuerdos que se han quedado muy marcados en mi memoria: cuando subíamos las escaleras del cementerio de Polloe, había gente alrededor que nos miraba con cara de verdadero odio. Esas miradas no se olvidan fácilmente y lejos de amedrentarte, que es lo que persiguen, te animan a seguir luchando, a continuar decidida en la lucha contra el terror y el chantaje de los asesinos.

Sabía a través de varios compañeros del partido —antiguos militantes de UCD— que, durante los años de la transición, cuando los terroristas asesinaban a algún militante del partido, los compañeros tenían que enterrarle casi solos, prácticamente con nocturnidad. Nadie se atrevía a salir. La gente miraba desde detrás de las cortinas. No salían de sus casas. Tenían miedo a ser vistos.

El entierro de Gregorio Ordóñez significó un momento intermedio entre el miedo que había en los primeros años de la democracia y la determinación de la manifestación por Miguel Ángel Blanco. En 1995 la gente acompañaba a la familia en el sepelio; pero también asistían quienes hacían una clara manifestación de su repulsa hacia los que dábamos el último adiós al concejal asesinado.

En el entierro de Miguel Ángel Blanco, en Ermua, todo el pueblo, absolutamente todo el mundo, estaba en la calle dando ejemplo de civismo. Y si hubiera habido alguien que se atreviera a hacer una sola manifestación contra el dolor y la rabia de tanta gente, estoy segura de que ni su familia, ni el pueblo de Ermua, ni nadie, lo habría aceptado.

Al sepelio de Miguel Ángel asistieron miles de personas, entre ellas, el príncipe de Asturias, los tres presidentes de la democracia anteriores a mi marido, Adolfo Suárez, Leopoldo Calvo-Sotelo y Felipe González, la mayor parte del Gobierno y varios representantes de la oposición. El adiós a Miguel Ángel supuso una dura prueba de autocontrol. Se vivió una fuerte tensión emocional, pero había que controlar las emociones.

Mi marido tuvo gran dificultad para contenerse; debió costarle verdaderos esfuerzos porque sé muy bien que aquéllos fueron de los días más duros de toda su vida.

Era lunes, habían pasado las mismas fatídicas horas del macabro plazo desde que Miguel Ángel Blanco había sido encontrado moribundo y nadie había conseguido aún asumir el dolor y la incomprensión. La lluvia, que caía a mares sobre Ermua en uno de esos días tristes del norte, oscurecía los montes cercanos y acentuaba aún más, si cabe, la pena de todo un pueblo.

A las doce en punto, cuando empezaron los funerales, todo el país quedó paralizado. Este crimen conmovió de una forma muy especial a toda España. Miguel Ángel era un joven que representaba muy bien a toda una generación y la sociedad entera se vio identificada con él.

Tenía veintinueve años, estaba licenciado en Ciencias Económicas, tocaba la batería en un grupo de rock, salía desde hacía tiempo con una chica, era concejal en el ayuntamiento de su ciudad, se acababa de comprar un coche...

Era hijo de unos emigrantes gallegos que llegaron al País Vasco y que, como muchos otros españoles, se integraron en él y contribuyeron a su progreso. Su padre, Miguel Blanco, trabajaba en la construcción; como tantos otros padres de familia, consiguió con esfuerzo y con la ayuda de su mujer, Consuelo Garrido, ver cómo sus hijos, Miguel Ángel y Mari Mar, estudiaban una carrera y se labraban un futuro.

Miguel Ángel Blanco era, en definitiva, el prototipo de joven que se propone prosperar y que lo empieza a conseguir. Tenía la vida por delante; todo eran proyectos e ilusiones hasta que unos violentos se los quitaron.

Su familia es encantadora y tremendamente cariñosa. Hemos tenido la oportunidad de vernos en numerosas ocasiones; muchas de ellas en actos del Partido Popular, a los que siempre vienen. Recuerdan constantemente a su hijo y hermano y seguro que nunca encontrarán respuesta al porqué de su muerte.

Cuando murió Miguel Ángel, sus padres aún eran jóvenes; les quedaban por delante los mejores años de su vida: sus hijos tenían un medio de subsistencia, habían crecido y ellos habían conseguido superar esa etapa en la que hay que hacer el mayor esfuerzo económico.

Son un ejemplo para todos. Nunca salió de sus labios una sola palabra amarga sobre el desarrollo de los acontecimientos a pesar de que estaban ahogados en una inmensa pena, que seguro que mantienen, porque la muerte de un hijo es algo que unos padres nunca pueden superar.

El asesinato de Miguel Ángel Blanco fue lo más vil y cruel que se puede esperar de unos terroristas. No contentos con matar, la única cosa que saben hacer, esta vez fueron más allá y nos lo mostraron a cámara lenta.

Eso sí, hubo un detalle que se les escapó: no contaron con el unánime rechazo social, que se plasmó en las manifestaciones por toda España, en la reacción de todo un país que superó el miedo para enfrentarse cara a cara con el terror. No contaron con que aquel día iba a nacer el «espíritu de Ermua» que hoy, cuando escribo estas líneas, aún sigue vivo. Y confío en que seguirá siempre así entre los españoles de bien.

... DE ALEGRÍA: LA LIBERACIÓN DE ORTEGA LARA

Afortunadamente, la vida no sólo está compuesta de dolor y consternación. La emoción se experimenta también muy intensamente como producto de la satisfacción de ser testigo de felices acontecimientos. En la vida abundan los momentos de alegría que son, al fin y al cabo, los que permanecen en el recuerdo y son la fuerza que nos impulsa a mirar hacia delante.

Los ocho años que he vivido en La Moncloa han sido inolvidables. Durante este tiempo, importante en la existencia de cualquier persona, he vivido momentos felices: la investidura de Jose, la mayoría absoluta en las elecciones de 2000, los éxitos políticos, la liberación de Ortega Lara, la boda de Ana...

Al recordarlos, puedo sentir esas emociones casi con la misma intensidad de entonces. Ésa es la grandeza del ser humano; al final, las cosas buenas son las que perduran.

La liberación del funcionario de prisiones José Antonio Ortega Lara fue uno de los acontecimientos más felices de todos estos años. Recuerdo aquella interminable noche del 30 de junio de 1997. Lo que aparentemente sólo era una noche más, acabó por convertirse en una angustiosa espera de horas llenas de tensión e incertidumbre que tuvieron el mejor final imaginable.

Al irnos a dormir, mi marido me dijo que esperaba una llamada del ministro del Interior. Había hablado con Jaime Mayor justo antes de acostarnos y éste le había dicho que estaban pendientes de que esa noche pudieran liberar a José Antonio Ortega Lara.

Como es lógico ante semejante información, estuvimos esperando a que se confirmase. No hay que olvidar que Ortega Lara llevaba secuestrado por la banda terrorista casi un año y medio.

El teléfono sonó alrededor de las tres de la mañana. Jose lo cogió enseguida y yo, junto a él, aguardé impaciente la confirmación del Ministerio del Interior. Cuál fue mi sorpresa cuando, al oír hablar a Jose con Jaime Mayor Oreja, me entero de que a quien realmente habían liberado era a Cosme Delclaux Zubiría, un abogado bilbaíno de treinta y cuatro años, hijo de Álvaro Delclaux Barrenetxea, uno de los más acaudalados y prestigiosos empresarios vascos, que la banda terrorista había secuestrado en noviembre de 1996.

—¿Pero no íbamos a por Ortega Lara? —preguntó Jose a su interlocutor.

De Ortega Lara por el momento no había ni rastro.

Acabada la conversación con Jaime Mayor, los dos pudimos dormir muy poco porque ambos vivimos esa noche con muchas emociones encontradas. Por un lado, la alegría y la satisfacción de la liberación del abogado vizcaíno; pero por otro, la incertidumbre y la consecuente tensión que producía no saber nada del funcionario de prisiones.

Eran poco más de las cinco y media de la mañana cuando volvió a sonar el teléfono. Al otro lado del aparato, de nuevo el ministro del Interior, esta vez con un mensaje poco esperanzador. Por más que rastreaban toda la zona, no hallaban ninguna huella de dónde podría estar el zulo de Ortega Lara y empezaban a perder las esperanzas de encontrarlo.

Finalmente, decidieron continuar un poco más con las labores de búsqueda; entonces, afortunadamente, el trabajo de las fuerzas de seguridad tuvo su recompensa. Poco después de las seis de la mañana recibimos una tercera llamada de Jaime Mayor en la que, por fin, nos anunciaba tan esperada noticia: José Antonio Ortega Lara había sido liberado y estaba vivo. Sufría un gran deterioro, consecuencia del infierno que había vivido.

Ver a José Antonio Ortega Lara salir de ese zulo de la forma en que lo hizo es contemplar la grandeza del ser humano. ¿Cómo puede sobrevivir una persona en las condiciones de Ortega Lara? Y sobre todo, ¿cómo pudo recuperarse de la forma en que lo hizo; cómo consiguió superar esa terrible pesadilla y llegar a estar como está ahora?

La única explicación que encuentro es que Ortega Lara tiene una fortaleza de espíritu fuera de lo normal. Un secuestro es, probablemente, una de las experiencias más duras que puede soportar un ser humano y más aún en las condiciones en que estuvo encerrado Ortega Lara.

Ese zulo diminuto ¡sin luz, casi sin oxígeno...! es sin duda algo que sólo pueden soportar las personas con una enorme riqueza interior.

El secuestro es uno de los delitos más inhumanos y terribles que se pueden cometer; no hay nada peor para una persona y su familia que la incertidumbre de no saber qué va a pasarte. Además, la privación de la libertad es terrorífica; si ya es dura cuando proviene de un procedimiento legal, mucho más lo es cuando responde a un acto terrorista, cuando una banda te captura con la intención de cometer un acto criminal.

Mi marido y yo viajamos a Burgos para visitar a Ortega Lara y su mujer, Domitila Díez, el miércoles 30 de julio, veintinueve días después de haber sido liberado.

Recuerdo que, de camino a la subdelegación del Gobierno en Burgos, donde iba a producirse el encuentro, no pude evitar acordarme de lo que se había dicho sobre la esposa de Ortega Lara. Al parecer, Domitila era una mujer fuerte que había estado bastante enfadada con el Gobierno y con Jaime Mayor porque, aunque el secuestro de Ortega Lara se produjo antes de que el Partido Popular llegara al Gobierno, a ella, como es normal, lo que le importaba era que liberaran a su marido. Por eso, cuando hablaba con Jaime Mayor había veces que se mostraba un poco tensa.

A mí me habían avisado de todo esto, pero, como es lógico, me pareció normal; me había puesto mentalmente muchas veces en su lugar porque me parecía que lo que le había tocado vivir es lo más angustioso que te puede pasar.

Probablemente, la incertidumbre es peor que la certeza de la muerte.

Eran las diez y media de la mañana cuando entramos en el salón de la tercera planta de la subdelegación del Gobierno. Era la primera vez que veía en persona a José Antonio y, nada más verle, me di cuenta de que tanto él como su mujer tenían unos recursos internos y una estabilidad emocional verdaderamente excepcionales.

Lógicamente, ni Ortega Lara ni su mujer podían mostrar aún su felicidad. No había pasado ni un mes desde la liberación y el proceso de recuperación que, sin duda, se efectuaba en Ortega Lara, no había hecho más que empezar. La recuperación de una persona que ha pasado por semejante experiencia no se hace en cuatro días.

Estuvimos charlando en privado. El relato de Ortega Lara era verdaderamente estremecedor; su descripción del zulo, sus pensamientos, su cautiverio... Resultaba casi imposible que estuviera frente a nosotros.

Nos contó que, durante su secuestro, había escuchado innumerables conversaciones entre los terroristas y, al relatarnos algunas de ellas, hubo una frase que se me quedó grabada.

De pronto, se dirigió hacia mi marido y, mirándole fijamente a los ojos, le dijo:

—Usted tenga mucho cuidado porque a usted no le quieren.

Su declaración no suponía ninguna novedad, pero oír una afirmación así de alguien que había estado durante tanto tiempo cerca de los asesinos y que hacía referencia a conversaciones concretas, es algo que en ese momento me estremeció. Si bien es verdad que durante todos estos años nunca he tenido miedo, o al menos he sabido superarlo, oír aquellas palabras en boca de Ortega Lara es algo que cuesta trabajo olvidar.

Creo sinceramente que este matrimonio es todo un ejemplo de tesón y voluntad. La fuerza demostrada por Ortega Lara en su recuperación atestigua la clase de persona que es, al igual que su mujer Domitila, que ha sido vital para que su marido superara esa horrible experiencia de una forma verdaderamente digna de elogio.

Además, José Antonio es todo un valiente. En las elecciones autonómicas y municipales de 2003 concurrió en una lista del PP de la provincia de Burgos, manifestando una valentía y una categoría humana que no todo el mundo tiene, porque, después de haber vivido una experiencia de este tipo, la reacción normal de cualquier persona habría sido desaparecer absolutamente de la faz de la tierra y, por supuesto, ni pensar en la posibilidad de desarrollar algún tipo de actividad pública. Sin embargo, Ortega Lara ha hecho exactamente lo contrario: después de ser liberado y conseguir superar su cautiverio, ha sido capaz de ir más allá y dar la cara.

Una reacción absolutamente valerosa que comprendo y comparto con él. Recuerdo que después del atentado de mi marido, mucha gente me preguntaba si quería que Jose abandonara la política. Siempre di un «no» por respuesta desde el más profundo convencimiento de que, si hay una razón por la que merece la pena luchar, ésa es, sin ninguna duda, conseguir un país en el que el terrorismo sólo sea un amargo recuerdo del pasado.

... DE EMOCIÓN: LA VICTORIA ELECTORAL DE 2000

Cuando el 12 de marzo del año 2000 me desperté, lo hice con la conciencia de que empezaba un día muy importante en la vida de mi marido y, por tanto, en la mía y en la de mis hijos.

El actor principal de esta película ha tenido la habilidad de hacer que todos nos sintamos parte de ella. Sabíamos que la vida cambiaría para nosotros en un sentido u otro, dependiendo de lo que pasara en aquella noche electoral.

Durante todo el día procuramos imprimir normalidad a las horas que iban transcurriendo y no transmitirnos dudas o preocupaciones. A las diez de la mañana mi marido y yo fuimos a votar. Mis dos hijos mayores ejercían por primera vez su derecho a voto, pero no vinieron con nosotros. A los dos les gusta guardar su privacidad y no aparecer en lugares donde haya cámaras.

Al regresar a casa estuvimos haciendo algo de ejercicio con mi hijo Alonso: era uno de los primeros días de la primavera madrileña, en los que siempre parece que la vida empieza y que no puede existir ningún problema.

A las dos de la tarde llegó el ayudante de mi marido para decirnos que las *israelitas* —encuestas a pie de urna— daban 139 escaños al PSOE y 172 al PP. A esas alturas sentía cierta cautela.

Inconscientemente, ése fue un día de recapitulación de los últimos años. Lo comenté con Jose en diferentes momentos. «¿Valdrá la pena el trabajo y el esfuerzo de tantas personas?» «¿Se verán defraudadas las ilusiones de muchos?» «¿No es cierto que España está mejor hoy que hace cuatro años?» Jose estaba seguro del triunfo; siempre ha tenido una gran confianza en sí mismo, pero a mí me asustaba la desilusión si el resultado no era bueno y que lo pudiera vivir como un fracaso personal.

Cuando almorzábamos, mi hijo Alonso suspendió de un plumazo toda la trascendencia ambiental con esa simplicidad de la que sólo son capaces los niños: «Papá, si perdemos, ¿cuántos días tenemos para hacer las maletas?».

La pregunta nos hizo hablar sobre aquella posibilidad en tono de humor. Me di cuenta de que lo que le proporciona seguridad y estabilidad a mi hijo somos nosotros, con independencia de cualquier situación.

Según se iba acercando el cierre de los colegios electorales, ya estaba todo hecho. Yo sabía que necesitábamos de forma vital un buen resultado y que, objetivamente, era conveniente para España.

Los primeros datos que aparecieron eran buenos, nos daban claramente como ganadores, pero la experiencia acumulada durante años de noches electorales me decía que todo podía cambiar. Las caras eran ya todas de alegría.

A las ocho de la tarde bajamos a la biblioteca del palacio, donde se habían instalado unas pantallas para seguir los resultados electorales. Estuvieron con nosotros nueve o diez personas muy cercanas.

En una de las pantallas aparecía el programa aplicado por el Ministerio del Interior, en el que se hace una simulación de los resultados definitivos con un número pequeño de votos escrutados. La simulación daba un buen resultado, pero sin llegar a la mayoría absoluta. El experto informático de la Presidencia apostó por 171 escaños.

A partir de las nueve de la noche del 12-M, mis amigas y mi madre, diseminadas por colegios electorales de Madrid difíciles para nosotros, empezaron a llamar dando resultados, todos muy favorables. Alguno, como el de Villaverde —colegio poco proclive al Partido Popular— nos daba la victoria. A eso de las diez de la noche el triunfo ya era seguro y, a medida que avanzaba el recuento de votos, el resultado para el PP mejoraba. Cuando se confirmó la mayoría absoluta, las caras de todos eran de felicidad y asombro.

A mis hijos y por supuesto a Jose se les notaba felices. En cuanto a mí, la paz era el sentimiento que en ese momento prevalecía sobre los demás. Por varias razones: pensé que el triunfo era bueno para España y merecido para el Partido Popular y para mi marido. Era el resultado de muchos años de esfuerzo y de trabajo, al haber apostado por un proyecto de país en el que creía y haber luchado por él. Todo ello después de haber vencido una serie de tópicos y clichés sobre el sector ideológico que representaba, su personalidad, etcétera.

Para los que estábamos viendo los resultados fue muy emocionante. Una de las personas que trabaja con mi marido, poco dado a expresiones sentimentales, me emocionó realmente cuando me dijo que se alegraba sobre todo por nosotros y por mis hijos.

El teléfono sonaba sin parar, llamaba gente del partido de todas partes de España para contarnos los resultados.

Para mí fue muy emocionante lo que mi hijo mayor le comentó a su padre: «Me siento muy orgulloso de ti», le dijo. Mi hija Ana no decía nada. Es tan incondicional de nosotros que para ella cualquier resultado hubiera sido bueno, pero en su cara se reflejaba la alegría.

Después de cenar algo fuimos a Génova, a la sede del PP. Llegamos sobre las once de la noche. En el trayecto, mi hijo Alonso sólo decía: «183, 183, 183». Era la primera noche electoral que no habíamos estado desde el principio en la sede del PP y la llegada fue muy emotiva. Allí estaban quienes habían compartido con nosotros noches y noches electorales, algunas de triunfo y otras bastante decepcionantes. Al abrazarme, alguien me dijo: «Esto tenía que llegar».

La salida al balcón de Génova fue un momento mágico e irrepetible. La vida, afortunadamente, va dejando destellos de luz, momentos felices en la memoria que siempre reconfortan al recordarlos. Ése fue uno de ellos.

Veíamos el cielo de Madrid, las banderas del PP y de España, las caras de la gente, todas de alegría y de afecto. El calor de las personas que había allí se transmitía, sin ninguna duda, como si cada una individualmente te lo hiciera llegar.

Desde allí nos fuimos al hotel Meliá, donde estaban nuestros padres, hermanos y amigos. Muchos de ellos habían trabajado a lo largo de la campaña, en la jornada electoral y a lo largo de muchos años. Pienso que todos se sentían partícipes del triunfo.

Volvimos a La Moncloa. Nos acompañaron Rodrigo Rato y Gela, Mariano Rajoy, Jaime Mayor y Javier Arenas. Cenamos —entonces sí que teníamos verdadera hambre— y volvimos a ver en la pantalla los resultados electorales.

Mi hijo Alonso, a esas horas ya experto en informática, decidió que no hacía falta que nadie se quedara allí, que él sabía acceder a los resultados de las distintas provincias que íbamos pidiendo.

Fue una noche feliz: se cerraba una etapa y empezaba otra nueva. Cuando nos quedamos solos, supimos que esa noche era irrepetible.

... DE NOSTALGIA: LA BODA DE ANA

Para relatar la boda de mi hija Ana, he de retroceder al verano de 2001, el primero que pasamos en Menorca.

Durante la primera semana de agosto, estuvimos solos mi marido, mis hijos Ana y Alonso y yo, pero a partir de la segunda, tuvimos invitados un día sí y al otro también. Parecía como si hubiesen hecho turnos, de forma que cuando unos se iban, otros venían.

Mi hijo José María fue uno de los primeros en llegar. Vino acompañado de su novia, Tania Paessler, y de Alejandro Agag y Jacobo Gordon, ambos íntimos amigos suyos a los que había invitado a pasar las vacaciones.

Inmediatamente me di cuenta de que Ana y Alejandro empezaban a interesarse el uno por el otro más de lo normal, sensación que tuve cada día; había una química entre ellos. Picada por la curiosidad, se lo comenté a Jose, y él también compartía esa misma sensación. Sin duda, el barco que utilizábamos para navegar tenía un tamaño lo suficientemente pequeño como para que nada pasara inadvertido.

Por si aún me quedaba alguna duda, mis sospechas se vieron reforzadas cuando, llegado el día en que Alejandro se marchaba, observé que Ana hablaba por teléfono nada más despedirse de él. Yo la miraba atentamente tratando de confirmar lo que llevaba varios días rondando mi cabeza y, en un golpe de curiosidad, no pude por más y se lo pregunté. Ana, con grandes aspavientos, me negó lo que a mi entender era una evidencia, así que insistí una segunda vez. La cara de asombro de mi hija mientras hablaba por teléfono me hizo desistir en el empeño y me olvidé del asunto.

En ese momento me declaré incapaz; eso sí, verla hablar por teléfono varias veces al día e incluso de noche, no hacía más que acrecentar esa mosca que tenía detrás de la oreja.

Ya en Madrid, una vez terminadas las vacaciones e iniciado el curso, veía que Ana entraba y salía de casa con bastante más frecuencia que de costumbre, así que mi impresión seguía siendo la misma por más que nadie me lo confirmara.

Tuvo que ser fuera de casa y por terceras personas cuando, por avatares de la vida, me ocurrió algo que supuso la práctica confirmación de mi sospecha.

A finales de septiembre viajé a Galicia para asistir a un mitin del PP; estábamos en plena campaña de las elecciones autonómicas y quise acudir a varios actos organizados por el partido. Marilar de Andrés, entonces jefa de Prensa del PP, me comentó que una periodista le había llamado para preguntarle si mi hija Ana salía con Alejandro Agag. «¡Nooo, qué tontería...!», le espeté a Marilar cuando me lo contó.

Por lo visto, mi marido y yo no éramos los únicos que pensábamos que Ana y Alejandro se habían acercado más durante el verano, así que, lejos de olvidarme del asunto, empecé a convencerme de que no iba tan mal encaminada.

Al día siguiente, ya en Madrid, comimos con mis tres hijos y varios amigos suyos. José María había venido de Nueva York a pasar el fin de semana con nosotros y, en vista de que entre los amigos no estaba Alejandro Agag, pregunté como el que no quiere la cosa: «¿Alejandro no viene a comer?», a lo que todos me contestaron con un escueto «no».

Al acabar de comer subí a mi habitación; mi hija Ana me seguía con aire misterioso.

—Mamá, en un programa de televisión han dicho que salgo con Alejandro.

—Qué bobada —contesté—. ¡Qué más da lo que digan en televisión! ¿Nos va a importar eso a estas alturas de la vida?

Ante mi reacción, Ana se calló y no dijo una sola palabra más sobre el asunto.

Horas más tarde, ya por la tarde, mi hijo mayor me llamó por teléfono a propósito del mismo programa de televisión:

—¿Sabes con quién sale tu hija?

—Pues que yo sepa, con nadie —contesté.

—Te equivocas. Que sepas que sale con Alejandro; lo han dicho en un programa de televisión.

Como es lógico, al ser lo mismo que me había dicho su hermana, le dije a José María que no me preocupaba en absoluto lo que se dijera sobre ese tema, que no era más que un cotilleo de verano.

—Alejandro me ha llamado y me lo ha dicho —sentenció José María.

—Ah, bueno... —dudé—. Pues si tu fuente de información es ésa... Entonces ya la cosa cambia —dije con el tono «mosca detrás de la oreja».

Evidentemente, a la mañana siguiente irrumpí en la habitación de mi hija, la desperté y le pregunté por el asunto.

Ella, muerta de risa, confesó.

Me dijo que el mes que había estado ocultándonoslo se le había hecho larguísimo, pero que —con muy buen criterio de los dos— habían decidido esperar un poco para contarlo.

Ana tenía diecinueve años y Alejandro treinta; además, por decirlo de alguna manera, mi marido era el jefe del novio de mi hija y mi hijo José María era, y es, íntimo amigo suyo. Ellos pensaron que era mejor asegurarse un poco antes de decir nada.

Hubo comentarios para todos los gustos: a Alejandro sus amigos le hicieron todo tipo de advertencias y mi hijo mayor también tuvo su peculiar reacción.

A mi marido, que tenía mucho cariño a Alejandro desde antes de que ocurriera todo esto, al principio también le costó adaptarse a la nueva situación.

Yo no imaginé en aquel momento que aquello terminaría en boda: nadie sabía en qué iba a quedar. Lo que sí tuve muy claro —y así se lo hice saber a mi hijo— es que había que separar su relación de amistad con Alejandro y la de Ana con su novio. Si una acababa, la otra no tenía por qué hacerlo.

Durante unos días, Alejandro —que tiene mucha confianza con todos nosotros— dejó de subir a casa, lo que me hizo mucha gracia. Hubo que esperar al día en que organizamos una fiesta a Ana por su vigésimo cumpleaños para que volviera. Ese día, la cosa ya estaba dicha y tengo que confesar que me resultó muy gracioso verles juntos por primera vez.

A Alejandro le tengo un cariño especial desde que empezó a trabajar con mi marido en 1996, algo que, creo, le pasa a todas las personas con las que trata Alejandro. De todas sus cualidades, que son muchas, destacan la facilidad que tiene para relacionarse con la gente y una especial alegría de vivir. Además, Alejandro está unido a muchos de mis recuerdos de los tres primeros años en La Moncloa: ha hecho con nosotros muchos viajes oficiales y en todos ellos ha sido la persona que mejor ha controlado la situación. Siempre se producen momentos tensos cuando la delegación es numerosa y todo tiene que encajar (horarios, caravanas, trayectos, discursos, obsequios...), pero Alejandro nunca perdía su sonrisa y siempre practicaba esa especial habilidad que tiene para suavizar la situación.

El día que se fue de La Moncloa para ocuparse de la secretaría general del Partido Popular Europeo me escribió una carta muy cariñosa a la que yo le contesté con otra en la que, entre otras cosas, le decía que esperaba que nunca perdiéramos el contacto. Resultó premonitorio...

En las Navidades de 2001 fuimos al valle de Arán y con nosotros vinieron nuestros hijos, así como Tania, la novia de José María, Jacobo Gordon y Alejandro. Los dos primeros se hospedaron en casa y Alejandro se quedó en un hotel contiguo. Fueron unas Navidades deliciosas que recordaré toda mi vida.

Una tarde, a los dos días de llegar, estábamos mi marido, mi hija Ana y yo charlando junto a la chimenea después de haber esquiado todo el día. Hablando de todo un poco, le pregunté a mi hija:

—Ana, ¿el curso que viene irás a estudiar fuera como pensabas?

—He cambiado de opinión, me quedo en Madrid —respondió.

—Bueno, pero este verano sí irás a Alemania a estudiar alemán; tenemos que empezar a prepararlo.

—No quiero ir a ningún sitio este verano —concluyó.

A mí me extrañó su respuesta, pero, en vista de su reacción, dejamos ahí la conversación.

Al día siguiente, 30 de diciembre, subimos las dos juntas a esquiar. Íbamos en la misma silla y, en ese ratito hasta que llegas a las pistas, volví sobre el mismo tema del día anterior.

Ante mi insistencia, Ana prefirió no callarse más y no esperó:

—Mamá, nos queremos casar en septiembre.

—¿En qué septiembre, hija?

—En el primero, mamá.

Casi me caigo de la silla del susto, ¡y estaba alta! Habría sido muy intuitiva cuando sospechaba de su relación, pero reconozco que esta vez me pilló totalmente fuera de juego.

Lo único que le dije es que me tenía que prometer que acabaría la carrera; petición innecesaria, porque basta con conocer a mi hija para saber que no tendría ninguna duda en acabar y tener independencia.

Los veranos anteriores ya había trabajado en distintos sitios y sé que no concebiría su vida sin tener su propia carrera profesional.

Ana me pidió que se lo contara a su padre, que ese día estaba en Bruselas, así que cuando Jose me llamó desde el avión, le avisé de que tenía una noticia importante que darle acerca de uno de los niños. Él venía de asumir la presidencia europea y de asistir al hecho histórico de la entrada en vigor de la moneda única, el euro.

—¿Pero una noticia muy importante? —Se oía de fondo el zumbido de los motores del avión.

—Sí. Muy importante.

—¿Uno de los dos se casa?

—Sí.

—¿Cuál?

—La niña.

A su vuelta al valle de Arán se encerraron los dos juntos y hablaron. La relación de Ana y su padre es muy especial; en general, las relaciones entre padres e hijos han cambiado mucho con los años y esto se hace más evidente entre padres e hijas, quizá porque el hombre está asumiendo su papel como padre y no sólo como quien mantiene económicamente a la familia.

En el caso de Jose y nuestra hija Ana, esa relación va acompañada de un cariño especial, de un entendimiento y respeto mutuo y de una inmensa admiración de Ana a su padre. Las mujeres de mi generación hemos vivido una relación con nuestros padres mucho más difícil, diría incluso muchas veces distante y por eso a mí me ha fascinado siempre la complicidad que ha habido y hay entre los dos. Se admiran, se comprenden, se aceptan tal y como son, se entienden sólo con la mirada y saben que se lo perdonarían todo.

Para mí, Ana es la hija que siempre imaginé. Estoy enamorada de mis tres hijos, pero además, con Ana la convivencia sólo transmite buenas sensaciones (exceptuando los tres primeros años que no me dejaba dormir y a eso debo la mayoría de mis arrugas...).

Sólo me ha dado felicidad. Es buena en el amplio sentido de la palabra: es positiva, vive feliz con ella misma, tiene una empatía especial con todos los que la rodean, es trabajadora, sabe lo que quiere... ¿Qué sientes cuando una hija así te dice con veinte años que se quiere casar?

En primer lugar, felicidad por verla a ella feliz; yo soy defensora del matrimonio porque creo que la vida está hecha para compartirla, así que si crees que a los veinte años has encontrado a la persona con la que quieres compartir la vida, pues... adelante, yo no me iba a oponer.

A la vez hay otro sentimiento opuesto: esa niña que sólo me daba felicidad, irremediablemente iba a comenzar una nueva vida, un nuevo núcleo que supondría la pérdida de la cotidianeidad de la convivencia.

Una vez que Jose ya conocía la decisión, llamamos al hotel de Alejandro para decirle que viniera. Cenamos, brindamos, nos reímos y empezamos a pensar en la organización de la boda.

Sin embargo, fue en Madrid, a la vuelta de las vacaciones, donde decidimos qué boda queríamos hacer. Sólo había dos posibilidades: o una boda estrictamente familiar o, de no ser así, ya pasábamos a un gran número de invitados, como finalmente sucedió.

Pasado todo este tiempo, tengo que decir que aún la hubiera hecho más grande. Viéndolo con la perspectiva del tiempo, me hubiera gustado haber compartido ese día con algunos amigos más pero, para ser sincera, me asustó la organización.

Durante el tiempo que quedaba hicimos planes con sus tiempos y sus plazos. Quería dedicarle el tiempo que fuera necesario para que todo estuviera organizado y Ana tuviera un recuerdo inolvidable. Las dos lo pasamos muy bien durante esos meses y yo disfruté ayudándola en momentos en los que, debido a sus exámenes, no le era posible atender a todos los preparativos.

Recordaré siempre el cariño con el que un gran número de restauradores de toda España se me ofrecieron desde el primer momento. A todos les agradecí muchísimo su buena disposición.

Finalmente me decidí por José Luis porque, además de ser un estupendo profesional, ya se había encargado de la primera comunión de mi marido. Además, tuvo el acierto de enviarme a su hija María José, con la que entablé una buena amistad y con la que pasé unos ratos estupendos durante esos meses.

Aby, la modista, iba a ser sin ninguna duda la que se encargara del traje de la novia. Cuando yo tenía veinte años me hizo el primer traje, y durante estos últimos me ha confeccionado muchos más. Trabajó con tantísima ilusión y cariño que siempre le estaré agradecida.

Los meses previos a la boda fueron de esos en los que la política muestra su cara amable. Siempre hemos sentido el cariño de muchos españoles en los momentos familiares más importantes.

Fueron días de felicitaciones, de regalos, de frases cariñosas, de ofrecimientos para peinar a mi hija, para vestirla, para aconsejarles un destino al que ir de viaje de novios, para hacerle el ramo, para decorar la iglesia...

Lo más emocionante de estas situaciones ha sido ver la cantidad de ciudadanos que, sinceramente, han compartido nuestra alegría. Aunque no les conozca, no les haya visto jamás, estaré eternamente agradecida a las palabras de apoyo y cariño que me han hecho llegar.

La verdad es que elegir todo fue una tarea complicada. Mucha gente nos aconsejaba que la boda se celebrara en La Moncloa, nuestra casa en ese momento, pero pensamos que podía inducir a equívocos que acabarían por amargarnos la fecha.

La primera iglesia en la que pensamos fue en la de San Francisco el Grande; todos somos de Madrid, sentimos esta ciudad como nuestra casa y esta iglesia reunía todas las condiciones para celebrar la boda de mi hija menos una: estaba en el centro de la ciudad y habría causado muchas complicaciones.

La madre de Alejandro pensó en la basílica del monasterio de El Escorial y, después de analizar los pros y los contras, finalmente nos decidimos por ella. La verdad es que no es casualidad que la elijan miles de españoles para celebrar su boda los viernes y sábados a lo largo de casi todo el año.

Nosotros pedimos permiso para celebrarla un jueves y no interferir así en las parejas que contrajeran matrimonio antes o después que mi hija. La seguridad y los problemas que acarrea habrían supuesto una incomodidad para ellos. Estoy muy agradecida a todos los que colaboraron en la organización de la boda; se lo manifesté expresamente, y aprovecho esta ocasión para recordarlo porque todos lo hicieron con muchísimo cariño.

Durante esos meses previos fui especialmente feliz. La ilusión vista a través de una hija de veinte años que no tiene sombras en su vida es algo único, y yo me propuse que, al menos en lo que de mí dependiera, nada la perturbara. Creo que lo conseguí.

Quise ocuparme de los más mínimos detalles y, en algunos casos, dedicarles una especial atención. Un ejemplo fue la música, algo que para ambas era un detalle importante que había que cuidar. Nos hacía mucha ilusión que sonase algo tan cercano y entrañable como es la escolanía del colegio al que ella y sus hermanos habían ido.

Lo preparé con don César, director de la escolanía del colegio de Nuestra Señora del Recuerdo, con la colaboración de los padres de los niños, que hicieron posible que todos estuvieran en Madrid el 5 de septiembre. Pusieron un especial cariño para la ocasión y tanto mi hija Ana como yo pasamos muy buenos momentos con los niños de la escolanía asistiendo a los ensayos en la basílica de El Escorial y almorzando después con todos ellos.

En cuanto a las mesas, Alejandro, sus padres, Ana y yo nos ocupamos de colocarlas una a una. Gracias a la pronta confirmación de todos los invitados, al irnos de vacaciones en agosto ya estaban colocadas, aunque, como es normal en estos casos, durante las vacaciones hicimos algunos cambios.

Los comentarios durante estos meses fueron muchos y para todos los gustos. Se hablaba de los invitados, de los regalos, de la aparición de la lista de boda en Internet... Como es lógico, los tomamos todos con la máxima deportividad.

En cuanto a los amigos extranjeros invitados al enlace, he de decir que los tres primeros ministros que vinieron a la boda tuvieron una especial deferencia con nosotros. Mantenemos muy buena relación con Blair y Berlusconi, así como con Durão Barroso, y a los tres les agradezco nuevamente el detalle que tuvieron al asistir en un día tan importante para nosotros.

También vinieron expresamente para la ceremonia el anterior primer ministro de Portugal António Guterres, el ex presidente de la república de Costa Rica, Miguel Ángel Rodríguez, el anterior presidente de la república de Colombia, Andrés Pastrana, junto a su mujer, Nohra Pastrana, así como Paco Flores, ex presidente de El Salvador, junto a su mujer Lourdes Rodríguez.

Todo parecía estar bajo control cuando nos fuimos de vacaciones. El traje, el permiso de la Iglesia, los invitados, el catering, la decoración... ¡Hasta las mesas estaban colocadas!

De esta manera, pudimos irnos tranquilas a Menorca para disfrutar de los últimos días de soltería de mi hija. Ese verano se caracterizó por un tiempo horrible: llovió mucho en toda España y además hizo mucho frío y se vio muy poco el sol.

Sin embargo, si creíamos que ya sólo quedaba esperar, como suele ocurrir en estos casos, en el momento menos esperado surgió un infortunio: a los dos días de llegar a Menorca, ¡Ana se hizo un esguince en un tobillo!

El 27 de agosto decidimos volver a Madrid para que mi hija se sometiera a una rehabilitación intensiva en la clínica del doctor Guillén, quien gracias a su buen hacer consiguió que Ana pudiera andar normalmente ¡tan sólo dos días antes de la boda!

El lunes 2 de septiembre fui a la finca Los Arcos para comprobar que la instalación se ajustaba a lo previsto: carpas, luces, mesas... Cuando llegué, lo que vi era lo que menos esperaba: ¡todo volaba por los aires! Un vendaval azotaba El Escorial en un día más propio de final de octubre que de primeros de septiembre.

A la vuelta a casa, todos estaban ansiosos por saber qué me había parecido. Les dije que todo estaba perfecto, tal y como lo habíamos previsto; preferí engañarles porque estaba segura de que el tiempo iba a cambiar (o, al menos, eso es lo que auguraba el parte meteorológico ¡por muy difícil que resultase de creer!).

Tenían razón: al día siguiente hizo un tiempo espléndido, que aprovechamos para celebrar una comida en el jardín de La Moncloa a la que asistieron los invitados que habían venido de fuera. La mayoría eran amigos de Alejandro ya que, por aquel entonces, trabajaba en Bruselas, pero también había algunos amigos de Ana y varios invitados nuestros.

El día 4, víspera de la boda, me dediqué a hacer un último repaso de todos los preparativos. A las once de la noche estaba en el monasterio de El Escorial retocando los adornos florales y, desde allí, fui a la finca de Los Arcos donde todos trabajaban a destajo. El sábado 31 de agosto había tenido lugar la última boda y sólo habían dispuesto de cuatro días para hacer una instalación con capacidad para 1.100 personas que, además, estuviera preparada contra las más que probables inclemencias del tiempo.

Alrededor de las doce de la noche volví a casa con la sensación de que aún había detalles por resolver; sin embargo, no tuve ninguna duda de que todo saldría perfecto al día siguiente, ya que había visto una gran ilusión en todos los que participaban con su trabajo.

El día 5 fue uno de esos días de septiembre en los que la luz es distinta y todo es transparente. Durante ese mes Madrid tiene tal luminosidad que hace de él uno de los más bonitos del año.

En casa no hubo nervios, pero sí una emoción especial —por ejemplo durante la comida— porque sabíamos que estábamos viviendo un momento único para nuestra familia. El nerviosismo empezó cuando llegaron mis tres sobrinas que, junto con dos de Alejandro, estaban encargadas de llevar las arras. Como cualquier niño ante esta situación, para ellas era un día importantísimo; les habíamos hecho todo tipo de advertencias y, ciertamente, siguieron todas las instrucciones al pie de la letra.

La más nerviosa era la autora del traje, aunque, por una vez, todos cumplimos los tiempos y media hora antes de lo previsto Ana estaba arreglada gracias a la colaboración de Aby, Gloria Delgado —encargada del peinado—, Cristina Alonso, Milagros Rodríguez, Mariángel, Inés y Pilar, quienes, después de tantos años trabajando con nosotros, son como de la familia. Sé muy bien que todas ellas vivieron esas horas como si estuvieran casando a su propia hija.

Esos últimos treinta minutos fueron los más especiales. Todos bajamos al jardín para hacernos las fotos mientras esperábamos a la novia y sentíamos que, pasase lo que pasase, todo estaba hecho ya.

Cuando, al fin, mi hija apareció vestida de novia, su padre y sus hermanos se quedaron fascinados. Para mí significaba ver el final; como todas las madres yo participé desde el primer momento, primero pensando en el traje y, por último, retocando pequeños detalles.

Supongo que habrá quien piense que todo esto es una frivolidad, pero las madres que ya han casado a una o varias hijas saben a qué me refiero. En España las bodas se celebran, y se celebran mucho. La vida, al final, tiene su punto de ilusión, de puesta en escena, de una magia que reviste esos momentos y que los convierte en hitos en la vida de las personas desde el nacimiento hasta la muerte, que, como es sabido, también tiene su puesta en escena. Y esto no lo suple ningún éxito profesional ni político.

Muchos de los rincones del palacio de La Moncloa estarán

unidos al recuerdo de mi hija vestida de novia, a la alegría que se produce en una familia los días previos a una boda, a la ilusión de la llegada de los regalos, a la primera comida con la familia de mi yerno, a la felicidad de los abuelos el día que nos reunimos por primera vez las dos familias, a esas conversaciones de mi hija con su padre sobre su futuro y, sobre todo, a esa luz y esa esperanza que irradiaba Ana el día de su boda. Esa luz que aparece en la mirada durante los primeros años de la vida y que algunas personas son capaces de mantener hasta el final.

Después de recibir a los Reyes de España, a los que agradecí sinceramente que nos acompañaran en un día tan especial, viví un momento realmente emocionante. La imagen de mi marido y mi hija entrando en la basílica por el fondo del monasterio quedará siempre como un recuerdo imborrable en mi memoria. Me había propuesto no derramar ni una sola lágrima y, aunque lo conseguí, he de reconocer que me fue verdaderamente difícil cuando, al contraluz del atardecer, los dos aparecieron felices. Ana transmitía fragilidad, pero a la vez llenaba la escena por la felicidad que irradiaba.

Una felicidad que pude observar también cuando mi hija, en dos o tres ocasiones, nos miró durante la ceremonia. En esos momentos, tras la homilía de monseñor Rouco Varela y las palabras rituales del matrimonio, deseaba para mi hija toda la felicidad en su matrimonio. La relación de pareja, si es estable y creativa, es la manera más satisfactoria de recorrer el camino de la vida.

La celebración posterior fue divertida y familiar. Había mucha gente joven colocada estratégicamente en el patio central; son los más animados y allí estaba la pista de baile, donde tras la cena todos bailamos hasta la madrugada, empezando por la novia y su padrino.

Cuando llegamos a casa, de madrugada, estábamos felices, pero también con cierta nostalgia. Esto es muy frecuente en la vida: ilusión por lo que comienza y nostalgia por lo que termina.

4

DOCE ANÉCDOTAS

A lo largo de estos ocho años en La Moncloa he vivido todo tipo de situaciones anecdóticas; algunas las he *sufrido* en primera persona —aunque ahora, recordándolas, me hagan reír— y en otras he sido testigo de las *salidas* de la gente que me rodea, como mis hijos, ayudantes, militantes del partido, etcétera.

Como sería interminable hacer un listado con todas ellas, he preferido hacer una selección de las más divertidas o, por lo menos, de aquellas que recuerdo de manera especial. Espero que ninguno de sus protagonistas se ofenda; cosas de este tipo nos pasan a todos en la vida...

Al final de este viaje, el sentido del humor es lo que más se aprecia. Es más, sin esa capacidad que tenemos para reírnos de nosotros mismos —y que yo, reconozco, la llevo a flor de piel— nada de lo que nos ocurre tendría sentido. Reírse. En las situaciones más inimaginables, en momentos hasta inoportunos... Contemplar la vida con una sonrisa que es, al final, lo que mejor guarda la memoria.

Sí, confieso que en mitad del protocolo más estricto me han ocurrido anécdotas divertidas, y también en lugares en los que no estaba prevista una sonrisa. Se me ha caído una falda delante de decenas de fotógrafos, me han rondado unos tunos en un momento bastante inoportuno, me robaron el coche oficial mientras tomaba café... Y a cada cosa le he quitado dramatismo, buscándole el lado más positivo, que es, siempre, el más humano.

Ahí van algunas de las anécdotas de estos años. Si se sacan del contexto pierden la gracia, y si se exageran no tienen chispa por ninguna parte. Como siempre, todo tiene su justa medida.

LLEGUÉ, HABÍA UNA NUBE DE FOTÓGRAFOS Y SE ME CAYÓ LA FALDA

Ya antes de llegar a La Moncloa mantenía contacto con los diseñadores de moda españoles y asistía a las pasarelas, en especial la Cibeles. He tenido buena relación, en algunos casos de amistad, con Roberto Torreta, Kina Fernández, Jesús del Pozo, Ángel Schlesser, Modesto Lomba, Purificación García, Roberto Verino, Antonio Pernas, Vittorio y Lucchino, Toni Miró, Guillermina Baeza, Pedro del Hierro, Amaya Arzuaga, Felipe Varela, Josep Font o Javier Larraínzar sin que esta relación sea exhaustiva.

Una vez, siendo ya mi marido presidente del Gobierno, acudí al desfile de los llamados diseñadores *disidentes*, que por aquel entonces presentaban sus colecciones fuera de la pasarela Cibeles. Entre ellos estaba mi buen amigo Antonio Pernas, quien me había invitado a su desfile. Recuerdo perfectamente que cuando llegué había una impresionante nube de fotógrafos; la moda despierta gran expectación y siempre está rodeada de todo tipo de prensa: generalista, del corazón, especializada…

Me bajé del coche bastante deprisa porque llegaba con un poco de retraso. Fui hacia la puerta donde me esperaba Antonio Pernas. Al entrar en el edificio, estaban colocados los fotógrafos para hacer las primeras fotos con Pernas. Entonces tuve una sensación de incomodidad. Notaba como si el forro de la falda no estuviera del todo estirado y, en un acto reflejo, traté de colocarlo en su sitio. En realidad me temo que lo que hice fue lo contrario: me bajé la falda. No era el forro lo que no estaba en su sitio, sino que la prenda entera se estaba escurriendo y yo misma terminé de bajarla.

Toda mi vida recordaré esa escena: Antonio Pernas y yo posando, enfrente la nube de fotógrafos, y noto, de repente, que la falda se escurre a lo largo de mis piernas y que me quedo con la falda en el suelo, y delante, todos los flashes disparando.

Yo, como todo el que sabe que está haciendo el ridículo pero que no tiene remedio, empecé a reírme. Inmediatamente, las dos personas de seguridad que venían conmigo y Cristina Alonso y Belén Quijada se pusieron delante para taparme con los bolsos y con todo lo que tenían a mano, intentando que no se viera lo que ya no tenía remedio. Yo me agaché, recogí la falda del suelo y la puse de nuevo en el lugar que nunca debió abandonar.

La cara de Antonio Pernas, vestido de negro, era en ese momento la más pálida que haya visto jamás. Mi amigo sólo acertaba a decir: «Lo siento, lo siento, lo siento», como si él hubiese tirado de la falda sin querer.

Una vez colocada la falda, tenía que dar dos pasos importantes: el primero avisar a la Secretaría de Estado de Comunicación, entonces dirigida por Pedro Antonio Martín Marín, donde no daban crédito a lo que había pasado:

—Tengo que deciros una cosa —empecé en tono de broma, para no alarmar.

—¿Qué pasa? —Se olieron que algo gordo había pasado a pesar de mi tono de voz.

—¡Que se me ha caído la falda al entrar en el desfile! —Mejor decirlo todo seguido, de una vez.

—¿Que se te ha caído la qué? —Al otro lado del teléfono no sabían interpretar si se trataba de una broma o tenían que ponerse en lo peor.

—... La falda... —Sí, tenían que ponerse en lo peor.

—¿Y había fotógrafos? —respondieron después de dos segundos de silencio valorativo; me los imagino mirando al techo y al suelo, o dándose golpes con la cabeza contra la mesa del despacho.

—Sí… ¡Muchos!

—Pero… ¿te han hecho fotos? —Quizá preferían darse de cabezazos contra la pared, que duele más.

—Pues… Creo que sí… Vamos… Seguro que sí. —Efectivamente, era mejor que se dieran de cabezazos contra una esquina.

Durante todo el día y toda la noche, algunos sacaron las imágenes sin parar. No había noticia en sí, pero insertaban las imágenes en «las colas» —así le dicen los de la tele— del desfile. Cuando me lo contaban pensé que debía seguir el camino de los cabezazos contra todo lo que pillara. Reconozco que, hasta que no vi el vídeo (verdaderamente cómico), no me quedé tranquila: tampoco era para tanto.

Después del desfile, esa misma tarde, fui a un concierto. Para qué voy a contar que pasé todo el concierto pensando en el siguiente paso que tenía que dar: contárselo a Jose. Pero al llegar a casa opté por no hacerlo. De noche, las cosas se piensan de otra manera, se les suele dar más importancia, se ve todo más negro y, además, no sabía si Jose había visto el vídeo o no, o si alguien se lo habría contado. «Ya se lo diré mañana», pensé.

Al día siguiente había consejo de ministros, así que esperé a que mi marido volviera para preguntarle por el percance del día anterior.

—Oye, Jose —le dije como quien no quiere la cosa—. ¿Te ha comentado alguien algún asunto de lo del desfile de moda de ayer?

—No, ¿por qué? —me contestó como si le hubiera preguntado un asunto para pillarle en algún juego de mesa.

—Pues… —A por ello—. ¡Porque ayer se me cayó la falda!

Según abría los ojos hasta desorbitarlos preguntó, esperando que continuara: «Que era broma, hombre, que te lo crees todo…».

—¿Cómo que se te cayó la falda?

Pero la respuesta no era ésa.

—Pues eso. Que al entrar en el desfile, se me cayó la falda hasta el suelo.

Creo que él todavía pensaba que le estaba tomando el pelo, y yo, por mi parte, no podía creer que habiendo pasado más de doce horas nadie le hubiera comentado nada. Su siguiente pregunta me sacó de dudas.

—Pero, Ana, ¿había fotógrafos?

Resultaba evidente que nadie se había atrevido a comentarle el incidente; ningún ministro, nadie de prensa de La Moncloa con los que el día anterior yo había hablado cada cinco minutos. He de decir para justificarles que es complicado decir: «Señor presidente, a su mujer se le ha caído la falda en medio de un desfile de modas, con todos los fotógrafos del mundo; además, cada diez minutos se la ve en televisión».

A pesar de que para mí aquello no resultó ningún trauma, tuve que soportar las bromas del incidente durante muchos meses, pero no en los periódicos o en la vida política, sino en ¡mi casa! Mis hijos y mi marido me tomaron el pelo durante no sé cuánto tiempo, y cada vez que salía me repetían lo mismo, entre carcajadas: «¡Mamá, por favor, sujétate bien la falda!».

HABÍA UN FOLLÓN EN EL AEROPUERTO, Y FIRMÉ EN EL LIBRO DE RECLAMACIONES... ¡CONTRA IBERIA!

Mi hija Ana participó en un intercambio del colegio con una niña alemana y fue a pasar unos días a Munich. Yo la acompañé al aeropuerto y, a pesar de que en La Moncloa me sugirieron ir por la sala de autoridades, yo vi lógico seguir el trayecto de sus compañeros que, junto a sus padres, se dirigieron a los mostradores de Iberia para facturar el equipaje.

Una vez allí, pasaba el tiempo y no abrían el mostrador. Diez minutos, un cuarto de hora... y nada, que no se podía facturar. En vista de que nadie nos atendía, pregunté a una empleada que andaba por allí por qué no abrían el mostrador para facturar. Ella me contestó: «¿Por qué no llama usted a Protocolo de la compañía?». Y, claro, le dije que lo lógico era que alguien nos explicara qué pasaba; que yo había venido con mi hija y con un grupo de niños, padres y madres, y que alguien nos tendría que atender.

Inmediatamente apareció un señor de Protocolo a quien enseguida noté que daba muchos rodeos, así que le pedí que fuera al grano y me dijo la verdad: «Mire usted, es que hay *overbooking* y no sabemos si todos estos niños van a poder viajar», explicó.

Los padres empezaron a montar en cólera porque, además del evidente trastorno, estaban preocupados por que sus hijos llegaran a su destino. En el aeropuerto de Munich les esperaba un autobús que les repartiría por las distintas casas y todo hacía prever que la hora de llegada era un misterio.

La gente de Iberia nos explicó que el día anterior se había averiado un avión y un grupo de personas no pudo salir de viaje, por lo que estaban en lista de espera y tenían preferencia sobre nuestros hijos.

Los padres, insatisfechos con el argumento, siguieron protestando y pidieron el libro de reclamaciones para firmar. Yo, una madre más con la misma preocupación y los mismos motivos para reclamar, firmé también. Me parecía lo más normal del mundo.

Cuando por fin despegó el avión que llevaba a mi hija a Munich, saliendo del aeropuerto llamé al departamento de prensa de La Moncloa para comentarles lo ocurrido:

—Oye, que me ha pasado esto y que he firmado en el libro de reclamaciones de Iberia.

—¿Que has firmado qué? —exclamaron al otro lado.

Por entonces Iberia todavía era una empresa estatal y yo, la mujer del presidente del Gobierno, había dejado mi rúbrica en su libro de reclamaciones…

Sin embargo, a pesar de que lo que hice no pasó de lo puramente anecdótico, una cadena de radio se encargó de amargarme el episodio. Tuvieron la desfachatez de decir cada diez minutos que Iberia había fletado un avión particular para que mi hija viajara a Munich, algo que ni era verdad ni lo hubiera permitido nunca. Simplemente, tuvimos la suerte de que era por la mañana, cuando aún quedan aviones y tripulaciones y los problemas pueden solucionarse. Por eso se pudo fletar un avión en el que, además de mi hija, viajaron sus compañeros y el resto del pasaje. En fin, gajes del oficio.

De este tipo de cosas he sacado una enseñanza: que nunca sabes cómo acertar. La gente pide a los políticos que actúen como todo el mundo, que vayan por los conductos normales, que se comporten como cualquier padre de familia… La realidad es que, si lo haces así, esa normalidad la interpretan como si fueras pidiendo privilegios. Por eso digo que nunca sabes cómo acertar.

¿DÓNDE ESTÁ MI COCHE?

Como errar es de humanos, nadie se libra de meter la pata hasta el fondo en algún momento. En esta ocasión que voy a narrar, y aunque ya he dejado constancia de mi protagonismo directo en varias anécdotas de estos años, no fui yo la despistada.

Hasta 1996 había estado trabajando en la dirección general de Patrimonio del Estado, que tiene una oficina en la madrileña calle Serrano esquina con Ayala. A media mañana bajaba con los compañeros a una cafetería situada enfrente, puerta con puerta con los antiguos almacenes Mark & Spencer. Desde que dejé de trabajar, cuando podía, me acercaba para saludar a los compañeros, charlar un rato con ellos y, si coincidía con la hora del café, ir a la misma cafetería de siempre. Me gustaba volver de vez en cuando; es la clásica cafetería que todos tenemos, en la que ya te conocen, te ponen el café que tú quieres y donde compartes unos minutos con los compañeros del trabajo.

Pues bien; un día como tantos otros, al año de llegar a La Moncloa, quedé allí con unas amigas a eso de las once de la mañana; entré, y fuera quedó el coche que me había traído con el conductor y los dos policías que me escoltaban.

Al cabo de unos quince minutos, cuando salí, me pareció que el coche había cambiado. Me quedé observándolo un instante y, extrañada, pregunté al conductor:

—Pero... ¿yo no había venido en un coche verde? Ahora es rojo.

—Pues sí —contestó tímidamente, con un punto en la mirada que significaba «nos han pillado».

—Entonces, ¿qué ha pasado? —insistí para dejar sentado que sí, efectivamente, les había pillado en lo que fuera.

—Verá usted; es que nos han robado —espetó.

—Que nos han... ¿qué? —No podía salir de mi asombro.

Los tres, absolutamente desolados, miraron al suelo y entendí que, de manera incomprensible, nos habían robado ¡el coche oficial!

En algún momento se debieron distraer dejándose el coche abierto, con las llaves puestas en el contacto. Es decir, en perfecto estado para que el primero que pasara por la calle se lo llevase.

Cuando llegué a casa y se lo conté a mi marido, no se lo podía creer:

—¿Que te han robado el coche? Pero ¿qué coche? ¿Te has llevado tu coche?

—No, no, Jose, el coche oficial.

Al decirle que se trataba del coche oficial, pasó de no creer a no comprender.

—Pero ¿cómo que te han robado el coche oficial? Pero ¡si tú vas con policías! ¿El oficial?

Como es lógico, al director de la Seguridad de la Presidencia del Gobierno, Javier Ara, le pareció que lo ocurrido era una falta lo bastante grave como para despedirles. Yo pensé que, aunque increíble por la situación, eso le puede pasar a cualquiera, así que salí en su defensa. Y al final ahí siguen cumpliendo con su trabajo después de ocho años.

AL ALQUILAR UN VÍDEO: «¿SIGUE USTED VIVIENDO EN LA MISMA CASA?»

Una tarde, a los tres meses de llegar a La Moncloa, fui a un videoclub de la calle de Alberto Aguilera con la intención de alquilar una película. Me gustaba seguir haciendo mi vida normal: salir a la calle, ir a las tiendas, quedar con mis amigas...

Cuando ya había elegido la película, me atendió una chica jovencísima con el pelo revuelto y la cara llena de *piercings* por todas partes:

—¿Me deja el carné del videoclub, por favor? —dijo con el soniquete de quien repite lo mismo cada vez que le alquilan una película.

Yo no tenía el carné del videoclub, así que me pidió el DNI. Se lo di y me preguntó:

—¿Sigue usted viviendo en esta dirección? —¡Acabábamos de instalarnos en La Moncloa!

—Pues no. La verdad es que no —contesté confusa.

En mi carné de identidad aún no podía figurar como residencia La Moncloa.

—¿Tiene algo que acredite su nuevo domicilio? —preguntó.

—Pues no, en absoluto; no tengo nada que acredite mi nuevo domicilio. —Qué iba a contestarle. Podía haberle enseñado la primera página de cualquier periódico de ese día y decirle: «¿Me ve ahí, en la puerta de esa casita? Pues soy yo». Pero no era el caso.

—¿Algún recibo de luz o de gas? —insistió. La verdad es que

no me imagino a nadie yendo por la calle con el recibo del gas, pero en los videoclubes debe ser frecuente…

—No; ningún recibo de luz ni de gas.

—¿Y de teléfono?

—Tampoco. Mire —le dije—, para qué le voy a engañar, no tengo nada que acredite mi nuevo domicilio; ni recibos ni nada, la verdad.

No me parecía adecuado contestarle eso de «verá usted, es que yo vivo en el palacio de La Moncloa y mi marido es el presidente del Gobierno». Comprendí que tenía toda la razón; que me resultaba imposible acreditar mi domicilio y, por tanto, no podía alquilar un vídeo. Así que me fui a casa y le pedí a alguien que lo alquilara por mí.

Me quedó claro que vivir en el palacio de La Moncloa también tiene sus problemas.

Al recordar esta anécdota, me viene a la cabeza otra parecida que ocurrió cuando aún vivíamos en Valladolid y mi marido era presidente de la Junta de Castilla y León.

Mi hijo Alonso tendría un mes y medio, o cosa así, y había que vacunarle de la trivalente, así que le llevé al ambulatorio, que estaba muy cerca de la Consejería de Sanidad de la Junta. Quiero decir que no llamé al consejero, no pedí cita a través de la Presidencia de la Junta… Me fui a la cola de la cosa de la vacuna.

Sería la una y cinco de la tarde cuando llegamos. Recuerdo perfectamente que, al entrar, había una funcionaria de avanzada edad que se estaba pintando las uñas de rojo. Yo le di las buenas tardes y le expliqué que venía a vacunar al niño.

—Es la una y cinco —espetó con una voz seca sin levantar la mirada de sus uñas.

—Sí; ya sé que solamente es hasta la una, pero… si no le importa… Es que, verá, este niño es muy pequeño y, claro, sus horarios… —respondí para tratar de convencerla.

La funcionaria, que hasta el momento ni siquiera me había visto, pues seguía pintándose las uñas, no dio su brazo a torcer:

—No. La próxima vez venga usted antes.

—Sí, sí, claro; no se preocupe que la próxima vez vendré por lo menos a la una menos cuarto —contesté amablemente con la intención de persuadirla.

Parca en palabras y todavía con la mirada clavada en sus uñas rojas, la funcionaria cogió un formulario y más que preguntar, afirmó:

—Nombre del niño.

—Alonso —señalé.

—Alonso no es el nombre del niño, es el apellido —puntualizó mientras, por primera vez, me dedicaba una arrogante mirada que significaba «esta señora ni siquiera sabe distinguir entre nombre y apellido».

—Pues mire, lo siento muchísimo, pero soy su madre y le puedo asegurar que el niño se llama Alonso —respondí yo diciendo con la mirada: «Tú me vas a decir a mí cómo se llama mi niño».

Reconozco que en ese momento empecé a sentirme un tanto molesta por lo resabidilla que aparentaba ser aquella señora.

—Apellido —exclamó de nuevo sin el menor tono de interrogación.

—Aznar —lo dije sin mayor énfasis, pero reconozco que ya tenía ganas de que me lo preguntara.

La funcionaria procedió a anotar el apellido del niño pero, justo antes de que le diera tiempo a escribir la letra «A», frunció el ceño, se quedó pensando un instante y, lentamente, cambiando el gesto, subió la mirada (esta vez sin un ápice de arrogancia), ensayó media sonrisa y me preguntó con un marcado tono de señora que va de visita:

—Usted, por casualidad, no tendrá nada que ver con el presidente de la Junta, ¿verdad?

—Pues sí, verá usted: este niño es su hijo y yo soy su mujer; qué le vamos a hacer.

La buena mujer cambió su semblante de forma asombrosa y, tras unos segundos, soltó ese clásico «pero ¡cómo no me lo ha dicho usted antes!», como si lo normal fuera ir por ahí explicando a la gente a qué se dedica tu marido...

Debió pasar un mal trago. El «todo Valladolid», que dirían los cursis, se terminó enterando. Entre ellos Javier León, hoy alcalde de Valladolid y entonces consejero de Sanidad de la Junta de Castilla y León, que es íntimo amigo nuestro y me reprochaba no haberle avisado de que tenía que vacunar al niño y haber pensado hacerlo en el ambulatorio más cercano. Pero Javier León sabe que, para mí, siempre que puedo, lo lógico es seguir el camino de todo el mundo.

Todavía, cuando recuerdo la cara de aquella funcionaria, no puedo evitar reírme.

DESPUÉS DE 200 KILÓMETROS DE CURVAS, «¿ESTÁS MAREADA? CUÉNTAMELO A MÍ»

A la vuelta del verano de 1999, empecé a hacer campaña en solitario de cara a las elecciones generales de 2000. Viajaba por la geografía española dos o tres días por semana; siempre por zonas aisladas, pueblos de difícil acceso a los que se llega por carreteras de segunda y caminos rurales.

Una de las veces fui a un pueblo de Extremadura que aunque en kilómetros no estaba especialmente lejos de Madrid, se hacía largo por la carretera de acceso. Serían dos horas de coche y la última media hora se me hizo interminable: curvas, curvas y más curvas... Parecían no acabar nunca.

Al llegar, como era de esperar, me sentí bastante mareada. Me esperaba Matilde Tagle, del PP de toda la vida, mayor que yo, muy cariñosa, solícita, de esas personas que te protegen y te miman. Al verme mareada, Matilde me preguntó:

—¿Qué te pasa, hija?

—Nada, Matilde, que estoy un poco mareada, pero no me pasa nada —contesté.

—¿Seguro que no te pasa nada? —insistió.

—No; de verdad que no. Que me he mareado un poco en el coche, pero ya se me pasará.

Matilde pareció conforme, así que cejó en su empeño de mirarme como si fuera médico de cabecera.

Tras el acto de campaña, nos fuimos a comer a un restaurante. Era de esas comidas copiosas que a mí me recordaban a los primeros años del partido, cuando recorríamos España a pie, por así decirlo: chorizo de la olla, embutidos de la tierra, quesos... Y yo, con un hambre canina.

Estaba a punto de abalanzarme sobre una de las fuentes de chorizo cuando, de pronto, llega Matilde y me contiene:

—¡No! Tú de esto no comes.

Como se había preocupado tanto por mi mareo al llegar, opté por no hacerle el feo y dejé el chorizo. Eso sí, acto seguido, clavé mi mirada en un plato con jamón y, enseguida, de nuevo Matilde:

—¡No! Que te va a sentar mal.

—Pero Matilde, si a mí nunca me sienta nada mal —le dije casi rogándole.

—¡Que no! —insistió.

A continuación, llamó a un camarero y le dijo: «A la señora le va a traer un caldito y una tortillita francesa».

Yo, sin salir de mi asombro, comprendí que no me quedaba más remedio que quedarme con las ganas. Veía pasar las fuentes de chorizo, los quesos, las ensaladas... pero nada, me sentía incapaz de discutir con Matilde.

Cuando al final me trajeron el caldito y la tortilla, Matilde se me acerca con una sonrisa pícara y un punto cómplice:

—Venga, mujer... ¡Cuéntamelo a mí! —me dice en voz muy bajita, para que yo le contestara en el mismo tono y enterarse sólo ella de la respuesta.

—Pero, que te cuente a ti ¿el qué, Matilde?

—¡Que estás embarazada! —exclamó ante mi sorpresa. Entonces entendí su insistencia en que hiciera una dieta blanda evitando las grasas: era por mi (su) supuesto embarazo.

—¡Que no Matilde, que yo no estoy embarazada! ¡Pero si además yo ya no tengo edad para quedarme embarazada! —intenté explicarle.

—¡Cómo que no! ¡Venga, mujer... que a mí me lo puedes contar!

No hubo manera. A pesar de que se lo jurara varias veces, ella se había hecho la ilusión de que estaba embarazada y ella iba a ser la primera en saberlo y además en secreto, y no hubo manera de convencerla de lo contrario.

Al final, me tomé «el caldito» y «la tortillita» mientras veía cómo los demás disfrutaban con los embutidos de la tierra. ¡Como para desobedecer a Matilde!

«MAMÁ, ¿NO VES QUE ESTÁ DORMIDO?»

Observando a mis hijos, me he dado cuenta de lo mucho que ha cambiado la forma de educar a los niños; hay cosas que ahora se permiten y que en mi época eran, simplemente, impensables.

Una tarde de julio, estábamos en la piscina de La Moncloa con unos amigos que había traído mi hija Ana, que por entonces tendría unos diecisiete años. En verano solíamos comer en la piscina, nadar, charlar un poco y luego, por la tarde, cada uno se iba a cumplir con sus obligaciones. Nos gustaba aprovechar el buen tiempo.

Al cabo de un rato, Ana y sus amigos se subieron a casa. Más tarde yo hice lo propio con la intención de ir a mi cuarto para cambiarme, donde lo primero que siempre hago es poner música a todo volumen. Ya he dicho que no concibo la vida sin música.

Cuando llegué, vi que en el cuarto de estar que hay justo antes de llegar a la que era mi habitación estaban Ana y sus amigos, entre ellos uno que dormía plácidamente tumbado a lo largo de un sillón en el que yo solía sentarme.

Pasé a mi habitación y puse música. Acto seguido, apareció Ana indignada y me dijo:

—Pero, mamá, ¿qué haces?, ¿no ves que está dormido? ¡Le vas a despertar!

—Bueno, bueno —dije yo. Me acerqué al aparato de música y lo apagué. Al parecer, no me quedaba más remedio que guardar silencio.

A los cinco minutos apareció mi marido, que venía a cambiarse también para ir a trabajar. Al entrar en la habitación, se puso a hablar conmigo en un tono normal; entonces Ana, sin dudarlo, reapareció y, con el dedo en la boca en señal de silencio, exclamó:

—¡Shhh! ¿No ves que está dormido?

Fue efectivo: nos callamos.

Más tarde, Jose y yo lo pensamos y no dábamos crédito a la situación que se había producido horas antes. Ambos nos planteamos una escena parecida en nuestras casas, con nuestros respectivos padres, y los dos comprendimos que esto, entonces, hubiera sido impensable.

En cualquier caso Ana se salió con la suya y su amigo, plácidamente tumbado en mi sillón, sin música ni voces que entorpecieran su sueño, siguió durmiendo a pierna suelta.

MARGARITA, MARGARITA, TODOS LLAMAN A MARGARITA. ¿QUIÉN ES MARGARITA?

Mi marido ha sido siempre un apasionado de los animales. Tanto es así que, de no haberme impuesto, hoy viviríamos en un zoológico. Baste con decir que yo le conocí poniéndole gotas en los ojos a una tortuga con conjuntivitis.

Me contaron que, de joven, Jose tenía un gato que, como a todos los gatos, no le gustaba nada salir de casa. Tendría mi marido unos dieciocho años cuando su familia se mudó de casa con el total desacuerdo del gato. Una noche, la desorientada mascota salió por la ventana y se subió al tejado y, detrás, mi marido para rescatarle. A punto estuvo de matarse por el dichoso gatito.

Cuando llegamos a La Moncloa teníamos dos cocker —Zico y Gufa— que han amenizado al personal del palacio durante estos años porque perseguían a los ordenanzas, a los ministros, se encaraban con cualquiera que pasara por allí. Por si no fuera suficiente, a los pocos días se incorporó a nuestra familia el gato Manolo.

Manolo ya vivía en La Moncloa cuando llegamos; era un gato callejero que se paseaba por el complejo a su aire. Al saber de él, mi marido enseguida se encargó de ponerle comida en la puerta de casa y, claro, Manolo detrás de Jose todo el día. Manolo se hizo con los jardines de La Moncloa, donde ha protagonizado no pocas imágenes de jefes de Estado extranjeros cuando eran recibidos o despedidos por Jose. Manolo se instalaba en las escalinatas del palacio, en la base de una de las columnas, y allí esperaba a que saliera su amo acompañado por Schröder o por Clinton; no tenía preferencias.

He de decir que el gato nos produjo nuestros más y nuestros menos: ya tenía suficiente con dos perros como para encima ampliar la familia con un gato. Sin embargo, al final comprendí que no había más remedio y terminé aceptando al nuevo inquilino, aunque con bastante reticencia.

Pasado el tiempo, un día al salir de casa vi en el horizonte nuevas sorpresas. Normalmente, para salir del palacio utilizamos la que llaman «puerta de familia», una puerta lateral del edificio por la que se accede directamente a la vivienda y que evita tener que pasar por la puerta principal, donde puede que haya alguna visita. Sin embargo, ese día salí por la entrada principal. Una vez fuera empecé a escuchar que todos llamaban desesperadamente a una tal Margarita:

—Margarita, Margarita, ¿dónde estás Margarita? —exclamaban varias personas de seguridad, ayudantes, etcétera.

Intrigada, retrocedí y pregunté:

—Perdón, ¿me podría alguien decir quién es Margarita?

—Ah, es que usted no sabe quién es Margarita, ¿verdad? Nadie se ha atrevido a decírselo —dijo uno de ellos.

—¡Pues no! —exclamé—. ¡¿Quién es Margarita?!

—Es la gata.

—¿Cómo que la gata?

Todos me habían estado ocultando que además de Zico, Gufa y Manolo, con nosotros vivía también Margarita, que para mayor mal, ¡era gata!

Margarita y Manolo tuvieron cinco gatos en una sola camada. Ahí, definitivamente, me negué. Recuerdo que salía de casa cuando, de pronto, oí miles de maullidos juntos, como superpuestos; entré en el despacho que hay justo a la entrada, donde está el personal de seguridad, y vi una enorme cesta llena por todas partes de gatitos diminutos.

Con Wan Yeping, mujer del presidente de la República Popular China, Jiang Zemin, en La Moncloa. Fue la primera visita oficial que recibimos, el 25 de junio de 1996.

Abajo, con Mario Vargas Llosa en un acto de la Real Academia de la Lengua Española, el mismo año de nuestra llegada a La Moncloa.

Arriba, visita a La Moncloa de los alumnos de la Fundación Carmen Pardo Valcárcel. Con ellos, su presidenta, Carmen Cafranga, y su directora, María Luisa Basa.

Abajo, uno de los primeros almuerzos que organizábamos los viernes con distintas personalidades de la vida española. De izquierda a derecha: Emilio Lledó; Antonio López; Jose; Pilar Belzunce, mujer de Chillida; José Antonio Fernández Ordóñez; yo; Eduardo Chillida y Julio López.

En el *hall* de Palacio, el 31 de enero de 1997, antes de un almuerzo con figuras del mundo taurino para homenajear a Antonio Ordóñez.
Abajo, con Telmo Zarra y Alfredo Di Stéfano.

Con Hillary Clinton, a su llegada a La Moncloa el 7 de julio de 1997 con motivo de la cumbre de la OTAN.
Abajo, con Bill Clinton, el 26 de octubre de 2001, tras una reunión del Club de Madrid. Detrás, el ex presidente Adolfo Suárez y mi marido.

Mi hijo Alonso saludando al ex presidente de los Estados Unidos, justo después de haber protagonizado una divertida anécdota en el momento de la foto oficial en las escaleras de la entrada principal de Palacio.

Con Clinton y Chirac, en un momento de la cena celebrada en los jardines de La Moncloa en honor a los asistentes a la cumbre de la OTAN.

Diciembre de 1997, una de la primeras cenas de Navidad con los ministros. Arriba, abriendo el regalo, y abajo, Alonso sorprendiendo a Jaime Mayor Oreja; son testigo Luz del Carmen Municio, mujer de Eduardo Serra; y Margarita Montaner, señora de Piqué.

Con el académico Pedro Laín Entralgo, fallecido en 2002. En el restaurante del Teatro Real, con Luciano Pavarotti y el restaurador José Luis.

Con Kofi Annan en el Patio de Columnas.

Con actores y cineastas españoles. De izquierda a derecha: Miguel Zugaza, Marisa Paredes, Óscar Tusquets, Assumpta Serna, Pilar del Castillo, Josep Maria Flotats, Ana Duato, Jose, Concha Velasco, Nacho Duato, Laura García Lorca, Imanol Arias, yo, José García Velasco, Tina Sainz, Felipe Benítez Reyes y Miguel Ángel Cortés. Abajo, entre Jesús del Pozo y Antonio Pernas, en un almuerzo con modistos españoles que se organizó en el Patio de Columnas el 10 de septiembre de 1999.

Con Laura Bush en Madrid, el 12 de junio de 2001, durante la visita del presidente de Estados Unidos a Europa en la que eligió a España como primer destino. Abajo, con Lionel Jospin y su mujer, Sylviane Agacinski, en Quintos de Mora (Toledo).

Abajo, a la derecha, con Pilar Belzunce, viuda de Chillida, saliendo del jardín del palacio de La Moncloa el 14 de octubre de 2002, con motivo de la colocación de una escultura de dicho autor en la sede de la Presidencia del Gobierno.

Con Chavela Vargas e Isabel Preysler en el jardín de La Moncloa el 12 de junio de 2003. Tres años antes, Jose había condecorado a la cantante con la Gran Cruz de Isabel la Católica. Abajo, con Fernando Alonso dos días antes de las elecciones municipales y autonómicas de mayo de 2003, cuando vino a comer con nosotros.

Con Vicente Fox, presidente de México, en el otoño de 2001 dando un paseo en coche por Quintos de Mora, la finca de Patrimonio del Estado en Toledo.

Con el secretario de Estado de Estados Unidos, Colin Powell, cenando en La Moncloa tras una reunión de trabajo en mayo de 2003.

Otra cena de Navidad con los ministros. En esta ocasión, diciembre de 2002.

En el balcón de Génova celebrando la victoria del PP de 1996. Abajo, en el mismo año, durante el mitin de cierre de campaña en Valladolid.

Llegando a una recepción en el Palacio Real con motivo de la visita de SS.MM. los Reyes de Jordania en octubre de 1999.

En la multitudinaria manifestación de Madrid para denunciar el asesinato de Miguel Ángel Blanco, el lunes 14 de julio de 1997. El asesinato del joven concejal marcó un antes y un después.

Cenando con los militantes del Partido Popular de Castellón en agosto de 1998. En esta imagen estamos junto a Eduardo Zaplana, cuando aún veraneábamos en la urbanización de Las Playetas de Bellver, en Oropesa.

Con José Antonio Ortega Lara y su mujer, Domitila Díez, el 30 de julio de 1997 en Burgos. Hacía menos de un mes que había sido liberado después de haber permanecido en un zulo durante 539 días.

Con nuestros tres hijos en el penúltimo mitin de la campaña de 2000 en Valladolid. A la derecha, con refugiados albano-kosovares, el 1 de marzo de 1999.

En Santiago de Compostela, en el Monte do Gozo, durante la comida anual del PP de Galicia.

JOSE ES UN GRAN AFICIONADO AL DOMINÓ. AQUÍ, JUGANDO CON JAVIER ARENAS, JULIO ANGUITA Y SU MUJER EN CÓRDOBA, EL 9 DE NOVIEMBRE DE 2002. ABAJO, EN EL MOLINO DE RODRIGO RATO, EN CARABAÑA, DONDE PASAMOS LA JORNADA DE REFLEXIÓN DE LAS ELECCIONES EUROPEAS DE 1999. DE IZQUIERDA A DERECHA, LOYOLA DE PALACIO, YO, ANA PALACIO, MANY RATO, JAIME MAYOR OREJA, MACARENA OLIVENCIA, ISABEL BASTIDA, JAVIER ARENAS, CONCHA TALLADA, RODRIGO RATO Y JOSE.

CON JAVIER ARENAS EN MÉXICO, EN NOVIEMBRE DE 2001, CON MOTIVO DEL CONGRESO DE LA INTERNACIONAL DEMÓCRATA DE CENTRO.

Las diferentes victorias del PP han supuesto algunos de los mejores momentos de estos años. Arriba, celebrando la mayoría absoluta de 2000 en el balcón de Génova. En el centro, Jose y yo con Elvira Fernández Balboa, señora de Rajoy, en la presentación de Esperanza Aguirre como candidata a la Presidencia de la Comunidad de Madrid en 2003 y, a la derecha, saludando a simpatizantes del partido en un mitin en Málaga. Abajo, con José Luis Olivas, Eduardo Zaplana y Francisco Camps en Valencia, en la campaña de las municipales y autonómicas de 2003.

En uno de los viejos Boeing 707 que se utilizaban para los desplazamientos del presidente del Gobierno. En esta ocasión volábamos a Bolivia en marzo de 1998. Los viajes oficiales en los que he acompañado a mi marido han supuesto un privilegio.

En la campaña de 2000 decidí colaborar con el partido en todo lo que pudiera para explicar personalmente lo que el Gobierno del PP había hecho en los últimos cuatro años. Aquí, en Palma de Mallorca durante la precampaña, en marzo de 1999.

Entre el 3 y el 7 de septiembre de 1996 acompañé por primera vez a mi marido en un viaje oficial. En México nos recibieron el ex presidente Ernesto Zedillo y su mujer, Nilda Patricia Velasco.

En la República Dominicana, con el entonces presidente Leonel Fernández y algunos miembros de la delegación española, entre ellos, Abel Matutes.

Con Octavio Paz en una recepción durante la visita oficial a México. Abajo, en Santo Domingo, durante el acto en el que Jose fue condecorado con la Gran Cruz Placa de oro de la Orden de Duarte, Sánchez y Mella.

Otro de nuestros viajes oficiales fue a Japón, en octubre de 1997, donde compartí mantel con el presidente de la Japan Foundation. A la derecha, posando con la delegación española en un viaje a Egipto, Israel y Palestina en julio de 1998.

Sobre estas líneas, junto a Dora Pérez Valladares, mujer del ex presidente de Panamá, Ernesto Pérez Valladares, en un viaje a aquel país en noviembre de 1997. A la izquierda, en la Alhambra de Granada en febrero de 1998.

Arriba, paseando por Quintos de Mora con el ex primer ministro israelí, Benjamin Netanyahu, y su esposa, Sara, el 27 de abril de 2001.
Abajo, con Jose y Yaser Arafat, que me obsequió con esta prenda en el viaje a Palestina que hicimos en julio de 1998. A la derecha, con Nohra Pastrana, mujer del ex presidente de Colombia, Andrés Pastrana, en el viaje oficial que hicimos en septiembre de 1998.

Con George Bush durante nuestra visita a EE.UU. en noviembre 2001. Abajo, en el Barrio de La Judería de Córdoba con Jacques Chirac y su mujer, Bernadette, durante su visita oficial a España en octubre de 1999.

En un almuerzo con Vladimir Putin y su esposa, Lyudmila, en su residencia oficial, durante el viaje a Rusia de mayo de 2001.
Abajo, un paseo por Quintos de Mora con Tony Blair y su mujer, Cherie Booth, en su visita a España de noviembre de 2000.

Con George y Laura Bush en Camp David, la residencia de fin de semana del presidente de Estados Unidos, el 4 de mayo de 2002. Abajo, en la Zona Cero de Nueva York el 30 de noviembre de 2001.

En helicóptero, en Perú, sobrevolando el Machupichu en septiembre de 1998.

Arriba, en la entrega de la pluma de plata al periodista Raúl del Pozo con miembros del Club de la Escritura, en 1996. Abajo, durante la fiesta del ochenta cumpleaños de Camilo José Cela, el 11 de mayo del mismo año.

El 6 de mayo de 1999 fui madrina de la botadura del buque *Galicia* en Ferrol. Tuve que luchar contra la gravedad y las inclemencias del tiempo para que la mantilla no saliera volando hacia el mar en mitad del ceremonioso acto. A la derecha, con mi hermana Macarena y Cristina Alonso haciendo el Camino de Santiago en el otoño de 1999, y abajo junto al padre Ángel García y Jesús Hermida en la Casa de Correos de Madrid, celebrando el Día de los Abuelos, el 26 de julio de 2001.

En el santuario de Covadonga, a la salida de un acto de Mensajeros de la Paz en octubre de 1997.

GOBIERNO de CANTABRIA U.I.M.P., Santander. Inauguración del seminario "Salud y Mujer en la España actual."
1 de julio de 2002

ENTRANDO EN LA UNIVERSIDAD INTERNACIONAL MENÉNDEZ PELAYO DE SANTANDER, ACOMPAÑADA POR EL ENTONCES PRESIDENTE DE CANTABRIA, JOAQUÍN MARTÍN SIESO, PARA INAUGURAR UN SEMINARIO EN JULIO DE 2002.

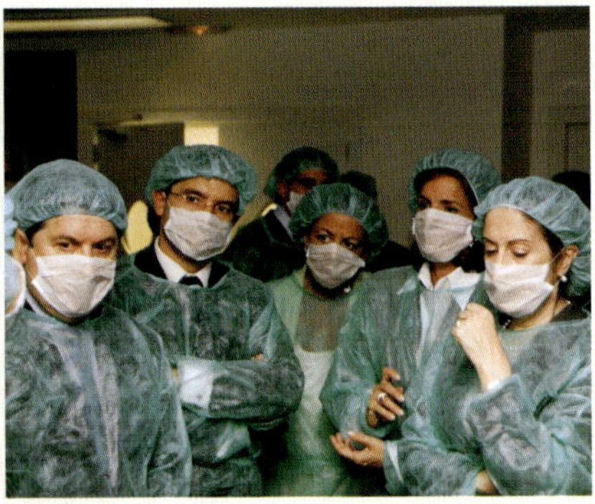

ARRIBA, A LA IZQUIERDA, EN LA FERIA DEL LIBRO DE MADRID FIRMANDO MI LIBRO *ÉRASE UNA VEZ*, Y A LA DERECHA, JUNTO A RITA BARBERÁ Y ANA PASTOR, EN EL INSTITUTO VALENCIANO DE INFERTILIDAD, EL 7 DE NOVIEMBRE DE 2002. ABAJO, EN UN ACTO DE MUJERES EN LA CAMPAÑA DE LAS AUTONÓMICAS GALLEGAS, EN 2001.

Besando a Vicente Ferrer en presencia de su hijo. A la derecha, con Conchita Martínez, viuda del teniente coronel Blanco, en una visita a la Fundación Asistencial para las Fuerzas Armadas y la Guardia Civil en abril de 2003.

En una comida con las mujeres de varios ministros. De izquierda a derecha, Gema Ruiz; Dolores de la Rica, señora de Lucas; yo; Elvira fernández Balboa, señora de Rajoy; Irene Vázquez, señora de Michavila; María José Molinuevo, señora de Trillo.

Jose no tuvo más remedio que aceptarlo: «No. ¡Ni un solo gato más!», le dije. Si no me hubiera impuesto rotundamente, ¡habríamos acabado con doce gatos andando por los pasillos!

Menos mal que alguien del personal de La Moncloa al que le encantan los gatos, se los llevó a su casa. Por supuesto mi marido le estará eternamente agradecido por aquello; conociéndole, estaría preocupadísimo por el destino de los gatitos.

Lo de estos gatos ha sido algo casi obsesivo: allá donde vamos nos persiguen. Una vez, de vacaciones en Menorca, acabamos con otra camada de gatos; todo el mundo les cuidaba y les daba de comer, ¡vamos, que si me descuido no vería más que gatos a mi alrededor!

La última fue a la vuelta de las vacaciones de 2003. Llegué a La Moncloa el 25 de agosto y, ya de noche, en la puerta principal, bajé la mirada y ahí estaba otra vez: una cesta con cinco gatitos. Por supuesto, de nuevo me lo habían ocultado...

ALONSO ENTRE LOS ÁRBOLES

Esta anécdota es de las más divertidas que recuerdo y, de nuevo —cómo no—, mi hijo Alonso es su protagonista. Probablemente el lector de este libro también se acuerde de una foto muy particular del ex presidente de Estados Unidos, Bill Clinton, en los jardines de La Moncloa.

En junio de 1997 se celebró la Cumbre de la OTAN en Madrid, que trajo a la capital a casi todos los jefes de Estado y primeros ministros de entonces. En La Moncloa, como es costumbre, se celebró una de las cenas en honor de los asistentes. No hace falta señalar la importancia política que para España tenía haberse convertido en sede de la Cumbre de la OTAN.

Para mí quizá fuera el primer acontecimiento con repercusión mundial que en parte se iba a celebrar en La Moncloa. Para preparar aquella recepción no escatimé esfuerzos, ni yo ni todo el personal de La Moncloa, que se volcó para que todo estuviera perfecto.

Entre los invitados estaba Bill Clinton, que ya había venido varias veces a La Moncloa, y que, como es lógico, traía consigo una impresionante comitiva que constantemente comprobaba que todo estuviera en orden: cada habitación, cada rincón... Hasta el agua mineral era objeto de análisis.

Yo llevaba dos días sin parar de un lado para otro para que todo saliera perfecto y mi hijo Alonso, que por entonces tenía ocho años, estaba viviendo un auténtico circo. Para un niño de esa edad todo lo que estaba ocurriendo era un verdadero espectáculo, un acontecimiento que no estaba dispuesto a perderse.

Llegado el día de la recepción, Alonso, que había invitado a tres amigos, aguardaba expectante. Para no perderse ni un solo detalle, los cuatro se colocaron estratégicamente detrás de un arbusto del jardín desde donde serían testigos directos de lo que sucediera.

Uno de los encargados de la seguridad de Clinton, que llevaba un rato con la mosca detrás de la oreja, se percató de la presencia de los chavales —«Niños en los árboles durante la intervención del presidente de Estados Unidos. No entra en las estrictas medidas de seguridad», debió pensar absolutamente sorprendido—. Así que me preguntó en un español con marcado acento americano:

—Pero ¿este niño no tiene otro sitio donde jugar?

—Pues sí, la verdad es que tiene ocho sitios más donde jugar pero, sinceramente, creemos que no se va a ir de ahí, así que esto es lo que hay —le expliqué, dándole a entender que el niño estaba en su casa, estaba jugando con sus amigos, y no parecía que pudiera poner en peligro la seguridad del presidente Clinton por jugar en el jardín.

Pasaba el tiempo y Alonso y sus amigos se iban cambiando de arbusto en función de lo que quisieran ver. Mientras, los pobres agentes de seguridad de Clinton sufrían por averiguar cuál era el nuevo escondite.

Por fin, llegó el momento de la foto oficial. Todos los jefes de Estado y primeros ministros se colocaron juntos y, enfrente, una nube de fotógrafos a punto de disparar.

De pronto, el propio Bill Clinton notó algo extraño y... ¡zas! Salió la foto, con todos los presidentes firmes y Clinton apuntando con el dedo hacia el árbol.

Al final, a Alonso no le quedó más remedio que salir de su escondite para hacerse ver y, entre las risas de todos, sin quererlo ni comerlo, mi hijo pequeño se convirtió en el protagonista del acto.

A Clinton, evidentemente, le hizo gracia el gesto y más tarde estuvo charlando con Alonso de forma distendida e hicieron buenas migas. Entre las fotos familiares hay una de los dos, que supongo será un buen recuerdo para mi hijo cuando sea mayor.

EN FERROL... «SEÑORA, ¿QUÉ VAMOS A COMER?»

El 6 de mayo de 1999 me hicieron madrina de la botadura del buque de asalto anfibio de la Armada *Galicia*, que se había construido en Ferrol.

Cuando me lo propusieron, fui consciente de los comentarios que se iban a hacer, pero comprendo que son gajes del oficio y acepté que para esa ocasión me eligieran a mí. He de decir que el buque anfibio *Galicia* ha cumplido misiones especialmente importantes en Honduras y en el conflicto de Irak, como hospital de campaña.

El acto tenía un protocolo muy estricto como corresponde a la Armada y a la botadura de un buque tan impresionante. La madrina tenía que vestir de largo, con mantilla y peineta. Así que fui a Ferrol dispuesta a amadrinar el buque *Galicia*.

Elegí un vestido verde con una enorme peineta y una mantilla que pedí prestadas a una amiga. Muy dignamente, con la cabeza bien alta —hay que decir que porque temía que cuando inclinara la cabeza aquel practicable acabara en el suelo—, luchando contra la gravedad y contra las inclemencias del tiempo —léase viento— propias de la zona. Toda mi obsesión era que la mantilla no saliera volando hacia el mar en mitad del ceremonioso acto.

La escena era el paradigma de la sobriedad: don Manuel Fraga y demás autoridades a mi lado; los marineros en posición hierática; el mástil del barco azotado por el viento; decenas de fotógrafos; y yo, aguantando el tipo con la mantilla que volaba en la dirección del viento y la peineta que imaginaba iría detrás de la mantilla.

De repente, en mitad de tan trascendental momento, se me acerca alguien que con voz preocupada me dice:

—Urgentemente, tiene usted que llamar a La Moncloa.

Era la primera vez que me interrumpían en un acto oficial para que llamara a casa. Se pasa muy mal. Se piensa de todo. «Debe haber pasado algo verdaderamente terrorífico para que me llamen de casa y me interrumpan en un momento así», pensaba, y mi desazón iba creciendo.

Inquieta, me aparté con disimulo, cogí el teléfono móvil y llamé a La Moncloa:

—Soy Ana, ¿qué ha pasado? —pregunté con preocupación; se me salía el corazón por la boca.

—¡Ah! —respondieron con tranquilidad pasmosa—. Le hemos llamado porque no ha dicho hoy qué vamos a comer.

—¿Cómo?

—Sí. ¿Que qué vamos a poner de comida?

—¡No es posible!

Me reincorporé al acto como si nada hubiera pasado.

Está claro que, cuando te toca vivir una situación como ésta, ¡tienes que estar realmente preparada para todo!

LA DESPEDIDA DE TONO

Durante la campaña de las elecciones de 2000, estaba de ayudante de mi marido Antonio López Estúriz, hoy secretario general del Partido Popular Europeo, conocido por todos como Tono.

Tono es una persona verdaderamente encantadora, grande de tamaño y humanamente, bondadoso… pero también un poco despistado.

El día de su despedida le gastamos una pequeña broma.

Estábamos en el Coto de Doñana y era el último fin de semana de servicio para Tono porque se iba de secretario del Partido Popular Europeo. El viernes, mi marido le llamó y le dio un sobre blanco:

—Toma, Tono; este sobre es muy importante. Guárdalo bien que ya te lo pediré —le dijo Jose.

Tono subió a su cuarto y guardó el sobre en el cajón de su mesilla en la seguridad de que ahí estaría a buen recaudo hasta que el presidente lo reclamara.

Al día siguiente, durante una cena en la que había bastante gente, mi marido llamó a Remigio, de personal, y le pidió que trajera a Tono.

—Oye, Tono, ¿te acuerdas del sobre que te di ayer?

—Sí, claro. Cómo no.

—Pues haz el favor de traérmelo.

—Sí, presidente.

Tono salió directo hacia su habitación para recuperar el preciado documento, pero cuál fue su sorpresa cuando, al abrir el cajón, no encontró nada.

Pasaron diez minutos o un cuarto de hora y mi marido, impaciente, volvió a llamar a Remi:

—Haga el favor de decirle a Tono que venga inmediatamente.

Al fin, apareció Tono con el semblante desencajado. Mi marido se le acerca y le dice:

—Tono, el sobre.

—Presidente, lo estoy buscando —contestó temeroso.

—Bueno, pues venga. Ve y tráemelo.

De nuevo, a los diez minutos mi marido reclama a Tono y la misma secuencia, aunque esta vez con un tono más serio:

—Tono, el sobre.

—Presidente, sigo buscándolo —respondió casi con miedo.

—¡Vamos a ver, Tono!, ¿está o no está?

Entonces Tono, sudando, desesperado, se acerca y le dice en voz baja:

—Es que no está, presidente.

En ese momento, mi marido, con evidente gesto de enfado, dio un golpe en la mesa con la mano. El pobre Tono, pasando un verdadero mal trago, sólo acertó a decir:

—No, señor presidente, no se preocupe. He dicho que nadie salga de aquí, todos están buscando. Están los de seguridad buscando hasta en la basura.

El pobre Tono se iba poniendo pálido por momentos, así que no nos quedó más remedio que aplaudir y decirle que le habíamos gastado una broma. Todos los presentes lo sabíamos, menos él. Ana, Alejandro, Alonso (que había hecho de mano negra), mi marido... La verdad es que todos nos reímos, incluido Tono, ¡aunque primero se le tuvo que pasar el susto!

EN EL HALL, A LAS DOCE Y TRES MINUTOS

Como ya he dicho en algún capítulo anterior, los viajes oficiales se preparan con muchísima antelación y para ellos se elaboran unos minuciosos programas con unos horarios más que estrictos que han sido mi cruz durante estos años.

Reconozco que la puntualidad no está entre mis virtudes, pero creo que todo tiene un término medio y, la verdad, el hecho de saber exactamente lo que estarás haciendo al día siguiente a las 17.37 y que, sea lo que sea, terminará a las 18.45, hora desde la que dispones de treinta minutos para arreglarte antes de la recepción de las 19.30, que terminará a las 21.30 para, tras un trayecto de veintitrés minutos, dar comienzo a la cena de gala a las 22.00, es un poco excesivo.

Recuerdo que, una vez, durante la primera legislatura, viajamos a Japón en viaje oficial. Salimos de La Moncloa en plena madrugada de un domingo a un lunes con destino a Kazajstán, donde haríamos escala para seguir luego hasta el país del Sol Naciente.

Teníamos por delante un larguísimo viaje con una agenda cargada de actos y ceremonias y, claro, viendo que las pocas horas de descanso las íbamos a pasar en el avión, me pasé todo el trayecto protestando.

—Pero ¿quién ha sido el que ha planificado este viaje y nos ha hecho salir a las dos de la mañana para ir a Kazajstán? ¡Así sólo nos da tiempo a dormir cuatro horas de mala manera y, cuando lleguemos allí, tenemos que empezar el día como si no hubiera pasado nada! ¡Y después seguir hacia Japón!

Mi marido, que también estaba bastante cansado, esperó a que acabara mi alegato y dejase de repetir mis protestas y, en cuanto tuvo ocasión, respondió en tono pausado:

—Tú dijiste que querías salir a las dos de la mañana porque querías estar con Alonso todo el domingo, así que, por favor, tratemos de dormir un poco.

Comprendí que no me quedaba más remedio que callarme y no volver a decir nada.

Tras un agotador día en Kazajstán, por fin aterrizamos en Japón. Fuimos directamente del aeropuerto al hotel —lo estábamos deseando después de tantas horas de vuelo— y, nada más llegar, aparece alguien de Protocolo del primer ministro japonés, Ryutaro Hashimoto, se dirige a un miembro de Protocolo de La Moncloa y le dice delante de mí:

—La señora de Aznar tiene previsto, según el programa, estar abajo, en el hall, a las doce en punto. Pero hemos pensado que, en vez de a las doce, es mejor que aparezca a las doce y tres minutos.

Inmediatamente, me volví hacia las personas de Protocolo que venían con nosotros y, sin dudarlo ni un momento, me rendí ante tal presión.

—Creo que me tengo que volver. Éste no es mi país y yo voy a provocar un incidente diplomático con total seguridad. Si por tres minutos tenemos que cambiar el programa, me debo ir en este momento. ¡Calcular ese tiempo es imposible! —sentencié.

«Está bien —pensé—, no soy una experta a la hora de medir el tiempo del que dispongo, lo reconozco. ¡Pero tres minutos te obligan a calcular hasta lo que te puede hacer esperar el ascensor!»

Esta anécdota viene a corroborar que el protocolo de los japoneses es tremendamente exigente. ¿Cómo es posible llevar el cálculo de los tiempos protocolarios hasta una fracción tan pequeña como son tres minutos?

En cualquier caso, los cambios en el programa del viaje se limitaron a esos tres minutos míos. No sé, tal vez era un castigo a mi impuntualidad, pero si la rigidez de los horarios —sobre todo en los viajes oficiales— ha sido siempre un lastre para mí, lo de esta vez superaba todos los límites. En aquel momento me pareció un reto imposible, pero conseguí superarlo.

LOS «CUARENTUNOS»

Como tantas otras personas, grupos, asociaciones o colectivos, durante el año 1998 me habían pedido venir a La Moncloa los «Cuarentunos», que como su propio nombre indica, son tunos de cuarenta y tantos años que consideraron que el hecho de pertenecer a mi misma generación era motivo para hacer una visita al palacio de La Moncloa. Yo les dije que sí, que vinieran, y les di una fecha con muchísima antelación.

Al cabo de muchos días, o mejor, de varias semanas, puede incluso que algunos meses, vivíamos en La Moncloa un día de esos caracterizados por una cierta tensión. Se podría decir que había una calma tensa en el ambiente. La razón era que ese día presentaba su dimisión Miguel Ángel Rodríguez como portavoz del Gobierno. Terminaba una etapa iniciada en 1987 en la que Miguel Ángel había trabajado con mi marido. Miguel era ese amigo que está siempre y con quien Jose tenía una relación muy difícil de sustituir. Con su dimisión finalizaba su etapa en el Gobierno y, en definitiva, una relación laboral diaria que se había iniciado años atrás. La tensa calma ambiental nos afectaba a todos.

De pronto, en mitad de ese ambiente enrarecido, Carlos Aragonés, director del gabinete, llamó por teléfono a mi despacho y me dijo:

—Baja, que ya están aquí los «Cuarentunos».

¡Oh, Dios mío, en qué momento! Ni por asomo me había acordado de la visita de los músicos con todo lo que estaba pasando durante ese día. Me acerqué hasta la ventana y allí, en el jardín, delante del despacho de mi marido, estaban los «Cuarentunos», tan contentos ellos, por supuesto, vestidos de tunos (yo nunca hubiera imaginado que aparecerían con sus atuendos y toda la parafernalia propia de la tuna universitaria) y, por si fuera poco, se disponían a cantar, es decir, que me iban a rondar para alegrarme la tarde.

Como es lógico, no pude evitar la carcajada. Cuando bajé, la verdad es que durante el rato que estuvieron me divertí. Bebieron alguna copita de más, cantaron y reímos y, sobre todo, aprendí que era muy peligroso dar fechas con tanto tiempo porque nunca se sabe en qué momento te pueden sorprender.

5

ALGUNAS CAMPAÑAS Y ALGUNOS VIAJES

LA CAMPAÑA ELECTORAL DE 2000

Según los expertos, las encuestas son la fotografía del momento. Tengo el recuerdo de distintas encuestas en distintos momentos. Tienen tanta importancia en época electoral que el periódico *El Mundo* salió a la calle por primera vez el domingo 21 de octubre de 1989, el anterior a las elecciones generales del 28 de octubre del mismo año, con el resultado de una encuesta. Varias veces comenté esto con su director, Pedro J. Ramírez. En septiembre de 1999 marcaban una diferencia de entre cinco y siete puntos en la intención de voto entre PP y PSOE a favor del Partido Popular. En marzo de 2000 los sondeos de los distintos institutos de opinión pública vaticinaban una diferencia de votos con una horquilla entre los tres y los cuatro puntos. Los políticos insisten en que la única encuesta válida son las urnas, pero, en cambio, sí se sirven de los sondeos repetidos (*trackings*) con una periodicidad mensual —en los meses anteriores a la campaña semanales, e incluso diarios cuando ya se acerca la fecha de las elecciones— porque reflejan la tendencia por la que los políticos pueden analizar la marcha de la campaña.

La campaña electoral es el momento más significativo e importante de cualquier partido y, desde luego, también del Partido Popular. Si bien es cierto que los políticos dicen que la campaña empieza al día siguiente de las anteriores elecciones, también lo es que la maquinaria del partido (actos, formación de interventores y apoderados, campañas de publicidad...) se pone en marcha meses antes de la fecha de convocatoria.

El enfoque de las campañas depende de la situación del partido en ese momento. No es lo mismo hacer una campaña desde la oposición que desde el Gobierno, como tampoco es lo mismo desde un Gobierno con una alta valoración de su gestión, que desde un Gobierno cuya gestión es puesta en cuestión por la sociedad.

En unas elecciones es fundamental la capacidad de movilización de los agentes electorales: interventores y apoderados, que son, por una parte, quienes estarán pendientes de cualquier incidencia que pueda ocurrir a pie de urna el día de las elecciones, para lo que reciben una formación por parte del partido sobre la legislación que se debe aplicar en ese momento. Por otra parte, interventores y apoderados son los verdaderos agentes electorales, el altavoz con el que cuenta el partido para, en el boca-oreja, trasladar los mensajes.

En esta movilización es importante implicar a todos los cargos del partido aunque no concurran a las elecciones: a alcaldes, concejales, parlamentarios autonómicos se les pide que den la batalla en cada una de las circunscripciones.

Desde el Departamento Territorial se analizan los resultados de las anteriores elecciones, se organizan las caravanas electorales del candidato y se programan los mítines con la presencia de los dirigentes del partido. El Departamento Electoral se encarga de las campañas de publicidad y del montaje de los escenarios en los actos del candidato; toda una maquinaria que se pone en marcha y se prepara a conciencia para que los últimos quince días de campaña funcionen a la perfección y la organización sea capaz de resolver los imprevistos, que siempre tienen que estar previstos.

Son días de nervios, carreras y teléfonos, de dormir poco y viajar mucho, de dar hasta el último aliento para que todo salga bien y obtener los mejores resultados. Las distintas sedes del partido, desde la central en la calle Génova de Madrid hasta las más pequeñas sedes locales, pasando por las provinciales y regionales, se convierten en hervideros humanos: gente que entra y sale, banderas, banderines, quincallería, trípticos, folletos, microbuses que cantan los mensajes del PP por las calles, jóvenes, menos jóvenes, mayores... todos tienen una función que hacer, un trabajo en el que colaborar. Todos son bienvenidos y a todos se les agradece su colaboración.

Siempre he dicho que lo mejor que tiene el Partido Popular son sus militantes, esas más de 600.000 personas que apoyan, alientan, animan y acompañan a sus líderes. Recorren España en un autobús para estar en un mitin. Son lo mejor que tiene el partido y lo mejor que tienen sus dirigentes.

El 1 de agosto del año 1999 salíamos hacia Las Playetas de Bellver para pasar unos días de vacaciones. Jose me dio a leer el informe de un sociólogo que aseguraba que existía prácticamente un empate técnico entre el PSOE y el PP. No me pareció justo; los datos sobre el desempleo y la situación económica eran infinitamente mejores que en el año 1996 y no había habido ningún escándalo político, algo frecuente en los años del PSOE.

Por simplificar, España era un país mejor que tres años antes. La crispación de los últimos años del PSOE era una anécdota y nuestra situación internacional también mejoraba. ¿Cómo podía ser que el resultado electoral no avalara esa situación? ¿Es que no íbamos a ganar claramente las elecciones?

Pasadas las vacaciones, decidí hacer todo lo que estuviera a mi alcance para explicar lo que había hecho el Gobierno del PP presidido por mi marido durante esos años. Era muy importante ganar y hacerlo con claridad por nuestro país, por el PP, por sus dirigentes. Además, sabía que era vital para mi marido.

No podía creer que el país fuera irremediablemente de centroizquierda como decían todos los análisis, incluido el famoso «brujo de Interior» (funcionario del Ministerio que decían que siempre acertaba los resultados hasta que... falló). ¿Por qué no podía ser como Inglaterra, que de una elección a otra puede haber veinte puntos de diferencia en la intención de voto para un partido según hubiera sido su actuación?

Ante la situación que auguraban las encuestas decidí volcarme en la campaña y colaborar con el partido en actos sectoriales, mítines, visitas... Es decir estaba dispuesta a explicar personalmente lo que el gobierno del PP había hecho en los últimos cuatro años.

Se trataba de intensificar lo que ya venía haciendo desde septiembre de 1998: hacer actos preparados por el partido en diferentes puntos de España, aceptar las invitaciones que me llegaban a mí personalmente, recibir a todas aquellas personas que pedían acudir a La Moncloa con el propósito de transmitir los logros del Gobierno en beneficio de todos los ciudadanos.

La información que yo recogía en cada uno de esos actos, en las conversaciones o las cartas, me permitía valorar que la gente estaba suficientemente satisfecha con el Gobierno y que estaban dispuestos a renovar su confianza en el proyecto del PP. El Partido Popular había cumplido sus promesas: había pagado las pensiones, había puesto las condiciones para que se crease empleo y había apostado fuerte por la igualdad de oportunidades entre hombres y mujeres, pero sobre todo la gente agradecía la estabilidad política y económica alcanzada en esos cuatro años y que se hubieran olvidado los titulares de los periódicos que hablaban de corrupción. Sin embargo, los analistas no coincidían. Estaba claro que mi campo era mucho más pequeño que el de los sociólogos; por lo tanto, a pesar de que mi intuición me decía que la intención de voto podía ser mayor que la que pronosticaban las encuestas, yo tenía que fiarme de los analistas.

De todos aquellos viajes y de los miles de kilómetros hechos a lo largo y ancho de España citaré sólo tres, que considero los más significativos por sus distintas realidades: la Comunidad Valenciana, Castilla-La Mancha y Extremadura.

En enero de 2000 viajé a Alicante y Valencia. He visitado muchas veces la Comunidad Valenciana, la he conocido en sus distintas facetas, y esto me ha permitido apreciar el desarrollo de esta comunidad en estos años: su pujanza, el incremento del turismo, el cuidado del medio ambiente, el desarrollo de su arquitectura y de su expresión artística, todo ello manifestaciones claras de su progreso; eso se percibe en la alegría y satisfacción (por un trabajo bien hecho) de los ciudadanos.

Uno de los artífices de este cambio ha sido quien fue presidente de la Generalitat, Eduardo Zaplana, que, como todos los políticos, es un reflejo de la sociedad en la que vive. Eduardo es creativo y trabajador, pero también tiene un sentido lúdico de la vida y una gran alegría de vivir. Además, es una buena persona.

En los muchos viajes que he realizado a la Comunidad Valenciana he conocido residencias de ancianos, centros para minusválidos, he podido ver cómo se ha puesto en marcha una política social pensando en los más necesitados, en las personas que sufren marginación por drogodependencias, minusvalías o paro; me he reunido con asociaciones de todo tipo y he podido confirmar que los políticos de mi partido en esa comunidad son un ejemplo de eficacia y tienen el respeto y la confianza de la mayoría de los ciudadanos.

Pero también he percibido el cariño de la gente, tan expresiva y sin reparos a la hora de demostrar su afecto; algo que se agradece muchísimo. Allí he aprendido a apreciar armonía musical en las mascletás y he encontrado el gusto por el olor a pólvora; esto lo explica muy plásticamente Rita Barberá, alcaldesa de Valencia.

Cada vez que iba a Valencia volvía, por una parte, convencida de que el PP ganaría las elecciones; los resultados de las políticas del PP eran evidentes, era algo lógico, pero… ¡Eduardo Zaplana tenía siempre alguna encuesta terrible que enturbiaba mi sensación!

El 2 de febrero lo pasé en Ciudad Real invitada por Carmen Quintanilla, mujer de una gran valía y trabajadora incansable. En la comunidad castellano-manchega se debía hacer un esfuerzo especial para que el resultado de las elecciones generales del año 1996 fuera aún mejor para el PP. El PSOE había ganado las elecciones autonómicas en el año 1999.

Durante estos ocho años también he recorrido muchos pueblos de Castilla-La Mancha, una comunidad eminentemente rural de gente muy hospitalaria y cercana, pero todavía con un nivel de renta por debajo de la media española.

A mí me gusta el contacto directo con la gente y en esta tierra he disfrutado de acontecimientos muy distintos a los que suelo vivir a diario. Los castellano-manchegos son gente agradecida, valoran efusivamente que les visiten y que se ocupen de ellos. Durante esa campaña estuve en pueblos exponentes del mundo rural, con un peso importante en esta comunidad. Carmen Quintanilla creó hace veinte años una asociación que agrupa hoy a un gran número de mujeres rurales y que ha abierto nuevos horizontes a muchas de ellas que habían dedicado toda su vida, su esfuerzo y su trabajo a sus familias y a trabajar en el campo sin ningún tipo de reconocimiento social y económico.

Hoy se van cumpliendo algunas de las principales aspiraciones de Carmen, objetivos por los que se está dejando la piel, como por ejemplo, que la mujer pueda aparecer como titular de las explotaciones agrícolas a efectos de la Seguridad Social. Hasta ahora el trabajo de la mujer rural era invisible a muchos efectos, y la sociedad tiene una deuda impagable con las que dedicaron su vida y su esfuerzo a un trabajo que hasta ahora ni estaba reconocido ni remunerado, porque se consideraba una obligación que formaba parte del cuidado del hogar.

En estos viajes, sin Jose, retrocedía en el tiempo, a las primeras campañas en las que acompañaba a mi marido cuando nos llevaba Juan Vilches. La primera visita fue a Ávila. Entonces recorríamos esa provincia entera, un mundo muy distinto del que nosotros vivíamos habitualmente. Siempre acompañados por Feliciano Blázquez, amigo entrañable con gran olfato político y con ese carácter castellano con el que mi marido siempre se ha identificado.

En el año 2000, por supuesto también iba en coche, me cambiaba de ropa en hoteles de carretera e iba a plazas en las que no había ningún líder del partido. Volver a experimentar las mismas situaciones tras cuatro años en La Moncloa resultó muy interesante.

La otra comunidad que destacaría de aquella campaña es Extremadura, de Badajoz a Cáceres, pasando por la comarca de Las Hurdes, Hervás, Plasencia. Desde hacerme una foto en medio de la carretera bajo un almendro que ya estaba perdiendo la flor por el granizo y la lluvia de ese año, hasta ir en procesión con María José González del Valle por la carretera en Cabezuela en cumplimiento de una promesa que hice a los lugareños, he hecho de todo.

Políticamente, en Extremadura ocurre lo mismo que en Castilla-La Mancha: el resultado del PP en las elecciones generales no se corresponde con las elecciones autonómicas. El Partido Socialista gobierna desde hace veinticinco años en la comunidad.

Sin embargo, allí también me pareció que el ambiente era de afecto y de confianza hacia el gobierno del PP, tal y como acabó manifestándose con los espectaculares resultados del PP en las provincias de Cáceres y Badajoz.

En definitiva, durante todos esos meses fuimos muchos los que hicimos lo imposible por tratar de explicar al mayor número de personas lo que considerábamos logros del Gobierno del PP.

Los resultados de las elecciones del año 2000 rompieron con la teoría que consideraba imposible una victoria para el PP. Los españoles podían votar olvidándose de su historia, pensando sólo en los resultados de la gestión de cuatro años y apostando por una continuidad para los siguientes. Por primera vez en la democracia gobernaba, con una mayoría amplia, un partido de centro-derecha en España.

Esa campaña la dirigió Mariano Rajoy. Ésa fue una experiencia más añadida a la que, probablemente, ya entonces era una de las trayectorias políticas más largas y brillantes en la democracia que comenzó en nuestro país en el año 1975.

Durante esos meses hice muchos viajes acompañada siempre por Cristina Alonso y Marilar de Andrés, ambas grandes amigas mías. Las tres guardamos recuerdos y anécdotas de aquellos meses que nos hicieron conocer un poco más de nuestro país y nuestro partido.

LAS MUNICIPALES DE 2003

El 23 de mayo de 2003 nos despertó nuestro hijo mayor, José María, que llegaba de Nueva York. Venía a votar y a pasar el fin de semana con nosotros. Esa noche no nos había dejado dormir; en el traslado desde su casa de Nueva York al aeropuerto, me había llamado hasta tres veces para decirme que perdía el avión. Le gusta mortificarme.

La ilusión por tener a los cuatro en casa me impedía caer en la inevitable melancolía que daba saber que esa jornada que nos disponíamos a vivir en familia iba a ser la última que se iba a dar siendo Jose responsable máximo del Partido Popular, lo que había marcado nuestra vida durante los últimos catorce años.

A esa circunstancia se añadía una nueva. Era la primera vez que yo concurría como candidata a unas elecciones. Durante los meses anteriores viví una campaña de manera distinta a como había vivido tantas en los últimos años acompañando a mi marido. Era una más en una candidatura con unas circunstancias personales, digamos, peculiares. Además, la situación política para el PP era muy complicada debido al conflicto de Irak. Hubo momentos especialmente tristes, como cuando mataron a José Couso y a Julio Anguita Parrado.

Cuando se inició la campaña las previsiones que auguraban los expertos para el PP eran muy pesimistas.

Durante los meses previos al 25 de mayo formé parte de la

campaña diseñada por el PP para Madrid. Conocí a los que hoy son mis compañeros en el ayuntamiento de Madrid y empecé a formar parte de su equipo. Comprobé su seriedad y profesionalidad, así como el liderazgo ejercido por Alberto Ruiz-Gallardón.

A Alberto le conozco desde hace veinte años. Siempre ha sido uno de los grandes activos del partido y, para mí, trabajar con él en la actualidad es gratificante y muy interesante. Madrid, creo, y todos trabajamos para ello, será una ciudad mejor en el año 2007.

No acompañé a mi marido por primera vez en el recorrido que hizo por muchas ciudades españolas con motivo de esas elecciones autonómicas y municipales. Viajé a algunas ciudades para asistir a varios actos a los que me había comprometido, atendiendo a invitaciones de compañeros de partido de algunas organizaciones territoriales.

Sin embargo, sí estuve con mi marido el 23 de junio, última jornada electoral.

Los cierres de las campañas en estos últimos catorce años han tenido siempre el mismo rito, independientemente de que hayan sido generales, municipales, autonómicas o europeas.

Siempre ha habido dos sitios fijos para el cierre: Valladolid y Madrid; esta última vez se ajustó, como no podía ser menos, al clásico maratón: a las ocho de la tarde hicimos un mitin en el Pabellón Polideportivo Pisuerga de Valladolid e inmediatamente nos trasladamos en avión a Madrid para estar en la plaza de toros de Vista Alegre en el cierre de campaña a las 12 de la noche.

Mi hija Ana y Alejandro llegaron a comer con Fernando Alonso, campeón de Fórmula 1 de Renault, y con el dueño de la escudería, Flavio Briatore; los acompañaba la modelo Heidi Klum. Comimos con ellos y con mis hijos varones, así como con Tania.

Habían venido ese fin de semana para acompañarnos en la última jornada de la campaña, el día de reflexión y para votar el día de las elecciones. Esas horas fueron un ritual familiar. Compartimos sentimientos mezclados y contradictorios: cansancio, ilusión, incertidumbre, esperanza, nervios y, por fin, aunque no siempre, alegría. Para Jose fue importante compartir esas horas con sus hijos y ellos vivieron con nosotros la incertidumbre de los últimos momentos.

Ese día el almuerzo y la sobremesa fueron entretenidos, porque es gratificante charlar con personas que viven en un mundo tan distinto al nuestro; su conversación aporta puntos de vista muy distintos que sin duda enriquecen y te hacen reflexionar. Fernando Alonso es un deportista joven, inteligente, con un gran futuro profesional. A pesar de su juventud, transmite la fortaleza interior necesaria para sobrellevar la presión mediática que soporta un mito.

Este último año, Jose y yo pactamos tácitamente no provocar nunca la melancolía en el otro y mirar siempre hacia delante. Pero aun así, por la tarde, antes de salir para Valladolid, le hice una reflexión sobre el momento que estábamos viviendo: era la última vez que hacíamos ese tramo electoral.

Jose me contestó con un convencido «por supuesto».

Nos acompañaba a Valladolid José María y, al verle la cara cuando nos íbamos, me di cuenta enseguida de que la melancolía sí iba a hacer mella en mi hijo. Los tres, pero sobre todo el mayor, han vivido tan intensamente la trayectoria política de su padre que han sido capaces de sentir las emociones que él no manifiesta.

Al llegar al lugar del mitin, el Polideportivo Pisuerga de Valladolid, la liturgia del acto y las ondas que transmitían los que estaban allí, junto con la presencia de quienes durante tantos años han acompañado políticamente a Jose, me advirtieron de que iba a tener que hacer un esfuerzo importante para que mi emoción no fuera demasiado evidente: Feliciano Blázquez, Juanjo Lucas, Javier León, Juan Carlos Aparicio, Jesús Posada, Fernando Zamácola, Javier Rojo, las banderas de Castilla y León, la música atronadora del PP... todo sonaba a despedida. También ellos sabían, aunque no lo hubieran dicho, que era la última vez que habría mitin de cierre de campaña en Valladolid con José María Aznar.

Como para un actor de teatro, el calor de los aplausos del público es fundamental. Estos actos de fin de campaña son gratificantes. La persona, por regla general, necesita sentir que forma parte de algo y que es fundamental y necesario. Creo que ésa puede ser una explicación de lo que ocurre en uno de estos actos de partido: a los militantes nos hace sentirnos parte de una organización para la que cada uno de nosotros es fundamental; al político le llega el cariño de los que están allí, que no piden nada pero que creen en él, en sus ideas y luchan por ellas. Es uno de los momentos que compensan otros muchos sinsabores de la vida política.

Al finalizar el mitin, volvimos a Madrid en el avión de campaña. Ese último día siempre estamos todos más habladores de lo normal, pero la euforia de la campaña electoral de las elecciones del 25 de mayo de 2003 llegó a su nivel más alto. En ese momento, uno siempre tiende a creer que los resultados van a ser espléndidos.

Una estampa fija que guardo de todos estos años es Antonio Cámara, que ha estado a nuestro lado lealmente desde aquella primera campaña de 1989, hablando por teléfono en los trayectos con alguna persona de la organización en Madrid, casi siempre con Juan Carlos Vera. Se intercambian detalles de horarios, tiempos, entradas y salidas al recinto y, finalmente, la pregunta «¿Cómo va de gente?», que, siendo lo más importante, es la última pregunta por el miedo a que la respuesta sea «Regular, no vengáis deprisa para dar tiempo a que se llene».

El estrés acumulado durante la campaña es mucho, y a todos les parece que es poca la gente: si el acto da comienzo a las 10 de la noche, querrían que a las 9 estuviera a rebosar para estar tranquilos. Por lo tanto, Antonio Cámara nos trasladaba sus temores de que el sitio donde íbamos después, en esta ocasión, la plaza de Vista Alegre, «no está llena».

Se equivocó: una vez dentro de la plaza, cuando ya nos habíamos reunido con mi familia en un palco, comprobamos que sólo había sitio para nosotros mismos y que no cabía un alfiler.

Me di cuenta de que los oradores habían conectado con el público. La fuerza y el entusiasmo de los que allí estaban era más que evidente. Cuando has asistido a tantos actos parecidos, percibes el estado de ánimo de los participantes nada más entrar. Es algo que flota en el ambiente.

Llegó el turno de Jose. Al oírle hablar, supe que hay un componente especial que otorga a la relación un algo mágico. Y esto después de veintiocho años.

Al acabar el mitin volvimos a casa con mis hijos. Ellos también habían tenido que contener las lágrimas. Sólo Alejandro me dijo en broma que él reservaba esas lágrimas para el último mitin de verdad. Le contesté que había perdido su oportunidad.

LA ÚLTIMA CUMBRE DE PAÍSES IBEROAMERICANOS

El jueves 13 de noviembre de 2003 emprendimos viaje hacia Santa Cruz de la Sierra, en Bolivia, para asistir a la XIII Cumbre de Jefes de Estado y de Gobierno de Países Iberoamericanos y, desde allí, continuar camino hacia Santiago de Chile.

Durante varios días dudé entre acompañar o no a Jose. Si me iba, tenía que adelantar todos los temas pendientes del ayuntamiento, pero era la última cumbre a la que asistía mi marido como presidente del Gobierno. Para él iba a ser emocionante por la buena relación que España ha mantenido durante estos años con los países iberoamericanos.

Me pasa con Iberoamérica que cuando era joven ya quería conocerla, y cuando empecé a leer a Borges, García Márquez o Vargas Llosa, el interés aumentó. Recuerdo que la primera vez que visité Colombia, reconocí en sus calles y en sus olores el país que García Márquez me había hecho soñar en *El amor en los tiempos del cólera* y me enganché a esta parte del mundo. De Iberoamérica me interesa todo: me gusta su color, me atraen sus sabores y su naturaleza, me enamora la magia de sus paisajes y sus gentes. Espero que todo lo que he tenido la oportunidad y el privilegio de conocer oficialmente pueda repetirlo de forma privada y adentrarme mucho más en las costumbres e idiosincrasia de sus gentes.

Por primera vez utilizamos en un viaje oficial uno de los nuevos Airbus adquiridos recientemente por el Estado para los viajes de los Reyes y del presidente del Gobierno. Estos nuevos aviones sustituían a los viejos Boeing 707 que ya nos habían dado algún problema importante, precisamente en viajes a dos cumbres iberoamericanas: la primera a la que asistimos, en Chile en 1996, y la que se celebró en la República Dominicana en 2002.

Era la última vez que viajábamos a una cumbre e irremediablemente echas la vista atrás y recuerdas el primer viaje. ¡Cómo habían cambiado las cosas y las personas! Supongo que también nosotros mismos. En aquella primera delegación viajó Miguel Ángel Rodríguez, con quien nos siguen uniendo fuertes lazos de afecto y cariño, porque es difícil olvidarse o prescindir de las personas con las que has compartido una parte tan importante de tu vida como son esos doce años, de 1987 a 1999. Junto a él venía también Paco García Diego, que durante años había trabajado con Miguel Ángel Rodríguez en el Gabinete de Prensa del PP y estuvieron los primeros años en la Secretaría de Estado de Comunicación. Juntos imprimían un ambiente especial de desenfado e informalidad a la delegación española.

En esta ocasión, llegamos a Bolivia en un momento delicado para aquel país. Hacía poco tiempo que el presidente elegido democráticamente, Gonzalo Sánchez de Lozada, había sido depuesto, entre otras razones por la presión del movimiento indígena, que se oponía a que el gas, principal recurso natural del país, se exportara.

Bolivia es el segundo país con menor renta per cápita de Iberoamérica. Además, por si fuera poco, numerosos golpes de Estado han alterado frecuentemente su estabilidad. Geográficamente es un país de gran diversidad; su paisaje combina el altiplano con las tierras bajas en cuyo subsuelo se encuentra su maná: el gas. Es una región de gran belleza.

Cuando llegamos a Santa Cruz de la Sierra fuimos al mismo hotel en el que habíamos estado en 1998, Los Tajibos. Llegamos muy tarde después de un viaje muy largo. Al día siguiente, una vez celebrados los primeros encuentros bilaterales de mi marido con sus homólogos, fuimos al aeropuerto a esperar a Sus Majestades los Reyes, que venían de Argentina, país en el que habían realizado una visita de Estado muy importante para España debido a los especiales vínculos que mantenemos con nuestro país hermano.

Fue un éxito, como todos los viajes de Estado que hacen los Reyes. Ellos son embajadores clave de nuestro país; llevan el nombre de España por todo el mundo, principalmente por los países iberoamericanos, donde la presencia de don Juan Carlos y doña Sofía es decisiva para mantener ese vínculo atlántico, fundamental para las relaciones de España con Iberoamérica.

Lo que no sabíamos al iniciar este viaje es que íbamos a presenciar algo verdaderamente distinto y sorprendente en la ceremonia de inauguración de la cumbre.

El acto de apertura suele tener carácter protocolario, de reencuentro de los dirigentes de los países participantes, algunos ya amigos. Todos los años hay algún mandatario para el que es su primera cumbre. Siempre es bien recibido por sus compañeros de conferencia. Pero la realidad es que en la mayoría de países iberoamericanos existe una limitación legal para la reelección después de un período que oscila entre los cuatro y cinco años, excepto en México que es de seis, así es que hay bastante alternancia.

Sin embargo, en esta ocasión, durante la inauguración presenciamos en directo cómo un joven indígena, de nombre Carlos Eduardo Medina, era invitado por el presidente boliviano, Carlos de Mesa, a dirigirse a los presentes en la apertura para plantear sus aspiraciones en representación del Encuentro Social Alternativo, que se estaba celebrando paralelamente en la misma ciudad. Durante su intervención, Medina propuso el desmantelamiento y sustitución del orden establecido.

Desgraciadamente, la situación de Bolivia y de otros muchos países de este continente es un caldo de cultivo para cualquier movimiento de este tipo. La situación social y económica es insostenible en muchos casos, y la escasa movilidad social que conllevan los bajos niveles educativos enquista a parte de la población en situaciones de carencia de las que parece imposible salir. Se suceden los gobernantes y crean esperanzas que, en muchos casos, no se llegan a hacer realidad. Se cultiva así el desencanto.

En esta cumbre, España pretendía conseguir el establecimiento de una Secretaría Permanente, y así se aprobó a petición española.

De Bolivia, tras despedir a los Reyes, viajamos a Santiago de Chile, donde llegamos ya anochecido, por lo que esta vez no pudimos contemplar el espectáculo único que supone ver desde el cielo la cordillera andina. Fuimos directamente al hotel en el que habíamos estado en otras ocasiones.

Era el final de la primavera; las jacarandás de Santiago estaban en flor y la lluvia, abundante en los días anteriores, había conseguido limpiar el aire de la ciudad, normalmente espeso y contaminado. Santiago de Chile me resulta familiar. El domingo, al día siguiente de nuestra llegada, fuimos a Valparaíso, a la casa de vacaciones que posee el Estado chileno para el uso del presidente de la República.

Allí nos encontramos con Ricardo Lagos, el presidente, y su mujer, María Luisa Durán, dos personas con las que, aunque tienen distinta ideología a la nuestra, tenemos muchos puntos en común. La colaboración entre España y Chile ha seguido mejorando notablemente en los últimos años, si exceptuamos el incidente de Pinochet.

Durante la comida hablamos de todo un poco: de política exterior, de nuestras pequeñas historias... Recuerdo que mi marido hizo una exposición clara y sintética de lo que cree que deben ser las relaciones internacionales en el futuro y, como siempre, le preguntaron qué pensaba hacer al terminar sus años de Gobierno.

Al llegar al hotel estuvimos con Eduardo Frei, el anterior presidente chileno, y su mujer, Marta Larraechea, con los que habíamos coincidido durante cinco de los ocho años y con los que hemos tenido la oportunidad de reunirnos en múltiples ocasiones.

Frei es también hijo de un anterior presidente chileno y pertenece a la Democracia Cristiana, partido integrado en la coalición que gobierna Chile desde que terminó el período dictatorial de Pinochet.

El día que se detuvo a Pinochet en Londres por orden del juez Garzón estábamos en la Cumbre Iberoamericana de Oporto, que se celebró los días 17 y 18 de octubre de 1998. La casualidad hizo que, durante la cena oficial, yo estuviera sentada al lado de Eduardo Frei, cuya preocupación era evidente por el efecto que pudiera tener la detención del ex dictador en su país. Afortunadamente, todo terminó de la mejor manera posible y hoy, por fin, se puede decir que se trató de una cuestión menor en las relaciones entre España y Chile.

Durante esta última cumbre iberoamericana visitamos en el Centro Español a la colonia española, que en este país disfruta de una buena situación económica. De hecho, tiene una de las mejores residencias de ancianos mantenida por una colonia española que jamás he visto, a la que tienen acceso todos los españoles que no dispongan de medios económicos.

Quizá el momento más emotivo fue cuando, durante la comida oficial, el presidente Lagos le dio las gracias a mi marido de una manera entrañable por su trabajo en la consecución del Tratado de Libre Comercio Chile-Unión Europea y también por haber sido una pieza clave en la recomposición de las relaciones entre Chile y Estados Unidos después del conflicto de Irak.

Chile era miembro del Consejo de Seguridad de las Naciones Unidas cuando Estados Unidos sometió a votación la resolución que instaba a Irak, una vez más, a cumplir los compromisos adquiridos con Estados Unidos a raíz de la guerra del Golfo.

Los agradecimientos y reconocimientos son siempre agradables, pero mucho más si se producen por parte del presidente de un país tan querido para nosotros como es Chile.

Mi marido se despidió allí como presidente del Gobierno español, pero volveremos muchas otras veces en el futuro o, al menos, así lo espero.

LA DESPEDIDA EN ESTADOS UNIDOS

El lunes 12 de enero de 2004 aterrizamos en la base aérea de Andrews, en Washington. Llegamos a las nueve de la noche, hora local, después de un viaje de nueve horas, más largo de lo habitual porque teníamos el viento en contra.

La visita respondía a una invitación que el presidente George Bush le hacía a mi marido con motivo del fin de su mandato. Las elecciones en España se habían anunciado ya al término del consejo de ministros posterior al 6 de enero. Serían el domingo 14 de marzo. El 17 de enero mi marido tenía que presidir un acto del PP para conmemorar los ocho años de Gobierno. El final se aproximaba y las despedidas eran la nota generalizada de aquellos días.

A la llegada a Washington, nos alojamos en Blair House, la residencia en la que se hospedan algunos mandatarios extranjeros cuando visitan de forma oficial Estados Unidos.

Esta residencia está situada, al igual que la Casa Blanca, en la avenida de Pennsylvania, y fue una donación privada al Estado americano que hoy se sigue manteniendo con capital privado a través de una fundación constituida a dicho efecto.

De las residencias oficiales en las que he vivido durante estos años, Blair House es la más acogedora. La sensación que se tiene cuando se entra es la misma que la de una casa. Está decorada al estilo inglés y entre su personal hay dos españoles, un valenciano y un gallego que trabajan con eficacia y que hacen realmente grata la estancia allí. Durante estos años han sido especialmente atentos con nosotros.

Blair House es uno de los lugares emblemáticos del poder político que tiene su sede en Washington, ciudad importante y muy significativa para el pueblo estadounidense.

Acompañar a mi marido en la mayoría de los viajes que ha hecho a Estados Unidos me ha permitido conocer algunos de los lugares que tienen un significado especial en el país que hoy es el más importante del mundo.

La primera vez que viajé en visita oficial a Estados Unidos, el presidente era Bill Clinton y yo estuve en la Casa Blanca con su mujer, Hillary Clinton. No hace falta describir la sede de la Presidencia estadounidense. Todos la hemos visto muchas veces en la prensa escrita, en la televisión y en multitud de películas. Sin embargo, es interesante estar allí, como lo es conocer cualquier sitio que forma parte de la historia del mundo, porque desde allí se contribuye a diario a escribirla.

En esa primera visita a la Casa Blanca, Hillary Clinton mostró interés por conocer España y por saber cómo se desarrolla en nuestro país la vida de la mujer del presidente del Gobierno.

Este viaje fue en 1997 y Bill Clinton había accedido a la presidencia de Estados Unidos en 1992, por lo que su mujer tenía ya una gran experiencia como inquilina de la Casa Blanca.

Hillary Clinton ha sido una primera dama con especial personalidad. Probablemente, hay muchas mujeres estadounidenses que no se identifican con ella, pero todo el pueblo americano apreció el coraje que tuvo para afrontar las situaciones que podían haber llevado a Bill Clinton al *impeachment*. Hoy, es valorada positivamente por su actuación como senadora por Nueva York.

Al día siguiente de nuestra llegada durante la visita de 2004, fuimos a la Cámara de Comercio, donde mi marido dio una conferencia.

Escuchar datos sobre la situación económica española en ese momento era muy gratificante, ya que España había crecido de manera ininterrumpida durante treinta trimestres sin sacrificar la estabilidad macroeconómica. Igual de gratificante fue escuchar que España superaba la economía de dos de los ocho países más industrializados del mundo, agrupados en el G8.

El presidente del Gobierno presentó ante la Cámara de Comercio de Washington un plan de promoción comercial y turística en Estados Unidos que, sin duda, las empresas españolas aprovecharán.

Al discurso de mi marido contestó el presidente de la organización anfitriona, quien, entre otros muchos comentarios, hizo una afirmación sobre la que muchos discrepan: «No debe haber contraposición entre el libre comercio y las políticas sociales».

Esta aseveración es rebatida en todos los foros alternativos que se suceden en el mundo; hay muchos problemas de falta de desarrollo y de auténtica miseria en nuestro planeta, pero sí que está contrastado que cuando se actúa en contra del libre comercio, aún se agrava más el subdesarrollo.

Durante el almuerzo que se celebró al término de la conferencia, a mi derecha estaba Ralph D. Crosby, presidente de EADS North America.

Me contó que iba a ser abuelo en los próximos meses, así que cuando se enteró de que yo también lo iba a ser, me preguntó por la fecha de nacimiento que calculaba. Al enterarse de que lo esperábamos para el 11 de junio, me dijo que coincidía con la fecha de nacimiento de su nieto, así que me dio su tarjeta y me hizo asegurarle que le llamaría para confirmarle la coincidencia, si es que, al final, llegaba a producirse. Así lo haré.

Tanto Ralph D. Crosby como otros muchos estadounidenses que he conocido durante estos años son amables en su trato. Son simpáticos y cordiales.

Mi hijo mayor, que cuando comenzó a vivir en Nueva York tenía esa visión imperante en Europa sobre el pueblo estadounidense, que no siempre es la mejor, ha cambiado de parecer. Hoy, después de tres años viviendo allí, a medida que va conociéndoles mejor, les admira y les envidia en algunas cosas.

Muy interesante fue también la visita a la Universidad de Georgetown. Acudir a una universidad es siempre estimulante; además, ésta en concreto tiene un gran prestigio en muchas materias, especialmente en los cursos para posgraduados en Relaciones Internacionales; por lo tanto, la visita fue doblemente interesante.

Cuando llegamos, nos esperaba el rector de la universidad y su mujer. Era la primera vez desde su fundación por los jesuitas en el siglo XIX que era dirigida por una persona que no pertenecía a dicha orden religiosa.

Mi marido pronunció una conferencia en el aula magna; luego se abrió un coloquio con los estudiantes asistentes al acto, que preguntaron de manera especial por temas europeos e iberoamericanos. Después se celebró un almuerzo. En nuestra mesa se sentó, entre otros invitados, Madeleine Albright, a la que mi marido había conocido durante el período en el que fue secretaria de Estado de la Administración Clinton. Yo también había estado con ella anteriormente. Madeleine asistía a este almuerzo en calidad de miembro del consejo de la Universidad de Georgetown, que, además, fue la suya. Ella es checa de nacimiento y emigró a Estados Unidos cuando tenía siete años. En la actualidad es muy amiga del que fue presidente checo, Václav Havel, del que habló con gran admiración.

Esa noche, George y Laura Bush nos ofrecieron una cena. Aparte de mi marido, mi hijo mayor y yo, fueron invitados los miembros de la delegación española, entre ellos Alfredo Timmerman, Javier Zarzalejos, secretario general de la Presidencia, y Alberto Carnero, director de Internacional del gabinete de la Presidencia del Gobierno. Al presidente George Bush y a su mujer Laura Bush les acompañaban, entre otros, Colin Powell, Donald Rumsfeld, secretario de Estado de Comercio (todos ellos con sus mujeres), y Condoleezza Rice. Fue una cena de treinta personas en un ambiente muy acogedor. Yo estuve sentada entre el presidente Bush y el universal arquitecto español Santiago Calatrava. En la misma mesa estuvieron mi hijo José María y una de las dos hijas mellizas del presidente estadounidense, Gaena, de veintidós años, que tiene la espontaneidad de cualquier chica de esa edad.

Estuvimos hablando de lo difíciles que habían sido en España los meses previos a las elecciones autonómicas y municipales del año 2003; George Bush me habló de su rancho de Texas, al que considera su verdadera casa. Nosotros lo habíamos visitado el año anterior y ya entonces pudimos ver el cariño que le tiene a ese lugar. George y Laura me contaron que lo acabaron de construir pocos meses antes de empezar a vivir en la Casa Blanca; él mismo se había ocupado de su construcción y ella de la decoración. Desde luego, cuando lo visitamos pudimos apreciar el esmero con el que estaban cuidados todos los detalles.

Mi hijo José María recordó el 11 de septiembre y el ejemplar comportamiento del pueblo estadounidense, en especial de los neoyorquinos, con los que vivió el día a día de aquellos momentos.

Después de cenar subimos a la parte privada de la Casa Blanca y allí estuvimos con el matrimonio Bush y mi hijo. Éste escuchó al presidente estadounidense y a su padre hacer un repaso de cómo veían la situación en las distintas zonas del mundo. Seguro que no olvidará esa conversación. Tanto George Bush como su mujer, Laura, son cálidos y afables, amigos con creencias firmes; cuando se está cerca de ellos es difícil concebir esos estereotipos que se escriben sobre determinados personajes públicos y que cuesta tanto reconocer una vez que se los conoce. Pero cualquier persona que se dedique a la política tiene que contar con que eso es una de las servidumbres de la vida pública.

ROMA Y LA SANTA SEDE

El viernes 23 de enero de 2004 mi marido viajaba a Roma para despedirse del Papa antes de finalizar sus ocho años como presidente del Gobierno. Le acompañamos Alonso y yo; Ana y Alejandro volaron a la capital italiana la víspera desde Londres. Eché de menos a mi hijo mayor, al que no le fue posible viajar en esta ocasión.

Al llegar a Roma, veintinueve años de mi vida se resumieron en algunos recuerdos. Allí comenzó el itinerario en el que nos conocimos mi marido y yo en 1975 y que más tarde nos llevaría a Estambul y Atenas. Entonces era la primera vez que yo visitaba esta ciudad, con motivo del viaje de fin de carrera. Todo el quinto curso de Derecho de la Universidad Complutense de Madrid que había decidido hacer aquella escapada se alojó en un hotel de los de hace treinta años, preparado para viajes organizados.

En aquel hotel oí por primera vez el nombre de mi marido al atender una llamada de su casa que, por equivocación, nos pasaron a la habitación que yo compartía con tres o cuatro amigas.

Hacía ya diez años que nos habíamos casado y yo esperaba a mi hijo Alonso cuando hice mi segundo viaje a Roma. Mi marido era presidente de la Junta de Castilla y León y se celebró una beatificación, de las muchas que se han llevado a efecto durante el papado de Juan Pablo II. Uno de los beatificados era de Zamora, por lo que el presidente de la Junta de Castilla y León formaba parte de la delegación española que presidía Leopoldo Calvo-Sotelo, y yo le acompañé.

Tras la ceremonia de beatificación el Papa nos recibió en audiencia. Recuerdo emocionada aquel momento.

He vuelto a Roma muchas veces en los últimos años, y en varias ocasiones he vuelto a ver a Juan Pablo II.

La visita de 2004 tenía un significado especial. Era muy posible que fuera la última. En esta ocasión, la que estaba embarazada no era yo, como hacía dieciséis años. Era mi hija Ana.

Vivir el embarazo de una hija me está pareciendo otra de las cosas con las que la vida te sorprende. Yo no contaba con ello, al menos en este momento, pero tengo que reconocer que sentir esta nueva ilusión rejuvenece. De hecho, estoy dispuesta a vivirla lo más intensamente que pueda.

El papa Juan Pablo II es una personalidad que no deja indiferente a nadie. Mucho se ha escrito sobre su importancia en la historia del siglo XX. Sin él, el último cuarto del siglo pasado no habría sido lo que fue. Su figura fue fundamental en la caída del comunismo, y lo ha sido también su voz y su mensaje. No ha perdido esa capacidad de llegar a todos, con independencia de la edad, cuando se dirige a las multitudes o en el contacto directo.

He podido comprobar ese magnetismo que le caracteriza todas las veces que he tenido la suerte de estar con él. Tanto hace dieciséis años, cuando transmitía fuerza y vitalidad, como ahora, que es una estampa a veces doliente, su capacidad para transmitir su mensaje es evidente. No hay nadie en el mundo que sea capaz de congregar a tantas personas como él.

Probablemente lo que dice no es cómodo, pero sin duda es fruto de convicciones profundas, y eso se transmite, se compartan éstas en su totalidad, en parte o en nada. Sin embargo, a nadie deja indiferente y, probablemente, es universalmente respetado.

Ha cambiado, supongo que para siempre, lo que había sido la vida de los papas, anteriormente circunscrita al Vaticano. Éste es un

Papa misionero que ha viajado por todo el mundo, que ha trabajado por la unidad de las Iglesias, que perdonó al que atentó contra su vida, que consigue tener miles de personas esperando durante horas para verle y oírle aunque sea en medio de una multitud, que dice a los poderosos lo que él cree que deben oír, y que siempre habla en nombre de los más débiles.

Para mí fue un privilegio estar con él en varias ocasiones y con toda mi familia. Las visitas que le hicimos siempre coincidieron con momentos importantes en mi vida.

Después de esta última audiencia con el Papa, almorzamos en la embajada de España ante la Santa Sede. La española es la más antigua representación diplomática ante el Vaticano, y el palacio en la que se alberga, enfrente de la escalinata de la plaza de España, es un enclave privilegiado dentro de la ciudad de Roma.

Al almuerzo, que ofrecía mi marido, asistieron varios cardenales. Entre ellos, Angelo Sodano, que es secretario de Estado, monseñor Giovanni Battista Re, que fue sustituto en la Secretaría de Estado y hoy es persona influyente en la curia, y monseñor López Portillo, que se ocupa del dicasterio de la familia.

Además, estaban los españoles monseñor Antonio María Javierre y monseñor Martínez Somalo, a los que conocemos de ocasiones anteriores y con los que yo tuve la oportunidad de estar anteriormente cuando, en 1999, fui a inaugurar la sede de Mensajeros de la Paz en Roma.

Hoy dicha asociación se ha asentado en la ciudad y ha ampliado con nuevas líneas de acción las de Mensajeros de la Paz, con personas mayores, en España.

Para mí, el almuerzo fue muy interesante. En esos casos, procuro preguntar siempre, conocer algo del funcionamiento del Vaticano y oír las opiniones sobre multitud de temas de personas como las que allí estaban, porque merece la pena.

Su actitud con mi marido y con toda la delegación española fue de cercanía y afecto. Las relaciones con la Iglesia y la Santa Sede durante estos ocho años han sido fructíferas.

Cuando dejamos Roma, nevaba. Era la primera vez que veía la nieve en esta ciudad.

Durante los trayectos, mi marido y yo conversamos sobre los viajes futuros que queremos hacer a Italia en otras circunstancias, como turistas. Eso es algo que nos falta por hacer. Viajar como lo hicimos durante estos años fue un privilegio, pero espero que los viajes futuros nos enseñen lo que durante estos ocho años no nos fue posible conocer. Ése es uno de los muchos proyectos e ilusiones que tenemos para el futuro.

6

LOS PEORES MOMENTOS

AQUEL MARTES, 11 DE SEPTIEMBRE

Al común sentimiento del más absoluto asombro, al temor, el sufrimiento y el horror que la inmensa mayoría de la humanidad experimentó al ver en directo o, en muchos casos, al ser testigo del mayor atentado terrorista de la historia, en mi caso, como en el de otras miles de personas —quizá millones—, tuve que sumar la inenarrable angustia de quien, al verlo, sólo pensaba en un ser querido que pudiera estar en mitad de aquel infierno.

Mi hijo José María trabaja en Nueva York desde enero de 2001, y aquel martes, 11 de septiembre, ya vivía en la ciudad de los rascacielos, a escasos metros de las Torres Gemelas del World Trade Center.

El verano tocaba a su fin, pero los días aún eran largos y la temperatura de aquel mes de septiembre era agradable a pesar de la inminente entrada del otoño, así que Ana, Alonso y yo —Jose se había ido a Lituania por la mañana— aprovechamos ese soleado martes para comer en la piscina de casa.

Serían casi las tres de la tarde cuando una llamada de Milagros Rodríguez, la secretaria de mi marido, me anunció una noticia que, al principio, no alcancé a comprender:

—¡Corre, corre, pon la televisión! ¡Pon la televisión!

—Pero que ponga la televisión ¿por qué? —contesté desde la más absoluta ignorancia de lo que estaba ocurriendo.

—¡Porque se están cayendo las Torres Gemelas. ¡Un avión... en las Torres Gemelas! —repetía Milagros.

—Milagros, ¿seguro? ¿Que se están cayendo las Torres Gemelas?

Lo que me estaba contando la secretaria de Jose era de esas cosas que parecen de ciencia ficción.

Inmediatamente subí a casa y encendí la televisión.

Cuando apareció ante mí aquella imagen de las Torres Gemelas ardiendo, aquella enorme seta de humo negro, ese horror retratado en la pantalla del televisor, reconozco que, al principio, me costó convencerme de que lo que estaba viendo estaba pasando en realidad, estaba sucediendo en ese momento.

Sin perder un minuto, cogí el teléfono y llamé a mi hijo José María. En Nueva York eran las nueve de la mañana y quizá ya había salido a la calle, pero tuve la inmensa suerte de localizarle; aún estaba en casa.

La preocupación, la angustia que sentí entonces, no se puede explicar. Es un sentimiento que no olvidaré en toda mi vida. Jose vivía entonces en un apartamento que compartía con un amigo español; ese amigo ya había salido a trabajar.

Mi hijo me contó que llevaba un buen rato llamándole sin éxito; las líneas telefónicas ya se habían colapsado y la incertidumbre crecía desmesuradamente.

Pero aún había algo peor: el hijo de Íñigo Cavero —hoy tristemente fallecido—, que es amigo de José María y también vivía en la Gran Manzana (habían cenado juntos la noche anterior), trabajaba en el World Trade Center y estaba ilocalizable.

Hubo que esperar muchas horas angustiosas para saber que, afortunadamente, y por esas casualidades de la vida, Luis Cavero se había quedado dormido tras la cena del día anterior y no había ido a trabajar a su hora.

Pero, como es lógico, lo que a mí realmente me preocupaba mientras hablaba con mi hijo era su propia seguridad.

—No salgas de casa, hijo. Quédate ahí, por favor —le rogué.

Sin embargo, nada más colgar el teléfono comencé a arrepentirme del consejo que le acababa de dar.

«¿Por qué le habré dicho que no salga de casa si vive en un piso 40?», pensé.

No estaba muy segura de cuál era la mejor opción. Si algo nos ha enseñado este episodio es, precisamente, que ya no hay sitios seguros. ¿Quién hubiera pensado antes de este fatídico día que dos aviones podrían empotrarse literalmente contra las torres más altas de Nueva York, la capital del mundo, el país más seguro del planeta?

Poco después, al ver por televisión las explosiones del Pentágono, la angustia que sentía alcanzó sus cotas más altas. Mi hijo vivía muy cerca de Broadway y del Empire State Building; con lo que estaba pasando en la costa Este de Estados Unidos, ¿qué razón podía haber para que esta zona no fuera también objetivo de lo que, a esas alturas, era ya seguro un atentado terrorista?

Un avión, otro avión, el Pentágono... Volví a marcar el número de José María. Pero esta vez no daba tono. Todas las líneas estaban colapsadas y no había forma de localizar a mi hijo.

A continuación pedí a varias personas que llamaran por distintas líneas, a la vez que yo lo hacía desde otra.

Pero no tuve éxito. Las horas transcurrían entre noticias, llamadas de teléfono, análisis, elucubraciones de expertos, imágenes de los estallidos, los derrumbamientos, el pánico... La televisión derrochaba información y medios técnicos en lo que, sin duda, ha sido el mayor esfuerzo informativo de los últimos tiempos.

Hablé varias veces con mi marido que, lógicamente, se volvía de inmediato a Madrid. Al igual que yo, estaba verdaderamente preocupado por nuestro hijo.

No había manera de tener noticias suyas. No conseguía hablar con él, ni con la embajada de España en Estados Unidos, ni con el consulado en Nueva York... Empecé a llamar a todos los teléfonos que tenía de sus amigos, pero era inútil.

Tuve que pasar cinco interminables horas sin saber dónde estaba mi hijo hasta que conseguí hablar con él.

A las ocho de la tarde escuché el tono del teléfono y, finalmente, la voz de José María. Por fin, pude respirar tranquila.

Me dijo que estaba bien y que se iba a ir de la ciudad con su amigo Antonio Farnós, un español que trabaja en Nueva York desde hace varios años, mayor que mi hijo, y que se ha ocupado mucho de él desde que José María llegó allí con veintiún años.

Al hablar con mi hijo le encontré preocupado y triste. Se había ido con gran ilusión a Nueva York, en el país donde nadie se podía imaginar un ataque terrorista de semejante magnitud. Si para el mundo entero supuso un derrumbamiento del orden existente y marcó un antes y un después, esa sensación se agudizó para los que vivían en Nueva York.

Estuvo mucho tiempo hablando de aquello. Durante esos días le llamaba hasta dos veces diarias y siempre me decía que la ciudad era otra y que esa alegría que caracterizaba a la Gran Manzana había desaparecido con las Torres Gemelas, al igual que los turistas.

Hacía muy pocos meses que yo había estado en Manhattan con él. Precisamente, estuvimos comiendo en las Torres Gemelas, desde donde se podían contemplar unas vistas únicas de la ciudad de Nueva York. Las Torres Gemelas eran el símbolo de Occidente.

Sólo estuvo fuera de la ciudad el día 13; quería reincorporarse al trabajo inmediatamente, pese a que yo le pedía con insistencia que retrasara algún día más su vuelta a Nueva York.

Consiguió localizar a sus amigos; afortunadamente todos estaban sanos y salvos. De entre sus conocidos, siempre recordará a Silvia San Pío, la española que murió en los ataques a las Torres Gemelas, a la que mi hijo y sus amigos conocían.

A las pocas semanas viajó a Madrid. Todos estábamos deseando verle y aunque vivíamos con la prevención, casi psicosis, a volar, lo impensable había ocurrido, había que continuar con precaución, pero sin obsesionarse.

Inevitablemente, en esas horas recordé el día en que José María se fue de casa para trabajar en Nueva York. Como cualquier madre sopesé los pros y los contras, que se confundían con la tristeza por la separación y la satisfacción por ver a mi hijo formado y maduro para independizarse, sentimientos encontrados que hay que saber superar. Entonces fui consciente de que comenzaba una nueva etapa.

La decisión de irse de España fue suya. Yo quise encontrar todas las ventajas y las había: empezar a trabajar en una ciudad como Nueva York, capital del mundo en muchos aspectos, a los veintiún años, implica voluntad de superación en cualquier circunstancia.

Si a eso se unía protegerle de lo que suponía trabajar en España siendo hijo del presidente del Gobierno, aún más a su favor; en algún momento también pensé en el peligro del terrorismo existente en nuestro país. Nunca podía haberme imaginado que, al poco tiempo de llegar mi hijo, Nueva York iba a ser el objetivo del mayor ataque terrorista que nunca se hubiera realizado.

En principio se iba por un año, pero presentí que no volvería de manera estable en mucho tiempo. No sé por qué, pero intuí que no era algo temporal, supe que ya no volveríamos a vivir con él en La Moncloa. No me equivoqué.

De este triste episodio todos sacamos la misma conclusión: en ningún sitio del mundo se está a salvo del terrorismo. Siempre que hemos viajado a países complicados —recuerdo, por ejemplo, cuando estuvimos en Gaza— he pensado en la posibilidad de un atentado, pero nunca imaginé que Estados Unidos podía ser el lugar donde sucediera lo del 11 de septiembre.

El terrorismo es el gran mal de nuestra época y puede surgir en cualquier rincón del planeta. Luchar contra esa lacra, acabar con ella, será un éxito de todos, pero para ello es fundamental que sea objetivo común de la humanidad.

LA TOMA DEL ISLOTE DE PEREJIL

El curso 2001-2002 (aún sigo guiándome por los cursos escolares) debería haber sido bastante tranquilo en el terreno político, ya que el año anterior el PP había conseguido la mayoría absoluta. Sin embargo, como la vida es impredecible y más aún la política, este año acabó con uno de los meses de julio más agitados de los últimos tiempos.

El 20 de junio de 2002 tuvo lugar la huelga general. Se ha escrito mucho sobre las distintas razones que llevaron a los sindicatos a convocarla: desde la oposición se entendía que era el momento idóneo para montarle al Gobierno de Aznar una huelga general, como la que tuvo González en su día, ya que había muchos que no estaban de acuerdo con los términos de la reforma laboral... Y, como consecuencia, el 20 de junio de 2002 se convocó una huelga general, que tuvo un alto coste político para el Gobierno.

Se llenaron páginas y páginas de periódicos y minutos y minutos de informativos en radio y televisión sobre el seguimiento de la huelga. En la anterior huelga general, mejor dicho en la que todos recordamos como la huelga general del 14-D de 1988, se paralizó verdaderamente el país. Entonces, yo vivía en Valladolid. Las calles de las grandes ciudades amanecieron vacías e inundadas de panfletos; la mayoría de los cierres de los comercios habían sido sellados durante la noche con silicona, y, sobre todo, los españoles fuimos conscientes de que la huelga sería un éxito cuando a las 24.00 horas del día 13 de diciembre, TVE, en aquella época el único canal, cortó la emisión por un sabotaje en su principal repetidor.

El televisor en negro marcó el inicio de la huelga y, sobre todo, el temor a salir a la calle inundó a los españoles, estuvieran o no de acuerdo con los motivos de la misma. Pero en el caso de la de 2002, no se puede decir lo mismo.

Supongo que, como yo, otros muchos madrileños recordarán que el 20-J Madrid siguió funcionando casi con normalidad. Hubo huelga en los polígonos industriales, como se dijo, pero en las ciudades se vivió un día más o menos tranquilo. Funcionó el transporte, los medios de comunicación emitieron su programación y los periódicos salieron a la calle.

Recuerdo que cuando nos despertamos ese 20 de junio, oímos desde la que fue nuestra habitación en La Moncloa los ruidos de los coches; era el primer indicio de cómo se iba a desarrollar esa jornada de huelga. Ése fue nuestro primer comentario del día. Las declaraciones tan criticadas del entonces ministro portavoz, Pío Cabanillas, a las 9.00, en las que aseguraba que la huelga había fracasado, eran la constatación de los datos reales.

Ese momento coincidió con el fin para España de la presidencia europea, que había mantenido ocupado de manera especial al Gobierno. Mi marido había previsto para entonces una remodelación del consejo de ministros.

El lunes 8 de julio, día en que iba a comunicar el cambio de carteras ministeriales a sus interesados, yo comía en casa con las periodistas Curry Valenzuela, Pilar Cernuda, Esther Esteban, Consuelo Sánchez Vicente, Victoria Prego, Nativel Preciado y Marilar de Andrés.

Aquella comida tuvo cierta gracia: alguna de las periodistas invitadas me preguntó si se podían ir tranquilas de vacaciones, intentando sacar de mi respuesta alguna información sobre la posible remodelación del Gobierno. Curiosamente ese día habían entrado a palacio por la puerta lateral de la vivienda, pero a ellas no les extrañó. Yo sabía que en la planta de abajo mi marido estaba ofreciendo la cartera de Asuntos Exteriores al ex líder de CiU, Miquel Roca, quien no aceptó el ofrecimiento, pero a pesar de todo, puse cara de póquer y les tuve que contestar que no iba a pasar nada, que podían iniciar sus vacaciones con toda la tranquilidad, que iban a descansar. Era relativamente cierto, porque la remodelación se anunciaría al día siguiente y para cuando quisieran irse en agosto, ya todo estaría rematado.

Pero lo más curioso de todo es que no era la primera vez que me veía en aquella situación con las mismas periodistas. De hecho, durante la comida estuvimos recordando entre risas la última vez que almorzamos juntas en La Moncloa.

Fue unos años antes, coincidiendo con la primera remodelación del Gobierno de mi marido, cuando, ante la misma pregunta, tuve que decirles que no iba a pasar nada mientras, una planta más abajo, Jose estaba ofreciendo a Jesús Posada el Ministerio de Administraciones Públicas.

Como es lógico, en esta segunda ocasión tuve que hacer verdaderos esfuerzos para no reírme; me sentía muy mal conmigo misma, pero no me quedaba más remedio que disimular porque, en ese momento, nadie sabía que se iba a producir un cambio de Gobierno. Y si alguien lo imaginaba, seguramente apostaría por que el cambio del Ejecutivo sería a la vuelta de las vacaciones.

Al día siguiente, 9 de julio, se comunicó a la prensa el cambio de carteras ministeriales y mis invitadas del día anterior debieron pensar cualquier cosa de mí. Seguro que ya lo han entendido y no me lo tendrán en cuenta.

El nuevo Gobierno del Partido Popular supuso una profunda remodelación que afectó a nueve ministerios: seis de los dieciséis ministros salieron del Gobierno, entraron cinco nuevos, tres cambiaron de cartera y siete permanecieron en sus puestos.

Pero lo más significativo quizá fue la desaparición del Ministerio del Portavoz, que se fusionó con el de Presidencia y fue asumido por Mariano Rajoy quien, a su vez, continuó como vicepresidente primero.

Estupendos compañeros y buenos amigos como Juan José Lucas, Juan Carlos Aparicio, Celia Villalobos, Jesús Posada, Pío Cabanillas y Anna Birulés salieron del Ejecutivo, y otros, como Ana Palacio, Eduardo Zaplana, Javier Arenas, Ana Pastor y José María Michavila entraron en él.

Mariano Rajoy, Josep Piqué y Ángel Acebes cambiaron de cartera y Rodrigo Rato, Federico Trillo, Cristóbal Montoro, Francisco Álvarez Cascos, Pilar del Castillo y Miguel Arias Cañete se mantuvieron en sus puestos.

Esa noche, Ana y Ángel Acebes invitaban a una cena en su casa. Allí estaban todos los nuevos ministros, además de Esperanza Aguirre, contenta por haber sido designada candidata a la presidencia de la Comunidad de Madrid, y Alberto Ruiz-Gallardón, al que dos días antes mi marido había propuesto como candidato a la alcaldía de Madrid, que estaba también muy ilusionado.

Fue una cena entrañable y distendida. Charlamos de los nuevos cargos, nos reímos del famoso «cuaderno azul» y el ya paradigmático secretismo de mi marido a la hora de los cambios; pude comprobar la ilusión de todos con sus nuevos cargos y las ganas de trabajar por el proyecto común.

El 10 de julio, miércoles, culminado ya el cambio de Gobierno, mi marido y yo comimos en La Moncloa con Bill Clinton, que había venido a Madrid para dar una conferencia en la Fundación Rafael del Pino.

En el almuerzo, el ex presidente de Estados Unidos nos contó cosas muy interesantes de su vida y de sus proyectos. Recuerdo, por ejemplo, que nos dijo que nunca fue aceptado por la élite de Washington al haber accedido a la presidencia siendo «sólo» un muchacho de Arkansas.

En Nueva York y Washington, igual que en Madrid, existen esos círculos sociales exclusivos —«los cenáculos madrileños», como se conoce a los de la Villa y Corte— por donde se pasean algunos financieros, empresarios, algún político y algún superviviente que no quiere desaparecer de los círculos de influencia.

Nos habló mucho de su vida profesional. Contó que dedicaba el sesenta por ciento de su tiempo a la fundación que preside, que estaba trabajando en la lucha contra el sida en África, en su caso intentando hacer llegar fármacos contra el VIH a los rincones más recónditos del continente.

Nos anunció que estaba preparando sus memorias, para lo que dedicaba un día a la semana a contar sus recuerdos a una persona que se encargaba de ordenarlos para su publicación. Habló mucho de su mujer, Hillary Clinton: la admira y eso se nota cuando habla de ella.

Él la está ayudando en su carrera política que, parece ser, va por buen camino. Todo el mundo en Estados Unidos piensa que será la candidata demócrata a la presidencia en el 2008. Fue un almuerzo muy interesante.

Al día siguiente, jueves 11 de julio, llegué a casa por la noche con la ilusión de saber que pasaríamos el fin de semana en Doñana. Se notaba que el curso tocaba a su fin y el esfuerzo de todos los meses de trabajo comenzaba a pasar factura, por lo que, verdaderamente, veía esa escapada como un descanso.

Al entrar en casa, mi marido me estaba esperando para darme una de las noticias que nunca hubiera imaginado en estos años:

—Los marroquíes han ocupado Perejil.

—¿Qué es Perejil? —inquirí un tanto incrédula casi antes de soltar el bolso.

—Es un islote español a doscientos metros de la costa de Marruecos que se llama Perejil —me aclaró Jose muy didáctico, pero con toda la preocupación del momento.

Yo, desde luego, tengo que confesar que en mi vida había oído hablar de Perejil como un islote, pero me imagino que al resto de los españoles les pasaría algo parecido.

Poco después, mi marido se reunió en su despacho con el jefe del Estado Mayor del Ejército de Tierra, Luis Alejandre Sintes; los dos vicepresidentes del Gobierno, Mariano Rajoy y Rodrigo Rato; el ministro de Defensa, Federico Trillo, y el director del Centro Nacional de Inteligencia, Jorge Dezcallar.

Acabada la reunión, cuando subió a la vivienda, me dijo que de momento no se iba a hacer nada, y mientras nos enseñaba a Alonso y a mí sobre un mapa dónde estaba Perejil, nos explicó que habían optado por esperar un tiempo antes de dar una respuesta. Le noté preocupado, pero no tanto como le vería en los días sucesivos.

Al día siguiente, viernes, decidimos no ir a Doñana. La situación no era la más propicia para descansar, sino más bien para todo lo contrario: había que estar alerta y trabajando pendientes de cómo se desarrollaban los acontecimientos para tomar decisiones.

Lo primero que se hizo fue constituir un comité de crisis. El islote en cuestión no era de gran importancia, pero sí el gesto político del país vecino. El Gobierno español tenía que dar una respuesta a la política de hechos consumados de Marruecos, por lo que la tensión iba aumentando.

Durante todo el fin de semana el comité de crisis permaneció encerrado en el edificio del Consejo de Ministros analizando la situación. Ese fin de semana, el día 13 de julio, se casaba el ayudante de mi marido Antonio López Estúriz, Tono, y Jose, que le tiene un gran aprecio, no pudo ir a su boda. Pasaban tantas horas reunidos que en cuanto yo aparecía por la puerta Rodrigo Rato, en plan de broma, me decía: «¡Qué bien, has llegado! ¡Vamos a comer!».

Por otro lado, el lunes por la mañana comenzaba el debate sobre el Estado de la Nación, con lo que, a las negociaciones relativas a Perejil, había que añadir durante el fin de semana la preparación del debate.

Tras varias conversaciones con el Gobierno marroquí, el secretario general de las Naciones Unidas, Kofi Annan, y el secretario de Estado de Estados Unidos, Colin Powell, se optó por no dar una respuesta contundente hasta que no pasaran los primeros días de la semana entrante. En esas fechas se celebraba la boda del Rey de Marruecos y se especuló mucho sobre los motivos que llevaron a las autoridades marroquíes a invadir un islote español.

Finalmente, la noche del martes 16 de julio, una vez terminado el debate sobre el Estado de la Nación, mi marido ordenó ejecutar la decisión que ya se había tomado con anterioridad: las Fuerzas Armadas españolas viajarían al islote de madrugada para desalojar a los soldados marroquíes.

Nos acostamos tarde, sobre las cuatro de la mañana, y rezamos por los soldados que tomarían la isla dos horas más tarde. Fue uno de los momentos en los que más preocupado he visto a mi marido. Era una gran responsabilidad y una decisión que estaba obligado a tomar solo, aunque fuera después de haber escuchado a muchos.

Si la operación no culminaba según lo previsto, el presidente del Gobierno había decidido presentar su dimisión.

Afortunadamente, tras unas horas angustiosas todo salió a la perfección. La operación se llevó a cabo exactamente como se había diseñado y nuestros soldados pudieron regresar en poco tiempo.

Sobre las siete y media de la mañana, cuando ya todo había pasado, bajé a desayunar con los que habían formado el comité de crisis. Jose estaba realmente satisfecho y ya tranquilo con el resultado; Mariano Rajoy demostraba una enorme alegría por el desarrollo de la operación.

Durante esos días fue muy satisfactorio ver a la gente tan contenta por la calle. Todo el mundo se acercaba y te mostraba su conformidad con la decisión del Gobierno y el buen hacer de las Fuerzas Armadas.

La verdad es que la toma de la isla de Perejil fue un episodio inesperado. ¡Quién me iba a decir a mí cuando entramos en el palacio de La Moncloa que una de las cosas que iban a pasar es que un islote español perdido en el Mediterráneo y que se llama Perejil iba a ser invadido por los marroquíes!

Es de esas cosas que nunca te puedes imaginar y que, si te lo cuentan, te parece como un acontecimiento de libro de historia, unos hechos que no ocurren en la actualidad.

EL *PRESTIGE*

El miércoles 13 de noviembre de 2002 fui con mi marido a Terrassa (Barcelona) para asistir a *La nit del empresari*, un acto que cada año reúne a un importante número de empresarios de esta localidad catalana para premiar a algún financiero distinguido del país.

Terrassa es de esos sitios en los que se ven las virtudes de los catalanes, que son muchas. Son muy laboriosos y gracias a esta cualidad han sido capaces de crear un tejido empresarial muy importante.

Fue de esas noches con viaje relámpago incluido que hemos repetido tantas veces a lo largo de estos años: salimos de La Moncloa alrededor de las seis de la tarde y llegamos a Barcelona una hora después. Desde allí nos dirigimos en coche a Terrassa o, al menos, eso es lo que creíamos: yo llevaba un buen rato con la sensación de ir en otra dirección, pero al principio no dije nada. Poco después me pronuncié: efectivamente, estábamos yendo en sentido contrario.

Los Mossos d'Esquadra se confundieron; era la primera vez que guiaban a mi marido en Cataluña.

El presidente Jordi Pujol, molesto, quiso cesar a los implicados, pero mi marido le pidió que no lo hiciera; al contrario, manifestó su intención de saludarles y así lo hizo.

En el acto, Pujol hizo un discurso impecable sobre la situación económica en España en el que alabó la política del PP en esta materia ya que, según sus palabras, era la más acertada para lograr tal desarrollo. Al final de la cena me regaló el manuscrito de su discurso, que aún conservo.

Recuerdo que estuve sentada entre Jordi Pujol y Ana Patricia Botín, una mujer inteligente y muy interesante que, en aquella ocasión, era una de las premiadas.

Durante la cena, Ana Patricia me contó que se estaba dedicando a viajar por toda España para conocer las distintas sucursales de Banesto, así que estuvimos comparando sus experiencias en este periplo con las mías de las distintas campañas electorales.

Por su parte, la conversación con Jordi Pujol fue muy interesante. Ha vivido muchísimos episodios de la historia de España y además ha participado en alguno de ellos desde una posición privilegiada. Gran conocedor de la historia, es un hombre verdaderamente culto.

Al volver a Madrid, nos enteramos de que un buque petrolero de 240 metros con bandera de las Bahamas y de nombre *Prestige* había lanzado un SOS a 28 millas (50 kilómetros) de la costa de Finisterre al comprobar que tenía una vía de agua de 15 metros en el costado de estribor. En su interior contenía 77.000 toneladas de fuel-oil.

Evidentemente, el primer paso era decidir qué hacer con el buque, y así se hizo poco después, al día siguiente.

El jueves 14 amaneció Galicia con un enorme temporal que había arrastrado al petrolero a tan sólo 4,5 millas de la costa de Muxía (La Coruña): había que tomar una decisión de inmediato. En La Coruña estaban reunidos el director de la Marina Mercante, el de Sasemar, el capitán marítimo del puerto y el subdirector de Tráfico Marítimo, quienes consultaron al práctico del puerto sobre si se podía entrar o no en él. Éste dio un «no» por respuesta y la propuesta se elevó al Ministerio de Fomento, que tomó la decisión de alejar el buque lo más posible del litoral gallego.

Esta decisión trajo consigo una de las mayores polémicas que rodearon al accidente del *Prestige*, aunque no inmediatamente. Es más, recuerdo un editorial de *El País* publicado durante esos días en el que se apreciaba positivamente la decisión de Fomento de alejar el petrolero a alta mar:

> Las costas atlánticas europeas (y las gallegas destacadamente) se han enfrentado desde hace una veintena de años a desastres como los del *Urquiola*, el *Mar Egeo* o el *Casón*. La rapidez con que han actuado las autoridades españolas remolcando el barco mar adentro parece haber ahorrado esta vez a Galicia una nueva catástrofe ecológica. (16 de noviembre de 2002.)

El viernes, día 15, dos días después de la cena de Terrassa, fuimos a la República Dominicana para asistir a la XII Cumbre de Países Iberoamericanos en Santo Domingo. Las noticias que llegaban desde España eran poco alentadoras: la grieta en el casco del barco había pasado de 15 a 40 metros en tan sólo dos días.

De este viaje o, mejor dicho, de este trayecto, no guardo muy buen recuerdo. A pesar de haber recorrido miles y miles de kilómetros por todo el mundo durante estos años, sólo en esta ocasión vi de cerca la posibilidad de un accidente aéreo.

En ese momento, el avión Boeing 707 que se utilizaba para los desplazamientos del presidente del Gobierno estaba en reparación, así que usamos otra nave que, a pesar de ser el mismo modelo del mismo fabricante, no estaba habilitada de la misma manera que la que solíamos utilizar.

Cuando llevábamos viajando una hora y media, el comandante del avión se acercó y nos dijo:

—Verán, tengo que informarles de que hemos visto que falla el tren de aterrizaje y, aunque existe un sistema manual que se puede utilizar perfectamente, hemos avisado a la torre de control y hemos pensado en volver a Madrid.

Ante tal situación mi marido no lo dudó:

—Usted es el comandante, así que es usted quien tiene que decidir qué es lo mejor.

Pasaba el tiempo y no acabábamos de dar la vuelta. Yo, algo intranquila, observaba que había muchísimo movimiento en la cabina —que se podía ver perfectamente desde donde estábamos nosotros—, gente que entraba y salía…

Habrían pasado más o menos dos horas desde que el comandante nos notificara el fallo en el tren de aterrizaje cuando éste volvió:

—Tengo que decirles que hemos tomado una decisión.

—Pues usted dirá —contestó mi marido.

—Estamos a la misma distancia de Madrid que de Santo Domingo, así que hemos optado por continuar hasta nuestro destino. Tenemos la cantidad de combustible necesaria para llegar a ambas ciudades.

El problema que teníamos era que no funcionaba el tren de aterrizaje automático por un fallo hidráulico; pero aún existía la opción manual y, en caso de que ésta también fallara, había un tercer sistema.

El riesgo que asumíamos era tener que recurrir a este último sistema, ya que podía ser que el aterrizaje se abortara más de una vez y, por lo tanto, era conveniente tener abundante combustible en el depósito.

Pero estábamos en un punto equidistante entre Madrid y Santo Domingo y el riesgo era el mismo tomásemos una opción u otra. Por eso se decidió por seguir con los planes iniciales y continuar hasta la capital dominicana.

Afortunadamente, la operación salió todo lo bien que cabía esperar y sólo tuvimos que recurrir al tren de aterrizaje manual; ahora bien, tengo que reconocer que ésta fue de las pocas veces que he visto de cerca un riesgo de accidente.

Sin embargo, incomprensiblemente, recuerdo que nunca dormí tanto como en el transcurso de aquel viaje. Si lo pienso bien, no me puedo explicar cómo lo conseguí: debía de estar muy cansada o quizá pensé que lo que tuviera que pasar, pasaría de cualquier forma. Si nos ocurría algo, ¡qué le íbamos a hacer!

Así que dormí a pierna suelta. En cualquier caso, a mí los aviones me producen una cierta sensación de relax, tanta que la verdad es que durante estos años he dormido mejor en los 707 que hemos utilizado que en mi propia casa.

Acordándome de esta anécdota, me doy cuenta de lo mucho que he cambiado en estos años. Recuerdo que en los viajes anteriores —que han sido muchísimos ya desde antes de que mi marido fuera presidente del Gobierno y, por supuesto, durante estos últimos ocho años— cada vez que salíamos de viaje yo escribía infinidad de cartas.

Me agobiaba muchísimo la idea de que nos pudiera pasar algo, por cómo íbamos a dejar a nuestros hijos. Así que escribía cartas y más cartas a mi madre, a mi hermana menganita, a mis hijos... «Si nos pasa esto, tenéis que hacer no sé qué y hablar con no sé cuántos...» Era tal mi obsesión que mi marido, en plan de guasa, solía preguntarme que si también iba a dejar preparados los menús de los niños para todo el año próximo.

No le faltaba razón, así que decidí que si nos pasaba algo todo iría bien. Comprendí que mis hijos ya eran lo suficientemente mayores y autónomos como para poder delegar en ellos ciertas responsabilidades. Recuerdo que incluso un día hablé con Ana y José María de esto y, aunque ellos consideraban que mis temores eran tonterías, me juraron solemnemente que, ante esa «remota» posibilidad, se ocuparían de su hermano Alonso.

Así que dejé de escribir cartas y poner notas por todas partes, y la verdad es que conseguí no preocuparme tanto cada vez que subíamos a un avión. Dejé de agobiarme por todo y me sentí muy relajada, conseguí no estresarme demasiado cada vez que preparábamos un viaje. Además, llegados a este punto tengo que decir que a mí no me aterra la muerte. Me apasiona la vida, pero la muerte no es algo que me obsesione ni me aterrorice.

Cuando llegamos a Santo Domingo, como teníamos que utilizar el sistema manual, en vez de aterrizar donde estaba previsto lo hicimos en un sitio más alejado y preparado para este tipo de emergencias.

Una vez en tierra, en el aeropuerto de Punta Cana, estábamos tan contentos de que todo hubiera salido bien que ni nos dimos cuenta del horrible calor que hacía y lo mucho que sudábamos. En estos viajes a lugares tropicales, tan cálidos y húmedos a la vez, solía pasarnos que al llegar fallaba el sistema de aire acondicionado. En esta ocasión, con tanto imprevisto, no fue una excepción. Pero era lo de menos: habíamos llegado a nuestro destino sanos y salvos y aunque estuviéramos literalmente empapados de sudor a causa del tremendo calor, los nervios y la condensación en el interior de la cabina, lo importante era que habíamos tocado tierra firme.

Ya en la capital dominicana empezaron a llegarnos noticias del *Prestige* poco alentadoras y bastante preocupantes: «La grieta en el casco llega a los 40 metros». «La grieta del petrolero se agranda y corre el riesgo de partirse en dos.» «El *Prestige* deja frente a las costas gallegas una mancha de fuel de 37 kilómetros de largo»... Malas noticias.

Fueron dos días de Cumbre Iberoamericana, como siempre interesantísima, aunque esta vez vivida con una gran preocupación por lo que estaba pasando frente a las costas gallegas.

Empezamos a darnos cuenta de que la catástrofe del *Prestige* podría traer importantes consecuencias, aunque nunca imaginamos lo que supondría este accidente política y personalmente.

Para mí, el *Prestige* ha sido probablemente el momento político más duro de todos los que he vivido. Fue verdaderamente desproporcionada esa unanimidad mediática que lo presentaba como una catástrofe irreversible; parecía que jamás volvería a haber pescado en las costas gallegas, que nunca se recuperaría aquello.

Afortunadamente, todos hemos podido comprobar que al final no ha sido así, pero en aquel momento la catástrofe produjo tal psicosis colectiva que, hasta yo, que no suelo ver casi nunca la televisión, me vi afectada con la interminable sucesión de imágenes que emitían sin parar todos los informativos.

Fue la primera vez que un acontecimiento político se trataba como un verdadero espectáculo; se produjeron tal cantidad de noticias sobre el *Prestige* y de forma tan escandalosa y espectacular que recuerdo incluso que algunas veces yo misma tenía la sensación de que el chapapote iba a entrar por cualquier parte y nos iba a invadir.

Era realmente tremendo ver aquellas maravillosas playas gallegas cubiertas de chapapote, verlo agarrarse a las rocas. Era algo que impresionaba mucho al espectador.

Además, se pusieron en duda las decisiones tomadas por el Gobierno aunque, afortunadamente, con el paso del tiempo se ha podido demostrar que fueron sustancialmente acertadas: las playas se recuperaron, los pescadores volvieron a salir a la mar al poco tiempo, cobraron en veinte días sus ayudas y en las elecciones municipales el PP ganó por mayoría absoluta. ¡El Gobierno no lo debió hacer tan mal cuando en el municipio más afectado, a los siete meses los resultados fueron favorables para el PP!

Probablemente la orden de alejar el barco fue una decisión correcta, pero además nunca se hubiera visto a ningún alcalde pidiendo que se llevara a su municipio el petrolero averiado; en ese momento era un riesgo demasiado grande para cualquier regidor; nadie sabía qué consecuencias podría acarrear esa decisión.

La marea de voluntarios llegados a Galicia de toda España y hasta del extranjero demostró a los escépticos que no había nada imposible. Precisamente, en Madrid la denominada «marea blanca» estuvo organizada por Tomás Vera, un estupendo profesional que estaba al frente de la dirección de Voluntariado de la Comunidad de Madrid, dependiente de la consejería que dirigía Pilar Martínez, hoy compañera y amiga en el ayuntamiento de Madrid. Vera trabaja ahora conmigo en la concejalía como gerente de Voluntariado, Inmigración y Cooperación al Desarrollo.

A mí no me sorprendió la avalancha de voluntarios que colaboraron en la limpieza de las costas. La gente joven es generosa y ante una catástrofe ecológica no duda en acudir.

Los jóvenes de hoy en día están muy sensibilizados con todo lo que tiene que ver con el medio ambiente. Así como los jóvenes de generaciones anteriores luchábamos por otras cosas, como la adquisición de ciertos derechos básicos, la juventud del siglo XXI en España, que se encontró con la democracia establecida en nuestro país, se preocupa de algo tan importante como es el medio ambiente y su equilibrio.

Afortunadamente estamos en un momento de la historia en el que los países más avanzados y con nivel de desarrollo más alto, como es el caso de España, empiezan a tener una concepción comprometida con todo lo que tiene que ver con el medio ambiente.

Sin duda aquéllos fueron los peores días de mi vida en el terreno político. Las Navidades fueron tristes y estuvieron rodeadas de un ambiente muy opresivo y pesado. Se canceló todo tipo de actos.

Mi disgusto se debía a que la situación me parecía injusta. Asumo perfectamente la crítica política y soy consciente de que cuando te dedicas a la actividad pública se te va a criticar, algo que, por otro lado, me parece que está muy bien; pero creo que en este caso las críticas fueron verdaderamente desorbitadas.

Tanto fue así que durante aquellas Navidades tuve ciertas dudas respecto a mi futuro. A la vuelta del verano, Alberto Ruiz-Gallardón me había propuesto formar parte de su candidatura a la alcaldía de Madrid y yo le había pedido posponer mi decisión hasta después de las fiestas pero, a pesar de que en ese momento ya había madurado la respuesta, reconozco que los acontecimientos que estábamos viviendo hicieron que me replanteara el salto a la política activa; durante aquellas semanas vi una de las caras más amargas de la política.

Uno de los pocos momentos de mi vida en que he pensado que no merecía la pena la política fue cuando vi una manifestación en Galicia en la que se increpaba a Fraga con unas maneras que denigraban a quienes lo hacían. Me pareció tan increíble que insultaran a una persona como Manuel Fraga —que como todos tendrá sus defectos, pero que ha dado toda su vida por el interés público y por Galicia— que me planteé si realmente compensaba dedicarse a la cosa pública.

Fraga es un punto de referencia en mi vida. Le conocí con veinticinco años, junto a mi marido, en un acto en Logroño, cuando vivíamos en la capital riojana, en los inicios de la carrera política de Jose. Ha sido fundamental en la trayectoria de mi marido y yo siento por él una gran gratitud. Fue uno de los grandes protagonistas de la transición. Consiguió sobrevivir a lo que él había creado —Alianza Popular—, y puso los pilares de lo que hoy es el partido más importante que ha habido en la historia del centro-derecha español.

Durante estos años he tenido la oportunidad de recorrer Galicia en coche con Fraga durante mis viajes y me he dado cuenta de que, a medida que pasan los años, es más agradable conversar con él. Cada vez escucha más y ha suavizado su carácter. Pero por otro lado, no ha perdido un ápice de su gran memoria: sigue teniendo una cultura extraordinaria y sigue contándote miles de anécdotas.

Galicia es otra desde que llegó Fraga; cualquiera que recuerde lo que era esta tierra hace unos años y lo compare con su estado actual, se puede dar cuenta de la enorme transformación que ha experimentado esta comunidad. Es evidente: Galicia estaba incomunicada con la meseta y ahora tiene unas buenas carreteras, conexiones entre sus ciudades y, como consecuencia, una industria más fuerte y en expansión.

Un ejemplo claro es la moda. Moda Galicia se ha convertido en una marca de renombre dentro y fuera de España, en todo el mundo. Hay diseñadores y casas que son una clara referencia: Zara, gracias a Amancio Ortega; Roberto Verino, Adolfo Domínguez, Antonio Pernas…

Fue en Madrid donde empecé a interesarme por la moda gallega y comencé a acudir a los desfiles de sus modistos; desde entonces me he reunido con ellos en varias ocasiones. También he acudido con frecuencia a Galicia en estos últimos años para asistir a numerosos actos del PP; siempre me llaman porque saben que me gusta ir.

Por otra parte, durante estos años he tenido la inmensa suerte de poder adentrarme en el interior de Galicia cuando recorrí parte del Camino de Santiago junto a un grupo de amigas, allá por el año 2000.

Fue una experiencia única, que me permitió encontrarme con la naturaleza y con la historia de España y del cristianismo, lo que lo engarza con nuestra cultura. Lo han hecho muy bien en Galicia; el trayecto del Camino de Santiago es una experiencia personal y un viaje placentero para todos los sentidos: las posadas, los puentes, el paisaje, la gastronomía… Comprendo que haya auténticos enamorados del Camino de Santiago, gente que no lo ha vuelto a dejar desde que lo descubrió. A mí me empieza a ocurrir también, porque una de las cosas que rondan en mi cabeza últimamente es repetir aquella experiencia y emprender el camino desde un punto más alejado que la otra vez para tomármelo como un tiempo de reflexión.

La comunidad gallega es una de las zonas de España donde la mujer ha trabajado más. La mujer gallega siempre ha trabajado en el campo; el marido en muchas ocasiones emigraba y era la madre la encargada de sacar a la familia adelante. A veces los maridos no volvían, y era la mujer la que se hacía cargo de todo.

Por eso creo que la mujer gallega ha sido fundamental en el desarrollo de su tierra, aunque todavía sigue siendo en parte una de las zonas menos avanzadas del país. Ha sido siempre una sociedad matriarcal de puertas para adentro: el trabajo de la mujer ha sido muy importante, aunque hasta épocas muy recientes esa importancia no ha tenido repercusión exterior, lo cual no deja de ser una injusticia. La mujer gallega ha trabajado siempre en el campo pero no ha tenido nunca reconocimiento como trabajadora; su trabajo era invisible, no producía ningún tipo de derechos.

La belleza de Galicia es incuestionable. En esta comunidad está una de las plazas más grandiosas del mundo que es la del Obradoiro de Santiago de Compostela. La catedral, el palacio Raxoy, el hostal de los Reyes Católicos... Esta plaza representa una de esas imágenes que se quedan grabadas en la memoria de quien la contempla y no la olvida jamás. Cada vez que entro en ella tengo la sensación de hacerlo por primera vez; por muchas veces que vaya, sigue sorprendiéndome.

Con el accidente del *Prestige* el partido vivió uno de los peores momentos de su historia y, desde luego, el peor desde que mi marido había llegado a la Presidencia del Gobierno; creo que fue precisamente esta circunstancia la que me sacó de toda duda e hizo que me decidiera a dar el salto a la política activa. Las organizaciones, cuando tienen que dar la talla, es justamente cuando atraviesan momentos difíciles.

Todos estábamos afectados de una manera u otra y, qué duda cabe, entre la gente del PP los ánimos estaban muy bajos.

Recuerdo especialmente un viaje que hice durante aquellos días a Extremadura para asistir al acto de presentación del candidato del PP a la alcaldía de Mérida, el actual regidor Pedro Acedo.

Al llegar, encontré el partido sumido en un bajo tono, notaba que la gente estaba muy decaída, así que, durante el mitin, quise hacer una firme defensa del Gobierno.

Fue una de las ocasiones en las que me he mostrado más segura en la defensa de las actuaciones del Gobierno; me pareció que lo que pasaba estaba siendo muy injusto y hablé todo lo claro que supe.

El único acto navideño que se mantuvo ese año fue la tradicional cena con la organización del PP de Madrid, una cena que, desde que se instauró hace quince años cuando mi marido accedió a la presidencia del partido, casi siempre ha tenido lugar en Aranjuez, aunque en esta ocasión se celebró en Móstoles.

Durante la cena se habló mucho de las elecciones municipales —que estaban ya sólo a seis meses vista— aunque, por descontado, la sombra del *Prestige* estuvo muy presente entre todos y pesó mucho en el ambiente. Recuerdo que, en esa cena, Alberto Ruiz-Gallardón se dirigió hacia mí y me dijo algo así como: «Espero que el año que viene en esta cena te pueda dar las gracias por lo que tú ya sabes», una frase que todo el mundo interpretó como que yo ya le había contestado afirmativamente a su propuesta.

Decidimos no ir al valle de Arán porque, además de que mi marido tenía que reunirse a diario con el comité creado expresamente para el *Prestige*, los ánimos no eran los más apropiados; en realidad, los momentos que vivíamos no eran los más apropiados para ir a ninguna parte.

Por primera vez en muchos años pasamos la Nochevieja lejos de donde solíamos hacerlo y fuimos a Quintos de Mora, la finca que el Estado posee en Toledo, acompañados por mis hijos y por Miguel Blesa y su mujer, María José, grandes amigos nuestros desde la época en que estudiábamos las oposiciones, a los que agradecimos mucho su compañía en esos momentos. También nos acompañaron Concha Tallada, Myriam Sada y su marido Fernando Yarto, todos amigos incondicionales.

La dureza de las críticas por el *Prestige* fue terrible, aunque afortunadamente tendemos a olvidar los malos momentos. A veces pienso que deberíamos escribir todo lo que nos pasa para recordar también los sentimientos que tienden a olvidarse, porque parece que todo lo que no se escribe se desvanece.

La escritura es el único mecanismo que tiene el ser humano de fijar sus sensaciones para más tarde, al releer lo escrito, poder recordarlas. Sólo así pueden salvarse del olvido las emociones que han producido determinados acontecimientos.

EL CONFLICTO DE IRAK

Mucho se ha escrito sobre el conflicto de Irak durante el último año y supongo que quedará aún mucho más por escribir en el futuro.

Cualquiera que acuda a las hemerotecas podrá ver cómo empezó a gestarse un conflicto, que tiene su germen en la guerra del Golfo de 1991 y que, a pesar de aquella contienda, siguió significando una situación inconclusa que desembocó en un nuevo conflicto.

No quiero hacer de estas páginas un resumen de carácter político de la historia reciente de Oriente Próximo, ni un glosario de las distintas posturas que hubo al respecto. Creo que todos nos acordamos de los hechos y cualquiera que repase los incontables artículos que se han escrito sobre este asunto podrá forjarse su propia opinión y construir así su personal visión de los acontecimientos.

En mi caso, esta visión es la de una persona que ha vivido en un lugar muy particular la toma de una decisión que trajo consigo unas consecuencias muy importantes para el mundo y que, estoy segura, aún desencadenará otros muchos efectos. Pero que, además, conllevó otro tipo de consecuencias de carácter político y también personales.

Como ya he dicho en alguna otra ocasión, el año que comenzó en septiembre de 2002 significó el curso más duro que hemos vivido en el terreno político. Además, fue el año más complicado para el Partido Popular desde que alcanzó el poder en 1996 y, por supuesto, el más difícil que ha atravesado mi marido en toda su trayectoria profesional.

Cuando en enero de 2003 parecía que por fin se estaba superando la crisis desencadenada por el hundimiento del *Prestige*, volvió a plantearse una delicada cuestión: la posible intervención de Estados Unidos en Irak.

En mi caso, esto se mezclaba con el anuncio el día 8 de enero de mi inclusión en la candidatura del PP a la alcaldía de Madrid que encabezaba Alberto Ruiz-Gallardón para las elecciones municipales del 25 de mayo.

Recuerdo perfectamente que cuando llegué al hotel Meliá, en el que iba a anunciarse mi candidatura, había un gran número de fotógrafos y periodistas porque, aunque el hecho de que yo ocupara el número tres de una candidatura municipal no era muy importante (a pesar de que fuera en la ciudad de Madrid), no cabe duda de que adquirió una relevancia especial al tratarse de la mujer del presidente del Gobierno.

En el acto, del que se escribieron páginas y páginas en los periódicos, intervinimos Esperanza Aguirre, Javier Arenas, Pío García Escudero, presidente del PP de Madrid y actualmente segundo teniente de alcalde y concejal de Urbanismo; Pilar Martínez, entonces consejera de Servicios Sociales y actual concejala de Economía y Participación Ciudadana, y yo.

Era una decisión muy madurada que había tomado hacía tiempo y que, llegadas estas fechas a las que me refiero, decidí mantener, aun sabiendo que atravesaba el momento más complicado de la carrera política de mi marido, no sólo de los años de Gobierno, sino desde que asumió las riendas del Partido Popular.

Ese día estaba nerviosa. No suele ser así, pero probablemente acumulaba ya el nerviosismo de varios meses que, además, no me permitieron darme un descanso.

Por otro lado, los días habían sido muy lluviosos, sin sol, con la atmósfera opaca... Un ambiente que no me gusta y que afecta a mi estado de ánimo. Sin duda, no fueron las mejores Navidades de nuestra vida.

Cuando aquel miércoles anuncié mi candidatura, no estaba en mi mejor momento de optimismo. Sin embargo, de lo que sí estaba segura era de dar ese paso con mucha ilusión. Aunque no sé si en ese momento era del todo consciente de lo difícil que iba a ser la campaña electoral que se avecinaba.

Nunca imaginé durante los años que vivimos en La Moncloa que algún día mi marido tendría que tomar una decisión como la que tuvo que tomar, ni que España iba a estar en el Consejo de Seguridad participando en un acontecimiento tan excepcional como la intervención en Irak.

Mi marido, como presidente del Gobierno, mantuvo una estrecha relación con George Bush desde que éste accedió a la presidencia de Estados Unidos. No hay que olvidar que, nada más alcanzar el Gobierno, Bush vino a Europa y escogió como primer destino España. Era la primera vez en la historia de Estados Unidos que un presidente iniciaba un viaje a Europa desde aquí, algo que, sin duda, indicaba que nuestro país comenzaba a tener un papel diferente en el mundo. España no había intervenido nunca en la toma de decisiones desde prácticamente dos siglos atrás; por otra parte, uno de nuestros grandes problemas desde la instauración de la democracia ha sido el terrorismo.

En ese viaje, que fue el 12 de junio de 2001, conocí a Laura Bush. Ella es bibliotecaria de profesión y había pedido visitar la Biblioteca Nacional. La acompañé en dicha visita y observé su interés por la cultura española. Laura Bush es tremendamente afable y transmite serenidad. Seguro que esa virtud es de gran importancia para quien vive con la persona que todos los días toma decisiones que pueden tener influencia en una gran parte de la humanidad.

A continuación tuve el honor de acudir al almuerzo que la reina doña Sofía le ofrecía a Laura Bush en el restaurante Casa Lucio.

Desde la transición hemos perdido más de mil ciudadanos a manos de los terroristas y, desde que mi marido encabezaba la oposición —y, desde luego, durante los años que ha estado en la Presidencia del Gobierno— siempre se ha hecho frente al terrorismo de la única manera que se le puede encarar: con la ley en la mano y procurando la mayor eficacia de las Fuerzas y Cuerpos de Seguridad del Estado, que han sido ejemplares en su comportamiento.

Así se ha demostrado en los últimos años, en los que se han dado golpes muy importantes a los terroristas y a todo su entramado. De hecho, en el año 2003 disminuyeron considerablemente los atentados de la banda armada ETA.

Otro pilar fundamental en la lucha contra el terrorismo de los años de Gobierno presidido por mi marido ha sido la actividad internacional, para convencer a muchos primeros ministros, cancilleres y periodistas que han escrito abundantemente sobre el terrorismo en España, que ETA está formada por terroristas y que, como tal, había que luchar contra ella. Y para eso, como es sabido, en un mundo global y sin fronteras es fundamental que la lucha sea conjunta.

Ésta ha sido una de las cosas que ha hecho el Gobierno en los años pasados. Todo el mundo recordará las relaciones especiales con Francia, así como las extradiciones de terroristas instalados en distintos países que se han conseguido. Por eso era fundamental Irak: un país asociado con el terrorismo internacional que, desde este punto de vista, era muy importante para España.

Dejando aparte el tema político, durante la intervención en Irak los españoles estábamos inmersos en un año electoral. Las elecciones autonómicas y municipales se celebraban el 25 de mayo y el tema del conflicto se utilizó para erosionar al Gobierno. Hubo todo tipo de manifestaciones, una especialmente importante el sábado 15 de febrero, que recorrió las principales calles de varias ciudades de todo el mundo.

En ese momento, mi marido decidió implicarse de manera directa en la defensa de su posición, hablando de ella durante la campaña electoral. Había personas que entonces no quisieron hacerlo, pero Jose decidió participar en las elecciones municipales y autonómicas de manera muy activa; de hecho, volvió a hacer el que fue su último recorrido por España como líder de su partido.

Prácticamente hizo una campaña de elecciones generales: viajó por toda España con una agenda repleta de actos sectoriales por la mañana, mítines por la tarde, apariciones en prensa, radio y televisión... Trabajó defendiendo su postura y apelando a la confianza que habían depositado en él los españoles; asegurando que había tomado una decisión que consideraba la mejor para su país.

Por mi parte, durante esos meses pasé mi calvario personal. Estábamos en plena precampaña para las municipales y visité muchos sitios haciendo recorridos por la calle. Me prepararon actos de boicot, pero lo aguanté muy bien. En todo momento me di cuenta de que se trataba de acciones organizadas. Es más, en varias ocasiones yo misma pude ver cómo se repetían las mismas personas de un día a otro.

Durante los años anteriores nunca me habían dedicado el más mínimo gesto desagradable; al contrario, todo lo que había recibido fueron muestras de afecto y cariño, por lo que en este sentido la precampaña al ayuntamiento de Madrid significó un cambio sustancial.

En enero de 2003, José Antonio Zarzalejos, director del *ABC*, me hizo una entrevista. Recuerdo que le respondí a una de sus preguntas: «A partir de ahora, me juzgarán por lo que haga, sé que tengo un foco sobre mí». No sabré nunca si durante el conflicto de Irak los boicoteos personales que sufrí en la calle iban dirigidos a mí como integrante de la candidatura del PP al ayuntamiento de Madrid, como mujer del presidente del Gobierno, o como ambas cosas a la vez.

Por fin llegaron las elecciones del 25 de mayo y los españoles, con su voto, demostraron una vez más que seguían confiando en el Partido Popular a pesar de que mantenía una postura que no todo el mundo entendía o compartía.

La catástrofe electoral para el PP que pronosticaban con práctica unanimidad analistas, cronistas y demás, no se hizo realidad. Los españoles votaron en clave de cercanía: a nadie le gustaba la guerra, pero los votantes comprendieron los motivos por los que el Gobierno había decidido tomar una determinada postura. Además, España no había mandado ni un solo soldado y la reacción de la oposición había sido desmedida, se había generado un clima de violencia que no agradaba a la gente.

Analizándolo con la perspectiva del tiempo, estoy segura de que el 25 de mayo el pueblo español votó pensando en la gestión del Partido Popular durante los últimos años. Fue un refrendo a la política del PP y un nuevo voto de confianza a mi marido en su última campaña electoral.

En el seno del partido hubo momentos trascendentales. Quizá el más significativo fue cuando, a instancias del Partido Socialista, se produjo una votación en el Congreso para apoyar o rechazar la posición del Gobierno.

El PSOE logró que la votación fuera secreta y el PP actuó de una manera ejemplar: todos votaron en bloque a favor e, incluso, hubo un voto de más, nunca sabremos de quién.

Significó un gran apoyo y un enorme respaldo a la decisión adoptada, todo lo contrario de lo que le ocurrió a Tony Blair en el Reino Unido, quien no obtuvo el respaldo de su partido y, como consecuencia, se produjo una grieta en el Partido Laborista que trajo consigo una serie de deserciones.

Llegadas las vacaciones de verano, una vez acabado el curso político, el interés general comenzó a centrarse en otros asuntos, entre ellos, el relevo que se iba a producir en el PP.

Sin embargo, siempre se ha dicho que cuando acaba la guerra empieza la posguerra, y esta vez no fue diferente.

A la vuelta, en septiembre, nos reencontramos con un asunto que, indudablemente, todavía iba a traer muchos quebraderos de cabeza a todo el mundo.

Un capítulo importante fue la Conferencia de Donantes para la Reconstrucción de Irak que se celebró en Madrid los días 23 y 24 de octubre y que reunió a 73 países, además de distintas instituciones e innumerables empresas.

Hacía pocos días (el 16 de octubre) que el Consejo de Seguridad de la ONU había aprobado una nueva resolución impulsada por Estados Unidos para conseguir más tropas y más dinero para la reconstrucción y la independencia de Irak, y el Gobierno español trabajó concienzudamente en esta conferencia con el objetivo de que fuera un nuevo punto de inflexión en el conflicto iraquí.

La Conferencia de Donantes de Madrid fue un éxito para el Gobierno español, no sólo por el dinero recaudado (33.000 millones de dólares), sino también porque no se cumplieron las predicciones que apostaban por una crisis en las relaciones entre España y los países árabes.

Mucho se había hablado de que la posición de nuestro país como aliado de Estados Unidos y Reino Unido iba a traer graves consecuencias en las relaciones España-países árabes. Sin embargo, la gran sorpresa de la Conferencia de Donantes fue no sólo que asistieron estos países, sino que lo hicieron con generosas aportaciones: Arabia Saudí contribuyó con 1.600 millones de dólares; Kuwait —país que en su día fue invadido por Sadam Husein— aportó otros 1.500 millones; Irán, 300, y los Emiratos Árabes Unidos donaron 215 millones.

Un éxito en todos los sentidos. Nunca se había conseguido tal cantidad de dinero para la reconstrucción de un país.

De aquellos días guardo un especial recuerdo de la cena en casa con Colin Powell, Ana Palacio y mis hijos, el viernes 24, día en que se clausuró la conferencia.

Colin Powell es una persona muy valorada tanto dentro de la política de Estados Unidos como en el panorama europeo. Pero no sólo es admirado en el ámbito político: cuando hablas con cualquier ciudadano estadounidense, mero espectador de la política de su país, te das cuenta de que Powell es una persona respetada igualmente por republicanos y demócratas. Es más, a veces incluso tiene mayor aceptación entre los demócratas.

Es un político interesante. A lo largo de estos años he podido hablar con él en algunas ocasiones y sus experiencias y su manera de entender la vida son enriquecedoras. A mis hijos también les gustó estar con él, conscientes de la importancia de Powell en el mundo durante los últimos años. Tiene un encanto especial y facilidad para comunicar lo que piensa; es decir, sabe transmitir sus creencias.

Desgraciadamente, tras el éxito de la Conferencia de Donantes la posguerra iraquí fue complicándose cada vez más y comenzó a surgir un fuerte clima de violencia que trajo consigo numerosos atentados terroristas en Irak.

Fueron asesinados iraquíes, estadounidenses, británicos, italianos, polacos, japoneses, puertorriqueños... Y españoles.

El primer compatriota muerto en Irak fue el capitán de navío Manuel Martín-Oar, en un atentado contra la sede de la ONU en la capital iraquí, perpetrado en el mes de agosto.

En octubre fue asesinado a tiros a manos de los terroristas el sargento primero José Antonio Bernal, un madrileño de treinta años perteneciente al Centro Nacional de Inteligencia (CNI), que estaba en Bagdad como agregado de información de la embajada española en Irak. Un hombre vestido de clérigo llamó a la puerta de su casa, en el barrio de al-Mansur de Bagdad. Cuando el sargento Bernal le abrió, debió de sospechar algo, y salió corriendo. Pero su fuga fue en vano: varios desconocidos le mataron de un tiro en la nuca.

Por otra parte, el sargento Luis Puga Gandar murió el 26 de octubre al recibir un disparo accidental de un compañero que preparaba su arma en la base española de Diwaniya.

Unas semanas después del asesinato del sargento primero Bernal, el sábado 29 de noviembre, íbamos a perder las siete vidas de otros tantos agentes del CNI en una emboscada a su coche cuando viajaban por las proximidades de Latifiya, unos treinta kilómetros al sur de Bagdad.

Eran Alberto Martínez González (jefe del equipo), José Merino Olivera, José Carlos Rodríguez Pérez, José Lucas Egea, Alfonso Vega Calvo, Luis Ignacio Zanón Tarazona y Carlos Baró Ollero. Afortunadamente, el octavo miembro del servicio secreto, José Manuel Sánchez Riera, logró sobrevivir al atentado, pero en un primer momento las noticias eran confusas. No se sabía quiénes habían muerto, ni si habían muerto todos o si alguien había sobrevivido.

Vivir estos acontecimientos de forma cercana y personal fue muy duro. Al igual que para cualquier español, para mi marido y para mí supusieron momentos muy tristes, aunque, dentro del dolor, una vez más fuimos testigos de la entereza de unas familias que tuvieron un comportamiento ejemplar.

El lunes, dos días después del atentado, acompañé a mi marido a visitar a los familiares de los agentes asesinados que estaban velando a sus seres queridos en el hospital Gómez Ulla y todos nos dijeron que lloraban a militares que habían muerto cumpliendo su obligación.

Los padres del sargento Bernal también estaban ese lunes en el Gómez Ulla porque uno de los fallecidos había sido jefe de su hijo.

Nos dijeron que tenían tres familias: la propia, la militar y una nueva que incorporaban, la del Centro Nacional de Inteligencia.

La madre del sargento Bernal me dijo entonces una frase que se me quedó grabada: «No tengo lágrimas para los que han matado porque todo lo he llorado ya por mi hijo».

Fue un ejemplo de entereza y, sobre todo, de admiración hacia sus seres queridos. Estaban convencidos de que habían muerto cumpliendo su obligación.

Recuerdo que el hijo de uno de los fallecidos nos contó que su abuelo había sido militar al igual que su padre y que él, desde luego, quería continuar la saga familiar.

Todo esto dice mucho a favor de los militares, personas que tienen un concepto especial del deber y que, aun en tiempos de paz, son conscientes del peligro que corren.

El funeral del martes supuso un nuevo ejemplo. Fue de esas veces en que el silencio llena el ambiente.

Unos días más tarde, el domingo 14 de diciembre, al levantarnos no sabíamos que nos esperaba una gran noticia. Serían poco más de las diez de la mañana cuando comenzó a correr el rumor de que el ex dictador iraquí Sadam Husein había sido capturado en Irak. Por el momento no se trataba de una noticia confirmada, sólo de simples rumores.

Las informaciones que nos iban llegando aseguraban que había sido detenido, aunque todavía le estaban haciendo pruebas para confirmar que efectivamente se trataba de Sadam y no de un doble, de esos muchos que se había dicho que tenía el tirano.

Sobre las doce de la mañana se confirmó que se trataba del ex dictador iraquí y se añadía que no existía ningún tipo de duda sobre su identidad, ya que había sido sometido a todo tipo de pruebas genéticas.

En ese momento empezamos a pensar que, aunque todavía estarían por llegar tiempos difíciles, la captura de Sadam iba a tener inmediatamente un efecto sobre la conflictividad en Irak. La situación tendería a mejorar, aunque no fuera de manera inmediata.

Nada más conocer la noticia, mi marido decidió comparecer ante la opinión pública para hacer una primera valoración de la captura, un tema que nos había ocupado tanto tiempo durante los últimos meses.

Ante las cámaras de televisión, explicó lo que este hecho suponía para España y aprovechó para reiterar su orgullo por los españoles desplazados en Irak. Por supuesto, no podía dejar de recordar a los españoles que habían muerto en aquel país.

Fue un día importante; las imágenes de Sadam eran las imágenes de la derrota. Al final, como era de suponer, a alguien le debió compensar la cantidad que ofrecían los estadounidenses porque, de lo contrario, probablemente habría sido muy difícil encontrarle, después de haber visto el agujero en que se escondía.

Mi marido llamó a George Bush en cuanto se enteró para darle la enhorabuena. Una vez más, el presidente de Estados Unidos le reiteró su agradecimiento por su postura en todos estos acontecimientos.

Hacía tiempo que Jose planeaba visitar a las tropas españolas en Irak con motivo de las Navidades. Sin embargo, sus planes se habían llevado en el más absoluto secreto, fundamentalmente por motivos de seguridad.

La decisión final la tomó dos o tres días antes de ir aquel viernes 19. Salió de La Moncloa alrededor de las once de la noche para llegar a Irak a primera hora de la mañana, contando con el cambio horario.

Recuerdo que esa noche del viernes 19 habíamos quedado con los miembros del primer Gobierno de la Junta de Castilla y León para la cena anual que organizamos con ellos en los días previos a la Navidad. Evidentemente, había que posponer la reunión.

El día anterior, jueves, coincidí en algún momento con Juan

José Lucas, primer vicepresidente de la Junta de Castilla y León con Jose y actualmente presidente del Senado, uno de los asiduos a esta cena, y me preguntó por ello:

—Habéis cambiado la cena de mañana, ¿no?

—Sí, sí. Del viernes se pasa al domingo —contesté.

Evidentemente, no le expliqué a qué se debía el cambio de fechas. Al día siguiente, él mismo pudo saber el porqué.

Cuando Jose me explicó exactamente las características del viaje, me quedé un poco preocupada. Primero tenían que aterrizar en Kuwait, después coger otro avión y, por último, un helicóptero que tenía que volar muy raso porque sólo cuando se vuela a poca altura se está fuera del alcance de los misiles.

A la mañana siguiente, Jose me llamó para decirme que habían llegado bien. Por fin descansé, aunque más descansé aún cuando me volvió a llamar para decirme que se estaban metiendo en el avión de vuelta.

Sin embargo, a media tarde del sábado, en una tercera llamada me dijo que iban a tardar más de lo previsto porque tenían el viento en contra.

—¡Vaya! Ahora tenemos el viento en contra. Pero... aparte de tener el viento en contra, ¿os pasa algo más? —le pregunté.

—No, no te preocupes. No nos pasa nada más, sólo que tardaremos un poco más de lo previsto —me dijo.

Llegó a casa el sábado por la noche; venía contento por cómo había encontrado la moral del ejército español. Los españoles son muy respetados en Irak. Todas las organizaciones que están trabajando allí dicen que son los más queridos de todos los soldados que hay. Tienen un buen trato con la población iraquí y están dejando bien el nombre de España por todas las partes en las que están desplazados.

7

LA ÚLTIMA VEZ QUE...

... CELEBRO MI CUMPLEAÑOS EN LA MONCLOA

Cuando todos mis esfuerzos estaban concentrados en las elecciones municipales y autonómicas de mayo de 2003, en medio del fragor de actos, entrevistas, interventores, apoderados y papeletas, me di cuenta de que con el inicio del verano comenzaba ya el final de mi etapa en La Moncloa.

Se acercaba el último verano en la residencia del presidente del Gobierno; eso me producía cierta desazón, que voy a intentar explicar: por una parte el palacio de La Moncloa ha sido mi casa durante ocho años y, si bien al principio me costó acostumbrarme a un espacio tan grande, había hecho esfuerzos para que aquellos salones cambiaran parte de su oficialidad por calidez. Sin embargo tengo que reconocer sus múltiples ventajas: su maravilloso jardín y, sobre todo, que en esos años hemos conseguido hacer un hogar con nuestras cosas de siempre.

Al mismo tiempo, sentía la ilusión por recuperar nuestra casa, la que habíamos comprado hacía años pensando en el día en que saliéramos de La Moncloa. Cuando sabes que va a cambiar tu vida en una fecha determinada y te estás preparando para ello, llega un momento en el que deseas que esa fase intermedia finalice y se produzca el cambio, para empezar de nuevo.

Estaba en esta reflexión, cuando se acercaba la fecha de mi cumpleaños. Si desde que llegamos a La Moncloa habíamos celebrado una fiesta por mi aniversario, todos en casa coincidían en que los cincuenta —«a pesar de ser un palo, mamá»— es un número redondo de años que hay que celebrar. Precisamente durante la fiesta traté este tema con Rodrigo Rato, de quien soy amiga desde mis veintiocho años. Los dos compartíamos la misma preocupación: «El tiempo se acaba», me decía Rodrigo, socarrón, quizá con un tono demasiado pesimista.

A mí no me hace falta que me animen mucho, porque soy de las que piensa que en la vida hay que aprovechar los buenos momentos que se nos ofrecen y guardarlos en nuestra recámara para cuando necesitemos hacer frente a los malos. Por ejemplo, Jose cumplió los cincuenta en febrero de 2003, cuando estábamos en pleno conflicto de Irak. Ni siquiera pensamos en una fiesta o una cena con un grupo de amigos. Ni Jose ni yo teníamos ánimo para ello.

Por eso Jose y los chicos pensaron en hacerme una fiesta sorpresa, para cuya organización el padre se ofreció a sus hijos. Según me han contado, a los dos minutos de concebir la idea, debió pensar que realmente sería muchísimo mejor no darme una sorpresa, más que nada por si, al final, los sorprendidos resultábamos ser el resto por no haber fiesta... Así que los cuatro entendieron que lo mejor era que yo misma lo organizara todo. Y así fue.

He de decir que lo hice con una ilusión especial: quería que estuviera mi familia, mis amigos del colegio y de la facultad, compañeros del ayuntamiento de Madrid, colaboradores a lo largo de estos ocho años en La Moncloa, compañeros de profesión que a la vez son amigos... Reconozco que en algún momento me emocioné al verlos juntos (y eso que no estaban todos).

A lo largo de la vida vas haciendo nuevas amistades; a veces, podría decirse que son amigos circunstanciales. Pero es distinto cuando conservas la relación de compañeros de colegio o de facultad. Ahí estaba, como siempre en cada uno de los acontecimientos de mi vida, mi amiga Lola Utrera. Estamos juntas desde los cinco años y, a pesar de haber tenido nuestras diferencias de criterio, nunca nos enzarzamos en una discusión fuerte, ni tuvimos un solo problema en cuarenta y cinco años. También estaba Pepa Perea y Pepe Rudíez, amigos desde que vivimos en Logroño, cuando los cuatro éramos recién casados. Nada nos une excepto la amistad. Al igual que me pasa con Vicky Rodríguez Arce que estuvo en la celebración. Es la amiga que a todo el mundo le gustaría tener. Disfruta con la alegría ajena como si fuera la propia, la hace suya.

Como cada año, la fiesta se celebró en el jardín y luego organizamos, con la excusa de «la gente joven», una discoteca en la que los menos jóvenes demostramos lo que nos queda todavía de nuestra juventud.

En esta ocasión decidí dar una cena bastante informal, preferí no hacer mesas *políticas*, por decirlo de alguna manera. Es verdad que había muchos políticos entre los ciento cincuenta invitados, pero me gustó la idea de que todo el mundo se mezclase, porque sé que la conversación de un ministro siempre despierta interés, y viceversa: al político le gusta compartir mesa y mantel y le entretiene la gente de fuera del Gobierno porque le aporta el punto de vista del ciudadano que está al margen de cualquier interés personal.

Para terminar la cena había una tarta de cumpleaños con cincuenta y «una» velas (siempre hay que poner una más, porque la que sobra simboliza la vida por venir). Como manda la tradición, tuve que apagarlas todas de una sola vez. Alonso fue el encargado de traer la tarta. Ver su cara, preocupada por si se le caía, con toda la emoción y el cariño asomando en sus enormes ojos negros, me llenaba de felicidad. Su expresión me quedará grabada para siempre.

Ahí estaban mi familia, los hermanos de Jose, mis amigos de siempre, los compañeros de trabajo de tantos años, con los que la relación es más estrecha, más entrañable, casi todo el Gobierno, muchos amigos comunes de la facultad con los que sigo viéndome, amigas de la adolescencia, de la madurez... Personas que hacen que la vida sea agradable, que merezca la pena. En definitiva, casi todas las personas a las que quiero.

Muchos somos de la misma edad y las conversaciones irremediablemente discurrieron sobre el momento de nuestras vidas, ese balance entre lo que dejas atrás y el tiempo que tienes por delante y que quieres aprovechar. Evidentemente, cada uno se plantea su futuro de distinta manera: hay gente que opta por una vida más cómoda y otros que quieren seguir desarrollándose profesionalmente.

... LLEGO A LA MONCLOA DESPUÉS DEL VERANO

Tras el duro curso político que culminó con las elecciones autonómicas y municipales del 25 de mayo comenzamos nuestras vacaciones; con ellas, inicié la transición mental hacia la nueva situación. En el próximo año iniciaríamos una nueva vida en la que, en principio, había que suponer que, a sus cincuenta años, Jose había pasado ya el período más interesante de su vida profesional.

Mi nueva ocupación en el ayuntamiento de Madrid aceleró ese proceso mental de transición. Al día siguiente de ganar las elecciones me incorporé al consistorio madrileño sin ningún problema de adaptación y enseguida me encontré cómoda con mis nuevos compañeros.

Siempre he sido una enamorada de Madrid. Cada vez que me han preguntado por la ciudad en la que me gustaría vivir lo he tenido claro: en Madrid. Es una ciudad viva, activa, con chispa; una sociedad libre de mente, nunca pregunta a nadie por su procedencia y tiene un punto anárquico que la hace única.

Los madrileños son gente trabajadora pero que no se pierden una copa, una cena o una juerga por nada del mundo. Esto llama la atención de los extranjeros que nos visitan, que no se explican cómo es posible que en una ciudad en la que a las tres de la mañana hay atascos en plena Castellana, al día siguiente todo el mundo esté trabajando desde primera hora; es que los madrileños hemos aprendido a trabajar mucho y dormir poco.

Por otra parte, Madrid es una ciudad verdaderamente amigable; a pesar de su imparable crecimiento, conserva ese punto de pequeña ciudad: cuando vas al bar del barrio o a la farmacia de la esquina, la gente te saluda porque te conoce. No se ha caído aún en la impersonalidad de las grandes urbes cosmopolitas.

Estéticamente es mejorable, aunque tal y como es, a mí me encanta. El problema de Madrid es que, cada vez que se ha desarrollado, se ha construido una zona sin recuperar la anterior: cuando se hizo el Madrid de los Borbones, no se recuperó el de los Austrias, y si se va hacia la zona de la Castellana, se abandona el paseo de Recoletos...

El desarrollo urbanístico de Madrid no ha seguido los criterios de otras ciudades adelantadas a su tiempo como, por ejemplo, París. ¿Cómo pudo Napoleón diseñar una ciudad con semejante visión de futuro? Algo parecido ocurre con Londres, donde a cada paso se percibe que fue la capital del mundo y te das cuenta del poder del Imperio británico.

Si bien en Madrid no hay un conjunto monumental, tiene edificios incomparables. Nuestro Palacio Real es el mejor del mundo; no hay otro parecido, ni siquiera el británico. Madrid tiene el eje pictórico más afamado del planeta. Es algo que nadie discute: encuentras el museo del Prado, el Thyssen y el Reina Sofía en apenas 200 metros. Nadie duda de la riqueza artística del museo del Prado. La deficiencia que teníamos de pintura del XIX la cubrió en su momento el Thyssen-Bornemisza y el Reina Sofía es hoy uno de los primeros museos del mundo de arte contemporáneo.

Hoy mi trabajo y mi esfuerzo están puestos en Madrid, en sus gentes, en conseguir para sus ciudadanos mayor bienestar. Tenía muchas ganas e ilusión de poner en práctica lo que he aprendido durante estos años. Ilusión que, ni qué decir tiene, aún mantengo. Además, me encuentro en un momento de mi vida en el que tengo energía, mientras que mi familia ya no me necesita como antes.

Así pues, tras las elecciones del 25 de mayo empezamos a pensar en el día de después: todo lo que viviésemos a partir de entonces supondría la última vez que lo vivíamos; nos enfrentábamos al último período en el palacio de La Moncloa y, de alguna manera, teníamos que romper con lo que, a lo largo de ocho años, se había convertido en una tradición para toda la familia, aunque a decir verdad mi familia ha cambiado tanto durante este tiempo que probablemente se ha hecho casi imposible establecer comparaciones de un año a otro.

En junio y julio de 2003 empecé a ocuparme de la casa donde íbamos a vivir y organicé mi tiempo mentalmente para que todo el proceso pasase lo más inadvertido posible. Me había propuesto que el día en que nos trasladásemos lo hiciéramos a una casa perfectamente organizada y en funcionamiento, de forma que nadie notara las incomodidades que supone un cambio de vivienda.

La experiencia de doce mudanzas me ha enseñado que, durante un tiempo, éstas producen cierto desasosiego; en una tan especial como ésta, seguramente esta sensación se intensificaría notablemente. Así que planifiqué los plazos para desmontar una casa tan especial como el palacio de La Moncloa en la que habíamos vivido acontecimientos trascendentales —tanto desde el punto de vista personal como político—, lo que se traducía en kilos y kilos de papel, fotografías, cartas, archivos, felicitaciones y obsequios. Cada cosa necesitaba un lugar y un tratamiento distinto y eso requería un importante esfuerzo de organización.

Aprovechamos también los meses de junio y julio para acercarnos a nuestra futura vida: Jose visitó varias veces su despacho de la Fundación para el Análisis y los Estudios Sociales (FAES), adonde yo le acompañé en alguna ocasión y pude comprobar que mi marido tenía ilusión por la nueva etapa.

También mantuvimos varias reuniones —Jose muchas más— con la gente que ha trabajado junto a mi marido en el día a día de estos años y, sinceramente, percibí en ellos el cariño que sienten por él; un sentimiento que se traduce en el esfuerzo que hacen cotidianamente por ayudarle en este último período. Además, algunos de ellos continuarán siempre con él, o, al menos, así lo espero.

Jose y yo conversamos mucho sobre los pasos que deberíamos dar en los siguientes meses, de forma que, cuando iniciamos las vacaciones, cada uno ya sabía lo que tenía que hacer a la vuelta. Una ventaja que nos dio cierta tranquilidad aunque, por otra parte, aún teníamos los días de vacaciones para hacer balance de los resultados y los objetivos no conseguidos.

Al irnos, me acordé de aquel primer verano en Las Playetas y comprendí que ese edificio que dejábamos atrás se había convertido en nuestro hogar. Para hacer tuya una casa es necesario irse de ella y volver después; si a la vuelta tienes esa sensación única de saber que a donde regresas es tu casa, entonces, sin lugar a dudas, empieza a ser tuya.

Durante estos años repletos de viajes, he abandonado La Moncloa y he vuelto a ella muchas veces, pero el pasado mes de agosto de 2003, con la certeza de saber que era el último, fui consciente de que este lugar había sido mi hogar durante ocho intensos años.

Recordé también el verano anterior, el de 2002, el último en que mi hija Ana vino con nosotros como había hecho todos los meses de agosto de su corta vida. Entonces, las dos tuvimos la sensación de que se trataba del último veraneo que pasábamos juntas en una situación parecida. Ana se casaba en septiembre y quisimos aprovechar esos días al máximo para disfrutar con ella.

Los tres —Ana, su padre y yo— pasamos muchas horas hablando de lo divino y lo humano junto al mar al atardecer, un ambiente en el que la confidencia se hace fácil.

De camino a la casa en la que pasaríamos las siguientes semanas, el entorno menorquín volvió a deslumbrarme. Las vistas que se tienen desde esta isla hacen que, a los quince minutos de llegar, te olvides prácticamente de todo. Su paisaje mediterráneo suavemente ondulado con muchos olivos, pinos y encinas y con las cercas hechas de piedras colocadas unas encima de otras, te inducen a la calma, te invitan a evadirte de los problemas.

La casa en que nos alojamos estaba en el campo, entre Ciudadela y Mahón. Desde ella no se veía un solo edificio; sólo el mar, al fondo, si el día era claro. Y no se oía más ruido que el que produce el propio campo. Era el lugar perfecto para pasar unos días tranquilos.

Era una antigua casa de payeses, con la fachada blanca y las contraventanas verdes; sencilla y agradable. Perfecta para el verano que nos habíamos planteado Jose y yo, pues lo que queríamos era disfrutar del mar, de nuestros hijos y de nosotros mismos. Y hablar mucho, porque durante los períodos de vacaciones se plantean las cuestiones de pareja que necesitan más tiempo, aunque nosotros, creo, vivimos en un diálogo permanente.

Aun así, teníamos que charlar mucho sobre nuestra futura vida e imaginarnos a nosotros mismos protagonizándola. Las grandes cuestiones ya estaban decididas, pero todavía teníamos que centrarnos en los pequeños detalles de nuestro nuevo estilo de vida para asegurarnos de que fuera lo más satisfactorio posible.

Como cada año, ese primer día nos hicieron las fotos de la llegada, aunque antes de este ritual estival tuvimos que solucionar esos pequeños problemas domésticos que conlleva la llegada a una casa de vacaciones.

Las fotos del inicio del mes de agosto han sido una tradición durante estos ocho años, pero también de algunos otros anteriores cuando mi marido aún era jefe de la oposición.

En esta ocasión, como no podía ser de otra manera, hubo muchas bromas sobre la sucesión y nos hicieron varias preguntas sobre si volveríamos o no al año siguiente, siendo ya mi marido ex presidente.

Entre los periodistas había muchas caras conocidas; muchos fotógrafos y redactores eran los mismos de los primeros años, cuando el proyecto que estaba a punto de terminar era sólo una ilusión de futuro.

Por supuesto, como cada verano, no podía faltar la pregunta sobre los libros que mi marido pensaba leer durante las vacaciones; una lista que solía dar mucho juego a la prensa y que, esta vez, dio lugar a muchas interpretaciones y a algún que otro artículo de opinión. Ya se sabe que durante el estío hay poco sobre lo que escribir...

Al día siguiente salimos a la mar. Para mí, el Mediterráneo es el MAR con mayúsculas. Siempre he pensado que después de esta vida debe haber otra. Me conformo con que se parezca a uno de estos días de sol y mar, porque si todavía es mejor...

Salíamos siempre desde Mahón —el puerto natural más grande del Mediterráneo— a primera hora, aprovechando esa limpieza ambiental de la mañana. Era una de esas imágenes que recuerdas durante el invierno y que, cuando te reencuentras con ella, sientes que es exactamente como la habías esperado.

Cuando estoy viviendo una situación agobiante y quiero huir de ella siempre imagino una estampa de la naturaleza que vaya unida a algún recuerdo. Una puesta de sol, el mar, la marisma, la nieve, la montaña... Y esos momentos concretos de Menorca que procuro atesorar siempre en mi memoria.

Los días que pasaron hasta que llegaron mis hijos mayores me hicieron comprender, definitivamente, que en el futuro sólo nos tendríamos de verdad Jose a mí y yo a él.

Después de decir esto, tengo que confesar que eché mucho de menos a mis dos hijos mayores. Era la primera vez que Ana empezaba un mes de agosto sin nosotros y no pude evitar recordar el año anterior en el que la disfrutamos todo lo que pudimos. En el fondo, los tres sabíamos que una etapa de la vida y una forma de relación habían terminado el 5 de septiembre de 2002 con su boda. Hasta entonces nuestra relación había sido única, sin ninguna sombra.

Todos los días hablamos con ella y con José María. Es la forma que tenemos de mantener la relación con ellos, pero la añoranza de no tenerles en casa es inevitable porque, quizá, es también la nostalgia de una época de la vida que no volverá: la de la juventud perdida.

Ahora bien, si de algo estoy satisfecha es de no tener que arrepentirme por no haber disfrutado de su infancia. A pesar de la vida tan ocupada que hemos tenido, Jose y yo siempre tuvimos clara nuestra escala de valores y no tengo la sensación de haber perdido los años que hemos vivido todos juntos.

El 6 de agosto, al desembarcar en Ciudadela, el jefe de seguridad de La Moncloa nos comunicó que había detectado muy cerca de nosotros a dos personas del entorno de los terroristas, aunque sin antecedentes criminales. Mi hijo Alonso lo oyó, pero, afortunadamente, al igual que nosotros, no le dio mayor importancia y continuamos con nuestro plan.

Cada vez me convenzo más de que el género humano genera sus propios mecanismos de autodefensa para protegerse de aquello ante lo que la vida le sitúa.

La primera semana la pasamos con mi hijo pequeño, mi suegra, una de mis hermanas y su marido. Aprovechamos esos primeros días para disfrutar del mar y del descanso aunque yo, cada mañana, me ponía en contacto con el ayuntamiento y leía la prensa de Madrid que me mandaba la eficaz Oficina de Prensa del consistorio madrileño. Una vez que estaba informada, desconectaba y trataba de no acordarme de nada más durante el resto del día. El mar me transmite ese ensimismamiento que hay dentro de él y me resulta casi imposible acordarme de nada más.

Fue uno de los meses de agosto más calurosos que se recuerden. Las temperaturas, tan extremas, impedían cualquier plan excepto el de pasar el día navegando. Las últimas horas de la tarde son deliciosas en el mar cuando el día es caluroso. La luz entonces es la mejor; el sol empieza a caer y el atardecer es mi hora preferida.

La segunda semana llegaron mis dos hijos mayores con Alejandro, Tania y Jacobo Gordon. Mi hijo José María, al que hacía casi dos meses que no veía, tiene una personalidad que me produce una cierta fascinación. Es el más parecido a su padre en carácter, gustos, aficiones... Tiene el mismo tipo de humor que su padre. Me divierte muchísimo su conversación y su ironía. Pasar una semana con él es, ahora mismo, el mejor regalo que me puedan hacer, pues aunque viene mucho a Madrid, sus estancias son siempre muy cortas.

Fue un mes de agosto con noticias tristes de algún accidente en España, pero en el terreno político fue muy tranquilo.

El 15 de agosto me despedí del que había sido mi conductor durante los últimos siete años, Julián Fuentes, y sentí que sería una de las muchas despedidas que se iban a producir en los siguientes meses.

Julián, que ha trabajado en La Moncloa durante veinte años, me contaba siempre lo difícil que es ese mundo también desde su posición. Probablemente, estar alrededor del poder complica la vida de cualquier persona.

Cuando me di cuenta ya me estaba despidiendo de mi hijo otra vez. La vida es una continua despedida, pero es satisfactorio ver a un hijo de veinticuatro años que entiende que la vida está compuesta de decisiones que uno mismo ha de tomar y llevar hasta sus últimas consecuencias.

Durante esos días de agosto en Menorca, agradecí de manera especial las frases realmente tiernas de las personas que se acercaban a nosotros en los restaurantes y en la calle, siempre para dar las gracias a mi marido por su trabajo.

Como nos habíamos propuesto, hablamos mucho sobre los pasos que debía dar mi marido a partir del 27 de agosto; yo procuré también tratar nuestro futuro como algo que empezaba de nuevo.

... MI MARIDO PRESIDE LA JUNTA DIRECTIVA NACIONAL DEL PP

La tan comentada sucesión de mi marido al frente del Partido Popular y como candidato a la Presidencia del Gobierno fue uno de los pocos acontecimientos de estos años en los que, por más que lo intenté, no pude evitar derramar alguna lágrima.

Decidí acompañar a Jose a la Junta Nacional del PP, principal organismo del partido, a la que iba a comunicar —como el día anterior había hecho ante el Comité Ejecutivo de su partido—, además del nombre que proponía para tomar el relevo en la candidatura a la Presidencia del Gobierno, su decisión de delegar todas las atribuciones que le correspondían como presidente del PP al nuevo líder del partido y secretario general.

Me propuse no emocionarme; una proposición que me había hecho en muchos momentos de nuestra vida, sobre todo en los últimos años, y en la que siempre había tenido éxito. Sin embargo, el 2 de septiembre del año 2003 me fue imposible esconder las lágrimas detrás del abanico que sostenía en la mano.

La última semana había supuesto una gran tensión emocional. Primero nos despedimos en Menorca, luego en Quintanilla de Onésimo... Estábamos viviendo los últimos actos de una serie de escenas que se habían repetido durante los últimos años. En realidad suponía terminar en buena parte lo que había sido un camino que emprendimos a los veinticinco años.

Un día de noviembre de 1977, viviendo en Logroño, Jose decidió acercarse a la sede de la antigua Alianza Popular (AP) y se ofreció para ayudar en las elecciones que iban a celebrarse; desde entonces, yo le he acompañado en un recorrido que hemos hecho juntos.

Ese partido al que se acercó aquel día, en cuya transformación Jose fue decisivo, el mismo partido que se había convertido en una institución que es punto de referencia de la sociedad española, que había confiado en él, que le había llevado a la Presidencia del Gobierno, que le había rodeado de afecto durante tantos años... se despedía de nosotros y, tras ese acto, íbamos, en parte, a pasar la página de muchos años de nuestra vida para abrir otra nueva.

Durante el tiempo que ha durado este viaje hemos sido muy felices. En ese momento de la despedida no sabíamos cómo iba a ser el siguiente. Siempre he pensado que la felicidad es más una actitud ante la vida y un estado interior que otra cosa, pero las ilusiones influyen, e influyen mucho. Y la ilusión durante esos años había sido grande.

Aquel 2 de septiembre ante la Junta Nacional del PP nos acompañó Alonso; era el único de mis hijos que estaba en Madrid y, dada la trascendencia del momento, quiso acompañar a su padre, mucho más sabiendo que sus hermanos no podían estar.

Durante el mes de agosto en Menorca, a pesar de tener su decisión tomada tanto en el fondo como en la forma, Jose estuvo ciertamente melancólico. El cansancio del año pasaba su factura. Pero además, y sobre todo, había un punto delicado en el proceso: Jose tenía que tomar una decisión, y tan difícil era proponer a uno como dejar de proponer a otros.

Cuando llegamos a Madrid, todo el mundo en La Moncloa quería saber si nos íbamos a mover durante el fin de semana. Yo sabía que lo más probable era que fuéramos a Quintos de Mora el sábado, 30 de agosto, con Mariano Rajoy y Elvira Fernández Balboa, pero no podía decirlo. Así que les dije a todos que quizá saldríamos el sábado y parece que con esa explicación se quedaron satisfechos porque dejaron de preguntar.

El viernes, tras el consejo de ministros, ya todo el mundo conocía la convocatoria del Comité Ejecutivo con el orden del día: Mariano Rajoy apareció como portavoz. Hubo gente que pensó que ya sabía algo, aunque en realidad no era así. Ahora bien, es cierto que Mariano estaba especialmente risueño aquel día.

A partir de ese momento, los móviles no dejaron de sonar. A mí me llamaban para sonsacarme alguna pista, pero yo no estaba dispuesta a dejarme persuadir. Era necesario guardar silencio.

Ese día, Jose comió con Javier Arenas y le pidió que dejara la secretaría general: Javier no sólo no puso ni un solo impedimento, sino que su reacción fue la contraria, razón por la que, tras la comida, Jose estaba verdaderamente agradecido.

A Javier Arenas le podría aplicar muchos adjetivos, todos buenos —los malos no se los pondría yo—, pero, ante todo, Javier es una buena persona. Es una cualidad que no ha perdido a pesar de los años, al igual que su gran capacidad para relacionarse y comunicarse con los demás. Jose le quiere mucho y probablemente se comunica mejor con él que con otras personas más parecidas a él. Javier para mí es ese amigo que sabes que, si le necesitas, siempre va a estar ahí; sentimiento que, por otra parte, creo que tienen otras muchas personas sobre él.

Después del almuerzo Jose habló por teléfono con muchas personas y se reunió con otras tantas para pedirles su opinión. Nunca olvidará la reacción de cada uno de ellos porque todos le dieron las gracias por preguntarle su opinión: unos se la expresaron verbalmente y otros, sencillamente, le dieron por adelantado su voto de confianza.

Si hay algo digno de agradecimiento, es, sin duda, esa confianza en una persona que lleva inherente el respeto y la plena convicción de que, en su decisión, sólo habría pesado lo que hubiera considerado conveniente para el partido y para nuestro país, independientemente de cualquier otro tipo de consideración o sentimiento personal.

La última persona con la que habló fue Mariano Rajoy. Todos los que vinieron a La Moncloa durante ese día entraron por la puerta de atrás, de manera que nadie supo en ningún momento quién entraba o quién salía del palacio.

Esa noche del viernes, cuando Jose subió a casa, fue de las pocas veces que le he visto realmente cansado, sobre todo psíquicamente. Si hay algo que de verdad cansa es la tensión emocional, y más aún si ha sido contenida.

Inevitablemente, hicimos un repaso de lo que había sido nuestra vida en los últimos años. Quise hacerle ver todo lo positivo de lo que estaba haciendo, pensé que nos debíamos sentir muy afortunados. Estaba especialmente orgullosa de él esa noche; sabía que nos esperaban meses difíciles, pero también que no era el momento de hablar de ello, sino de fijarnos en lo positivo, en todo lo que habíamos recibido. Había mucho más de bueno que de malo.

La experiencia había sido única, la gestión de todos los años pasados era satisfactoria —con sus luces y sus sombras, como cualquier obra—, pero lo cierto es que nuestro país es mejor hoy que hace ocho años. Eso es lo más importante, y el cariño y el afecto que hemos recibido durante tantos años es el equipaje que nos llevamos para el resto de nuestra vida.

Al día siguiente, el sábado 30 de agosto, Jose comió con Rodrigo Rato, Jaime Mayor, Javier Arenas y Mariano Rajoy. Aquel almuerzo debió de ser emocionante para todos ellos; después de tantos años juntos, mi marido les comunicó a quién iba a proponer como candidato del PP a la Presidencia del Gobierno y todos mostraron un comportamiento ejemplar. Sabían que estaban haciendo historia y los lazos de afecto y de respeto que existen entre ellos fueron fundamentales en el resultado final.

Por la tarde nos fuimos a Quintos de Mora con Mariano y Viri, que es mujer inteligente y trabajadora; allí charlamos, echamos la vista atrás y miramos hacia el futuro.

Podía imaginarme la ilusión que tendrían en ese momento, es algo que se trasluce en las personas. Es de esos sentimientos maravillosos que se experimentan en primera persona, pero también cuando se ven reflejados en el de al lado. Más aún si se trata de personas por las que sientes un verdadero afecto y con las que compartes vivencias y convicciones.

Durante los días posteriores recibimos infinidad de llamadas de muchas personas que querían manifestarnos su admiración por la generosidad de Jose y por el comportamiento del partido.

Por fin, el lunes 1 de septiembre Jose anunció ante el Comité Ejecutivo del PP que proponía a Mariano Rajoy y que nunca volvería a presidir dicho comité. Fueron muchos los que intervinieron y, aunque yo no estuve allí, sé de la emoción que se vivió en la sala.

Salieron con la sensación de pertenecer a un partido que merece la pena. Con un sentido de pertenencia a algo que, con todos los defectos de cualquier organización, había sabido sobrevolar en ese momento por encima de las pequeñas mezquindades de la condición humana.

Pero ese día aún reservaba otro momento especialmente emotivo. Por la noche cenamos en casa con Rodrigo Rato y... ¿Qué podía yo decir entonces? Me acordé de muchas cosas: de algunas cenas como ésa entre los tres pero veinte años atrás, de cuando siempre les tomaba el pelo diciéndoles que se pasaban el día en Génova 13 y que no se enteraban nunca de nada —aunque luego Rodrigo, a lo largo de los años, me recordaba que ya sí se enteraban—, de los éxitos alcanzados...

Jose y Rodrigo también recordarán siempre esa cena. Hablaron como dos amigos de verdad, algo que es casi un milagro después de todo lo vivido. ¡Con lo difícil que es mantener las relaciones personales en ciertas situaciones!

Siempre he admirado a Rodrigo, pero durante esos días posteriores al nombramiento de Mariano Rajoy, mi admiración aumentó al ver su comportamiento. Nunca le agradeceré lo bastante esa frase con la que terminó su intervención en la Junta Directiva Nacional: «Para mí ha sido un honor trabajar contigo como presidente, pero aún lo es más tenerte como amigo, Jose».

El 2 de septiembre, al acabar la Junta Directiva Nacional, hablé por teléfono con mis dos hijos mayores y con Alejandro. Todos habían sentido muchísimo no haber podido estar y me confesaron haber echado sus lagrimitas al ver esos momentos tan emotivos en los medios de comunicación.

Y más lágrimas salieron de Ana cuando le conté los detalles de cada momento. Cuando aún vivía en casa, a las dos nos gustaba de vez en cuando pasar la tarde de un domingo de invierno envueltas en sendas mantas y viendo una película de las que te hacen llorar, así que le propuse el mismo plan, pero esta vez con la cinta del Comité Ejecutivo y de la Junta Directiva Nacional.

La noche del 2 de septiembre vinieron a cenar a casa Jaime Mayor Oreja y su mujer, Isabel Bastida. Jaime ha sido, y es, clave en la política seguida durante muchos años en el País Vasco. Quiere a su tierra por encima de todo y se ha sacrificado por ella, por el partido y por nuestro país, y su familia, y de manera especial su mujer, también lo han hecho. Isabel es una mujer fuerte, íntegra y amante de los suyos por encima de todo.

Hablamos sobre su futuro y sobre el nuestro. No sé cuál será éste para ninguno. El futuro siempre es impredecible, pero lo que es indiscutible es que a Jaime Mayor, por su pasado, le debemos un agradecimiento.

Para finalizar lo que sentí a lo largo de esos días, tengo que recordar el acto de presentación de Esperanza Aguirre como candidata a la Comunidad de Madrid. Sabía que me iba a costar ver a Jose en otro papel distinto al que había sido el suyo durante los últimos catorce años, pero quería ver a Esperanza porque es mi amiga y, además, era bueno ver la nueva situación.

Así que fui y me alegré mucho de haberlo hecho. Vi a Jose de telonero y a Mariano Rajoy como nuevo líder de un partido en el que milito desde hace varios años, y aunque reconozco que tuve que contener una cierta melancolía, también es cierto que deseé a Mariano todo el éxito. Mi confianza en él me hacía presentir que los próximos años traerían, con él a la cabeza, la continuación de un camino de progreso.

Aquel día di mentalmente por cerrada la llamada «sucesión», denominación equivocada porque lo que se había producido era un relevo en el liderazgo del PP en la persona propuesta por mi marido y refrendada por el Partido Popular.

Al regresar a La Moncloa, una nueva puesta de sol volvió a fascinarme. El jardín de la que aún era nuestra casa nunca estuvo tan bonito como ese mes de septiembre. Había sido el verano más cálido de los últimos ocho años y pudimos disfrutarlo todos los días de ese mes.

La luz de septiembre es de las más bonitas del año; además, las puestas de sol de La Moncloa son especiales: el sol se pone por detrás de la sierra y, por si fuera poco, durante este septiembre al que me refiero, todos los atardeceres fueron de un rojo intenso que hacía que el resplandor se mantuviese incluso después de esconderse el sol.

Durante esos días, aproveché alguna tarde para ir a la que iba a ser nuestra nueva casa y en ella empecé a encariñarme también con los atardeceres que se ven desde allí. No se pone el sol detrás de la sierra, pero sí detrás de un pequeño bosque. El mismo resplandor rojo detrás de los árboles.

Empecé a pensar que me gustaba más el reflejo rojo de detrás del bosque que el de detrás de la sierra y me imaginé cómo estarían el próximo mes de septiembre las plantas de lavanda que quiero plantar en la parte delantera de mi casa y las adelfas blancas que plantaré detrás.

EPÍLOGO

CAPÍTULO CERO 11-M

Cuando el teléfono negro del Ministerio del Interior que está en la habitación suena entre las siete y media y las ocho de la mañana nunca ha fallado: ETA. El atentado de mi marido fue a esa misma hora. El sonido del teléfono a esa hora lo tengo asociado al terror y a ETA. Así empezó la mañana del 11 de marzo. A partir de entonces, todos los españoles —y yo particularmente— hemos vivido horas muy amargas, imposibles de olvidar.

Escribo una semana después de la masacre, hoy 18 de marzo de 2004, y aún no me he atrevido a vestir con colores que no sean el negro. Yo creo que la gente todavía no se aventura a sonreír por la calle. Madrid sigue en silencio. Esta ciudad viva, desbordante, acostumbrada a las multitudes, a los ruidos y a la prisa se ha quedado muda y dolorida. Ninguno de nosotros se ha despertado aún de la pesadilla. Según escribo me comunican que ha fallecido una persona más. Ya son 202 los muertos.

El terrorismo es la guerra sin rostro del siglo XXI. Llevamos treinta años sufriendo a ETA; ahora hay más grupos dispuestos a hacernos daño, a hacer que nos sintamos inseguros, a desconfiar. Es terrible que unos pocos nos hagan desconfiados. Desde luego, voy a luchar con todas mis fuerzas para que no me cambien la vida. Yo creo en la gente, en las personas una a una: si algún día dejara de creer en el ser humano, creo que no tendría sentido ni mi propia vida.

Desde hace un año he estado escribiendo este libro. No tenía más pretensiones que plasmar en unas páginas las vivencias de mi paso por el palacio de La Moncloa y todo lo que ello ha significado en mi vida. Ya está escrito que entré con cuarenta y tres años y tres hijos pequeños y salgo con cincuenta y uno, una hija casada que reside en Londres, el hijo mayor viviendo en Estados Unidos y el pequeño, Alonso, que ya no es tan pequeño. Un mundo.

Pero lo que era un relato de experiencias y algunas curiosidades ahora no tiene sentido si no soy capaz de hacer una reflexión sobre la masacre de Madrid. Son éstas unas páginas escritas con urgencia pues el libro ya está impreso: anteayer tenían previsto empezar su distribución. Tengo que agradecer a Plaza & Janés la sensibilidad de paralizar todo el proyecto. ¿Qué sentido tendría *Mis ocho años en La Moncloa* sin contar estas horas amargas?

Uno de los capítulos que más me costó escribir es el que lleva por título «Los peores momentos». La memoria rechaza los malos momentos de la vida. Pero este caminar se va llenando con brotes de alegrías y golpes de tristezas. Nunca pude imaginar que me tocara vivir experiencias tan trascendentales en nuestras vidas como el asesinato de Miguel Ángel Blanco y la matanza de Madrid del 11-M.

Quiero decir que lo que más me importa de todo esto es la muerte de esas 202 personas —pido a Dios que no aumente el número—; sus familias, sus vidas rotas. A ello se ha unido un intento político de vilipendiar la honorabilidad del Gobierno y de mi marido. Esas cosas también duelen, pero no pueden compararse. El tiempo demostrará que el Gobierno no mintió ni manipuló información. Eso queda para las crónicas políticas. Pero la muerte, las horas amargas que viví con los familiares en los hospitales, el recuerdo del depósito de cadáveres en el Pabellón 6 del IFEMA, la ciudad enmudecida por el dolor, el país en carne viva, los cientos de niños asustados que han necesitado ayuda de los psicólogos... Esto es lo que me importa.

11-M: HORA CERO

El silencio. Cuando estoy tensa por dentro necesito silencio. Otros ponen música a todo volumen, se rodean de gente. Yo necesito silencio absoluto. Me molesta hasta el golpeteo de una persiana o el chirrido de las bisagras de una puerta. Silencio. Y es silencio el «sonido» que se me ha quedado de estos días. Silencio en las salas de espera de los hospitales, esa calma tensa que fue haciéndose más inquietante y más angustiada según pasaban las horas. Silencio en el depósito de cadáveres. Silencio en los despachos, en las reuniones para coordinar toda la actividad, en las conversaciones... Porque, en esta ocasión, he tenido que compaginar mi vida privada con mi actividad pública como concejala de Servicios Sociales del ayuntamiento de Madrid. De hecho, cuando mi hijo José María llegó de Nueva York y entró en la habitación comentando lo del atentado, yo ya estaba pensando qué hacer. No sabía bien hacia dónde salir ni sabía bien para qué. Pero era la concejala encargada de tramitar ayudas sociales en caso de tragedias y tenía que ir, tenía que ir... Adónde... A Atocha... Adónde...

Mi marido me advirtió que tuviera cuidado, que los terroristas podrían haber dejado bombas trampa. Por entonces y durante muchas horas, todos pensamos que el atentado era obra de ETA, es así como actúan.

Era imposible pensar en otra autoría. Llevamos treinta años sufriendo sus asesinatos. Cuando nos informaron del atentado en Atocha nos acordamos de sus dos últimos intentos de provocar una masacre en Madrid. El 24 de diciembre de 2003 las Fuerzas de la Seguridad del Estado impidieron que explotara en la estación de Chamartín una mochila de las mismas características que las que estallaron el 11-M. Pocas semanas antes habían interceptado una camioneta en Cuenca con 500 kilos de explosivos, que hubieran tenido capacidad para volar las dos torres Kio; en 2002 también se interceptó un coche cargado de explosivos antes de Navidad.

En aquel momento ya me planteé la tragedia que hubiera sido que en la víspera de Nochebuena saltaran cientos de personas por los aires. Nos habíamos librado de una hecatombe, pero nunca pude imaginar que iba a llegar a los tres meses.

Pensé: «Lo que no han podido hacer en Navidades, lo han hecho ahora».

Cuando llegué a Atocha ya estaba todo cortado. El vicepresidente del Gobierno, Rodrigo Rato, la presidenta de la Comunidad de Madrid, Esperanza Aguirre, y el alcalde de Madrid, Alberto Ruiz-Gallardón, ya estaban allí. No pasé al interior de la estación: todos me dijeron que el horror era indescriptible. Desde donde estábamos no se veía nada especial, aparte de ambulancias y bomberos.

La primera teoría, después confirmada, era que los terroristas quisieron provocar la destrucción de toda la estación de Atocha. Se trataba de hacer coincidir la explosión de los artefactos colocados en dos trenes distintos cuando estuvieran en los andenes de Atocha. Eso podría haber causado daños estructurales irreparables en la estación, y, posiblemente, su hundimiento cuando estaba atestada de miles de personas a esas horas de la mañana. Miles de ciudadanos que cogen los trenes o el metro.

Pero el segundo tren llevaba dos minutos de retraso. Por eso estalló en la calle Téllez. Si hubieran coincidido, la masacre hubiera sido aún mayor.

Tal y como me había dicho mi marido, el riesgo de que hubiera una bomba trampa se hizo realidad. Nos echaron: «¡Todo el mundo fuera de aquí! ¡Todo el mundo fuera de aquí!», empezaron a gritar cuando descubrieron que había un coche sospechoso. Nos echaron muy deprisa.

Me fui con Rodrigo Rato al polideportivo Daoíz y Velarde, donde el SAMUR había instalado un hospital de campaña. Desgraciadamente, lo que había dentro ya sólo eran cadáveres. Los heridos habían sido trasladados a los hospitales. Por increíble que ahora pueda parecer, los mil heridos que hubo aquella mañana en los tres lugares donde estallaron las trece bombas fueron evacuados a los hospitales en dos horas. Ambulancias, autobuses, taxis, coches particulares se dedicaron a trabajar sin descanso y a destajo. Hasta los bancos de hierro de las estaciones sirvieron de camillas para trasladar a los heridos. Los terroristas provocaron el caos pero la ciudad se organizó de manera ejemplar, con cientos de ciudadanos que lo dejaron todo para ayudar.

Eso me ha impresionado. Ese modo de echar una mano a quien no conoces y a quien seguramente nunca vas a ver más porque es imposible volverse a cruzar con él en esta ciudad. Ese arranque espontáneo de la gente que cubrió las necesidades de sangre en hora y media, con colas interminables; ese civismo que evitó el caos de tráfico porque a la primera indicación de que no fueran en coche por Atocha desaparecieron los vehículos en una ciudad en la que es imposible ese milagro; esa solidaridad de todos; esa angustia compartida por toda España y, seguramente, por todo el mundo.

Decidí ir a visitar a las víctimas. Aún no podía imaginar ni la dimensión de la tragedia ni ninguno de los acontecimientos posteriores que íbamos a vivir. En ese momento quería organizar la ayuda, cada uno desde su responsabilidad, para tratar de solucionar los problemas de las víctimas y de sus familias.

Una de las pocas cosas personales que hice a esas horas fue llamar a Ana, mi hija, que estaba también en Madrid esperando el día de las elecciones. Tenía previsto coger un avión y le pedí que no lo tomara, que se quedara en casa. Ella ya había tomado la misma decisión. Por su parte, Alonso estaba en el colegio, llamé para confirmar que todo seguía con la rutina de costumbre y no creí conveniente hacer que viniera para casa.

Me fui al hospital Gregorio Marañón. En el salón de actos

improvisaron un lugar para que las familias esperaran y donde les fueran comunicando el estado de los heridos. Lo primero que pude admirar fue cómo se volcaron los médicos, enfermeras, sanitarios, celadores... Los turnos de noche, que acaban a las ocho, se quedaron trabajando y se unieron a los que llegaban. Algunos han estado treinta y seis horas sin dormir. Las ambulancias llegaban con heridos y el personal sanitario funcionaba como una máquina perfectamente coordinada entre camillas, bolsas de suero y prisas.

Los enfermos de los hospitales también se comportaron con todo el civismo que quepa imaginar. A muchos se les dio de alta cuando, en otras circunstancias, tendrían que haber permanecido en sus habitaciones. Se suspendieron operaciones quirúrgicas, se desalojaron plantas de rehabilitación para acomodar a más heridos... Nadie protestó. Aquellos enfermos a quienes se da de alta suelen salir del hospital en ambulancia: nadie la pidió.

En el salón de actos ya vi cómo la gente acudía a donar sangre. Y empecé a ver los primeros casos traumáticos. Los familiares acudían al salón de actos sin saber cómo estaba su hijo, su madre, su padre... Mayoritariamente era gente joven. Había muchas mujeres preguntando por sus maridos, padres preguntando por sus hijos. Hablé con muchas personas, entre ellas con la esposa de un conductor de Moncloa. Estuvo serenísima aunque había llamado a Moncloa y su marido no había llegado. Me contó que le llamaba al teléfono móvil y él no lo cogía, alguien lo conectaba y sólo oía el ruido de sirenas que había alrededor. Durante el día le seguí la pista: consiguió saber dónde estaba su marido a las siete y media de la tarde.

En esas primeras horas, el ambiente entre los familiares en las salas de espera de los hospitales era de temor, pero con cierta calma porque había más esperanzas de encontrarlos en buen estado que de recibir la peor de las noticias. A lo largo del día, con la incertidumbre, la tensión fue en aumento.

11-M: MEDIODÍA

En el traslado desde Atocha al hospital me llamó mi marido para preguntarme si estaba bien. Fue una conversación breve. Se le notaba el sufrimiento. En ese momento, las autoridades policiales y los Servicios de Seguridad estaban convencidos de que ETA era la autora de la masacre. Rodrigo me dejó en el segundo hospital porque le habían convocado para el gabinete de crisis.

El Ministerio del Interior coordinó la seguridad; la Comunidad de Madrid, los hospitales, y el ayuntamiento los Servicios de Emergencia. Creo que todos los españoles recordaremos la excepcional eficacia de los distintos servicios. Desde la Concejalía de Servicios Sociales lo que hice fue poner en disposición a todos los trabajadores sociales, a los que se repartió por los distintos hospitales para atender a las familias que esperaban información de los suyos.

Me acuerdo de que los médicos del Gregorio Marañón me decían: «No sabemos exactamente lo que ha pasado porque no hemos visto ni una sola imagen ni hemos oído nada». La gente se puso a trabajar, no a ver la tele. Nadie pensaba más que en trabajar, y no me exraña, porque yo no pensaba en otra cosa en ese momento.

La Asociación de Hosteleros se ofreció para poner a disposición del ayuntamiento todas las plazas de hotel, sin límite; también las empresas de catering para enviar comida o bebida sin límite. La sociedad estaba movilizada para ayudar sin límite.

Desde el Gregorio Marañón nos fuimos al Doce de Octubre. Aún no era el momento de ir a ver a las víctimas: estuve con las familias en el salón de actos. Estuve con una mujer rumana que contaba que su marido cogía todos los días ese tren y que estaba segura de que ese día también lo había hecho. No había podido hablar con él. También una familia de peruanos…

En esta visita a los hospitales estuve con una gente ejemplar. A pesar de la desgracia con la que estaban conviviendo, todas las familias me dieron ánimo, me pidieron que trasladara a mi marido que tenían su apoyo, que le dijera que sabían que nadie había luchado como él contra el terrorismo. Palabras de cariño y agradecimiento en unos momentos trágicos para todos.

Eran las doce del mediodía y aún la gente tenía esperanza de que sus familiares estuvieran indemnes.

En ese momento no pensaba en nada más.

No recuerdo olores ni imágenes especiales.

Recuerdo su angustia. Toda España estaba conmovida a esa hora.

Del Doce de Octubre salí hacia el ayuntamiento porque el alcalde había convocado una Junta de Gobierno urgente. Empecé a coordinarme con Pedro Calvo, concejal de Seguridad, encargado de las actuaciones de los Servicios de Emergencias. Ya se había tomado la decisión de que el depósito de cadáveres se instalaría en el IFEMA, para atención a los familiares y reconocimiento de los cadáveres por parte de la Policía Científica.

Todas las administraciones estaban coordinadas y eso era importante. Decidimos que por la tarde iríamos a visitar a las víctimas en los hospitales Gregorio Marañón, Doce de Octubre y Clínico. El objetivo de las administraciones era que las familias se sintieran apoyadas, que notaran que iban a tener ayuda. Todo el mundo se volcó. Era la primera vez que se ponía en marcha el Plan de Seguridad previsto para catástrofes y hubo una buena coordinación entre las distintas administraciones. Se actuó con rapidez.

Comí en casa con Ana, su marido Alejandro y con mi hijo José María. No se hablaba de nada. Todo era desolación. Mis hijos no se separaron ni un momento de su padre hasta el lunes que se marcharon. Iban de la vivienda al despacho, de enterarse de la marcha de la investigación a expresar apoyo a su padre.

En ese momento todo el mundo pensaba que había sido ETA. Todos los atentados que hemos sufrido a lo largo de los años han seguido el mismo proceso, siempre a las ocho de la mañana, ocho menos cuarto, ocho menos diez. Es el sonido ese del teléfono negro del Ministerio del Interior cuando llama a esa hora de la mañana. Nunca ha fallado: es ETA. El mismo atentado de mi marido fue a esa hora. A esa hora, el sonido del teléfono lo tengo asociado al terror y a ETA.

11-M: LA TARDE

Por la tarde volvimos a ver a las familias; en ese momento ya hay mayor nerviosismo. A las cuatro y media de la tarde o las cinco no haber recibido noticias es una mala noticia... No podemos olvidar que ese día todo el mundo se puso en contacto con su familia para decir que estaba bien. No importaba si era cliente habitual de los trenes de cercanías, del metro, o vivía en las afueras de Madrid. Todo el mundo llamó a todo el mundo a primera hora de la mañana. De hecho, Telefónica tuvo problemas y pidió que se utilizara el teléfono sólo para lo imprescindible. Todos querían saber de los suyos. Por esa razón, si a las cinco de la tarde las familias no tenían noticias de alguno, empezaban a estar angustiadas. Era lógico pensar que si un familiar o amigo se encontraba bien ya les tenían que haber llamado.

Por otro lado, las noticias de gente que conoces empiezan a aflorar. Ya empezamos a ver gente cercana del ayuntamiento que sabían que les había pasado algo. Gente de la Concejalía... Amigos... Gente de tu alrededor que tenía a alguien entre las víctimas.

Llegamos al IFEMA. Primero entramos en el Pabellón 6, donde estaban los cadáveres. Es una visión sobrecogedora. La nave tiene diez mil metros cuadrados de superficie y supongo que veinte metros de altura. Es un espacio infinito cuando está vacío. Ni siquiera hay eco. Pero entonces no estaba vacío, sino que en él había más de ciento cincuenta cadáveres, ataúdes y forenses reconociendo los cuerpos para entregárselos al personal de la funeraria.

Hacía frío.

En una pared había bolsas con las pertenencias de la gente... Cuando pasamos al lado de una de ellas, sonó un móvil. Yo me paré en seco y me lancé a cogerlo, pero me advirtieron que no se podía tocar. Esas bolsas sólo las podía abrir el juez.

Me acordaba de las familias llamando a los móviles.

Días más tarde, cuando he pensado en ese hecho terrible, angustioso, me ha asaltado una duda que no tiene respuesta: y si llego a coger ese teléfono, ¿qué hubiera dicho?

El pabellón es de cemento gris. No tiene decoración alguna. Esa sobriedad le daba más tristeza aún a la tragedia. Por una parte estaban las filas de cadáveres en bolsas, por otro lado las cajas y, al fondo, la policía científica y los forenses. Las bolsas de los cadáveres eran blancas, negras o naranjas, dependiendo de la estación de la que provinieran los cadáveres. Por otro lado, se había cerrado con biombos y cortinas una parte donde se iban llevando los cadáveres que habían sido reconocidos. Muchos estaban destrozados.

Cuando se llamaba a las familias al Pabellón 8, los cuerpos se metían en cajas y las familias los identificaban en esa zona cerrada, para que no tuvieran acceso al lugar en donde estaban el resto de los cuerpos. Si los bomberos, los sanitarios y los psicólogos estaban haciendo bien su trabajo, no puedo decir menos del personal de la funeraria que recibía a las familias con especial delicadeza, les mostraban sólo el rostro de su ser querido para evitarles más sufrimiento y cerraban los trámites del traslado del féretro con la mayor celeridad.

El juez y la Administración sanitaria también evitaron gestiones que son habituales pero que sobraban en este caso. Se dispuso que los cadáveres pudieran salir de allí inmediatamente, sin que se les hiciera una autopsia para conocer la causa de la muerte: el juez decidió que la causa de la muerte había sido, evidentemente, el atentado. El dolor se impuso sobre la burocracia. Quizá era lo único que se podía hacer desde la Administración para unas familias desoladas.

Estuve hablando con los trabajadores sociales. Cada vez que entraba alguien en el IFEMA tenía a un trabajador social con él.

Desolación.

La gente trabajó muy bien. Estuvieron toda la noche. Se volcó todo el mundo, pero los afectados tenían una última desazón incurable porque el mayor de los consuelos que pudieron ofrecer no era ni una mínima parte de lo que necesitaban esos familiares que preguntaban por qué los terroristas habían irrumpido así en sus vidas.

Salimos hacia el Pabellón 8, adonde iban llegando las familias más desesperanzadas. Llegaban después de haber recorrido los hospitales, de haber revisado las listas de heridos y de no localizar a los suyos. Iban allí a esperar la peor noticia. Muchos de ellos estarían horas y horas. Algunos cadáveres ni siquiera se pudieron identificar.

Los psicólogos y los sacerdotes prestaban su ayuda; jóvenes voluntarios repartían refrescos, café y bocadillos. Mucha gente sollozaba. Los miembros del SAMUR eran los encargados de llamar a las personas que tenían a un familiar en el Pabellón 6 y que ya había sido reconocido.

Se derrumbaban.

Fueron muchos los ciudadanos que se acercaron para ayudar a lo que fuera. Profesionales que nada tenían que ver con la medicina y que creyeron oportuno ponerse a disposición para lo que hiciera falta. Fueron anónimamente y ayudaron desde el anonimato. Fue una solidaridad entrañable.

Después de estar con algunos familiares nos trasladaron a una sala para darnos cuenta exacta de cómo se había organizado el operativo. Allí nos comunicaron la noticia de que el ministro del

Interior, Ángel Acebes, que realizó durante todos esos días y los venideros un trabajo excepcional, había explicado en rueda de prensa que la Policía había encontrado una cinta con versículos del Corán en una furgoneta aparcada en Alcalá de Henares. Nadie cambió las sospechas sobre la autoría de los atentados.

Ocho y media de la noche.

11-M: LA NOCHE

La noche que pasamos fue horrorosa. Creo que muchos españoles tuvieron esa misma desazón. Mi marido estuvo reunido con sus colaboradores hasta bien entrada la madrugada. Mis hijos y yo estuvimos también con ellos. Cenamos y estuvimos a la espera de que hubiera nuevas noticias del Ministerio del Interior.

Vi las imágenes por televisión. En ese momento no se me ocurría pensar en nada más que en ETA como responsable del atentado, a pesar de esa cinta con versículos del Corán.

Salta la noticia de una extraña reivindicación del atentado a un periódico de Londres vía e-mail. Parece que lo reivindica el mismo grupo que en verano se atribuyó el apagón de Estados Unidos. Los Servicios de Seguridad restan credibilidad a la reivindicación pero, no obstante, se abre otra línea de investigación. Las horas pasan sin más noticias.

En ese espacio de tiempo hablé muchas veces con los trabajadores sociales que estaban en el IFEMA. Los familiares iban reconociendo cadáveres. El trabajo de los ochenta forenses era increíblemente rápido porque, en algunos casos, su labor resultaba verdaderamente difícil.

12-M: LA MAÑANA

El viernes volví de nuevo al IFEMA directamente desde casa. Comprobamos que, dentro del horror, las cosas estaban funcionando. Organizamos el operativo para sacar de allí los cuerpos que habían quedado completamente irreconocibles y que tenían que ser reconocidos por el ADN. Como no cabían en el Anatómico Forense, se trasladaron al tanatorio de La Almudena. A los familiares se los distribuyó en los hoteles que se habían ofrecido, y se instaló una carpa en La Almudena porque la gente no quería esperar en un hotel; no quería separarse de sus familiares muertos.

Amaneció con lluvia: «Llora sobre Madrid», escuché en la radio. Era un día triste. Nadie pitaba en los semáforos... Estaba encapotado, gris, no hubo un momento en que saliera un rayito de sol...

Fui a la rueda de prensa de Jose porque me lo pidió. Me llamaba de vez en cuando para ver cómo me encontraba. Él estaba con un profundo pesar, procurando mantener la calma y diciendo lo que siempre ha dicho: que el terrorismo es la guerra de este siglo y que lo de ahora superaba cualquier posibilidad de imaginar algo semejante.

En ese momento todavía se pensaba que el atentado era obra de ETA. Que la masacre llevaba el cuño de ETA. La información oficial insistía en señalar esa autoría, aunque ya se había abierto la segunda línea de investigación. Mayoritariamente se pensaba en ETA por la hora, porque ya lo habían intentado más veces, porque habían utilizado una furgoneta... En lógica se pensaba que era ETA, aunque existiera la cinta con los versos en árabe.

A las seis de la tarde se informó de que se había encontrado una mochila que no había explotado, con explosivo y un teléfono móvil con una tarjeta prepago. Se empieza a investigar esa pista.

He rezado muchas veces; he llorado muchas veces; he dormido muy poco.

12-M: LA MANIFESTACIÓN

En la rueda de prensa del día anterior, mi marido convocó a una manifestación en todas las ciudades de España «Con las víctimas, con la Constitución, por la derrota del terrorismo». Cabía suponer que la afluencia de gente sería masiva, pero creo que nadie imaginaba que fueran tantos millones de personas los que se juntaran en toda España. Hubo ciudades en las que salió toda la población.

Una vez más quedó probada la respuesta de los españoles a los terroristas. Somos una gran nación.

Pero para algunas personas, esa tarde ya estaba enturbiada. La investigación de la autoría del atentado empezaba a ser para ellas más importante que el atentado en sí. Y eso empezaba a notarse.

Cuando llegamos a la cabecera de la manifestación, inmediatamente me di cuenta de que aquello iba a ser un calvario. Hubo un grupo de gente que estuvo chillando todo el tiempo. Aunque no eran representativos de lo que estaba pasando en el resto de la aglomeración de millones de personas, nos gritaban; daban la impresión de estar organizados entre ellos.

Yo llevaba el móvil encendido por si me tenían que localizar desde el ayuntamiento. No me llamó nadie. Pero a mis hijos, que venían con nosotros, les empezaron a llamar los amigos desde otros puntos de la manifestación para decirles que todo era impresionante, que había mucha gente, que iban en silencio o gritando contra los terroristas... En cambio, lo que nosotros percibíamos en la cabecera de la manifestación era otra cosa completamente distinta: grupos organizados gritando constantemente contra la cabecera. Los mismos grupos que habían salido en las manifestaciones contra la guerra.

Nada más terminar la manifestación empecé a percibir que algunos querían convertir el acto masivo en otra cosa: habían convertido la información recibida al minuto en ocultación de datos y la investigación realizada concienzudamente en manipulación.

El sábado comenzaría otro tipo de tormento.

13-M: FURIA ORGANIZADA

El sábado acompañé al alcalde al SAMUR para felicitar al servicio por el inmenso trabajo que había realizado. Aquella mañana, la autoría de la masacre por parte de Al-Qaida era aún un rumor y empezaba a correr la noticia de que el Gobierno estaba ocultando información.

Comenzó a hacerse una bola de nieve que, al final, resultó imparable.

Ese día comimos en La Moncloa Mariano Rajoy, Elvira, su mujer, Rodrigo Rato, mis hijos y nosotros. Desde hace muchos años, la tradición era ir a comer el día de reflexión a la casa que Rodrigo tiene fuera de Madrid, pero ese día no podíamos salir a ningún sitio. Era una comida familiar, distendida... En aquel momento no podíamos pensar que la utilización de la autoría del atentado iba a ser tan desproporcionada. No sólo el Gobierno había hablado de ETA como autora de la masacre, sino todos los medios de comunicación y todos los políticos. Aún hoy, cuando escribo estas líneas, la Policía no descarta una acción conjunta de ETA con otros grupos.

Durante la comida ya estaba claro que iba a haber una utilización política de la investigación. No había nuevos datos, y no los habría hasta mediada la tarde.

La noticia siguiente sobre la investigación del atentado apareció a eso de las siete y media, cuando nos comunicaron que alguien había llamado a Telemadrid para decir que había un vídeo en una papelera cerca de la M-30. Primero se tomaron las medidas de seguridad para ir a coger el vídeo en una situación como ésta. Parece ridículo tener que explicar que acercarse a una papelera o a un coche sospechoso es muy arriesgado. Y no sólo hay que tomar medidas para evitar muertos en caso de que se trate de una bomba trampa, sino que en el interior puede haber huellas, detalles imprescindibles para una investigación policial.

Cuando algunos políticos han analizado públicamente el trabajo que se hizo con la furgoneta en la que se encontró la cinta de los versos del Corán, se han atrevido a decir que se tardaron muchas horas en conocer su contenido. Es insensato tener que explicar que una furgoneta sospechosa no se abre como la puerta de tu casa y que todo lo que hay dentro de ella puede tener pistas más importantes que una cinta de casete. Que la policía trabaja rápido pero con todas las precauciones para no perder nada.

Lo mismo ocurrió con la papelera. Lo primero que se pensó era que se trataba de una trampa. Se tomaron las medidas oportunas y después se extrajo la cinta.

En este caso, en el mismo instante en que se tuvo la traducción, se decidió que compareciera el ministro del Interior para anunciar que Al-Qaida había reivindicado la masacre.

Pero antes de eso ya había manifestaciones frente a las sedes del Partido Popular acusando al Gobierno de mentir. Un político socialista compareció ante los medios de comunicación para decir que era mejor tener un Gobierno que dijera la verdad. Este Gobierno había estado diciendo la verdad desde el primer instante.

Con las manifestaciones en la calle ya teníamos la experiencia de marzo de 2003. A medida que iba pasando el tiempo iba creciendo la tensión hasta límites desproporcionados. Quemaron la sede del PP de La Coruña y algunos militantes sufrieron agresiones en otras ciudades de España. La tensión política empezaba a olvidar que España estaba de luto y que vivíamos en el día de reflexión previo a la jornada electoral.

Se iniciaban las horas más amargas de toda nuestra vida política. Ya cuando Rodrigo Rato se iba de la comida, a eso de las cinco, yo le decía que lo único que realmente importa eran las víctimas, que eso es lo que no se podía solucionar. Soy poco dada al lamento, pero todo lo que no fueran las víctimas me parecía secundario. Que lo que ha pasado políticamente es una pena, sí; pero no es lo más importante. Que al final de una labor de ocho años se acabe con esto, pues te pones a pensarlo y es horrible. Pero creo que es casi secundario.

No soy capaz de tener un sentimiento de odio hacia los demás. Es para mí un sentimiento que no existe. No soy capaz de sentir odio político.

El terrorismo es el principal enemigo que tiene la Humanidad en este siglo. No puedo entender que en el momento en que caían las Torres Gemelas, que quizá proporcionalmente a la población de Madrid y Nueva York estemos hablando de números similares, haya gente que no entienda que tenemos que hacer algo.

Cuando existe una solidaridad de todo el mundo y la seguridad de que es Irak donde el terrorismo tiene una de sus bases principales, y cuando se sabe que nosotros llevamos años luchando contra la amenaza terrorista, no puedo entender que haya gente que no quiera que estemos al lado de los que quieren luchar contra el terrorismo. Mientras en el mundo no haya una actitud de enfrentarse unitariamente contra el terrorismo éste no se va a acabar.

¿Qué más pueden pedir los terroristas que ser capaces de intervenir en las políticas de los países democráticos a través de atentados? Si lo aceptamos, estamos muertos. Si los terroristas piensan que son capaces de intervenir en las elecciones inglesas y que ese país va a tomar la decisión de no hacer nada contra ellos, servimos su influencia en bandeja de plata: ya tienen fecha para poner las bombas en todos los países democráticos y cambiar sus gobiernos y sus políticas.

14-M: EL VUELCO ELECTORAL

El domingo vamos a votar. El día está gris y la gente que me llama por teléfono me dice que los colegios electorales no se han convertido en la fiesta tradicional de la democracia, sino que todo el mundo está triste.

A la hora de votar me asalta la emoción y lloro. Me derrumbo, pero por lo contrario que pueden hacer pensar las imágenes de televisión. Me emociono porque había muchísima gente del partido y empezaron a gritar: «Ánimo, Aznar, ánimo; España está mucho mejor; estos ocho años han sido maravillosos... Aznar, por siempre serás nuestro presidente...». En ese momento me derrumbo. Pero no había nadie que gritara en contra. Si hubiera habido gente gritando en contra nunca me hubiera emocionado; nunca hubiera llorado si alguien se enfrentara a nosotros. Fue aquel aplauso cerrado desde el momento en que entramos hasta que salimos lo que me tocó el corazón. Las frases de ánimo son las que me emocionan.

Después, nunca recibí tantos mensajes ni tantas llamadas de ánimo.

Por la tarde ya tenía decidido seguir con la mudanza a mi nueva casa. Ganara quien ganara, después de Semana Santa tenía previsto estar viviendo fuera de La Moncloa. Había que deshacer cajas.

En los días electorales procuro tener siempre algo que hacer porque todo se convierte en una calma tensa. Los pasos de cada jornada electoral son iguales: a las dos llama no sé quién para decir que han salido las primeras israelitas; a las cuatro llama no sé quién para decir otra cosa; a las siete y media filtran los resultados de las televisiones... Una vez que se conoce esa rutina, y han sido muchas las jornadas electorales, siempre me he buscado una ocupación manual: ordenar papeles, un armario... Siempre he procurado hacerlo así.

Me fui a la casa nueva con tres de mis hermanas, Ana y algunas amigas. A pesar de que había un montón de cajas para ordenar, las terminamos todas. Los datos de las encuestas que se iban recibiendo en el PP no eran buenos. No tenía preocupación: en otras ocasiones, las encuestas previas también habían sido malas y los expertos pensaban que ese día le era muy difícil a la gente decir a los encuestadores que había votado al PP. Que nadie quería dar datos ciertos...

A las siete empezó a llegar un montón de gente a casa: amigos, hermanas, amigos de mis hijos... El recuento fue rapidísimo y a eso de las nueve y media ya nos dimos cuenta de que habíamos perdido las elecciones. Inmediatamente decidimos ir a la sede del PP en la calle Génova. Si la jornada electoral hubiera ido bien, no lo hubiéramos pensado. Tampoco fuimos a Génova en las elecciones autonómicas. Pero cuando vimos que aquello iba fatal, decidimos ir a la sede a dar un abrazo a Mariano y a Viri.

A la hora de llegar al PP pienso: «Ha ocurrido una desgracia, las cosas han salido así... A tirar para adelante». A esa hora tampoco creí que todo iba a ser tan terrible como se ha demostrado al final. Es decir, nunca imaginé el modo en que se ha pretendido destrozar a mi marido.

Elvira y yo estuvimos viendo juntas la televisión cuando salió Mariano a dar la rueda de prensa, acompañado de mi marido, de Rodrigo, Alberto y Esperanza. En Génova había una sensación de tristeza grande, de injusticia por cómo se estaba desarrollando el asunto y por cómo se había acosado a las sedes del PP. El comportamiento de algunos medios de comunicación había sido brutal.

Dentro de todo, hicimos la reflexión de que habíamos tenido nueve millones seiscientos mil votos, aunque nos habían sacado del mapa en Cataluña, en el País Vasco y en Andalucía. Afortunadamente, los resultados en el resto de España no habían quedado tan mal.

Creo que, por una parte, recibimos un ataque brutal de algunos pero, por otra, yo nunca he recibido tantas llamadas de gente diciendo que es una verdadera injusticia, así como ramos de flores y ánimos. Esos nueve millones seiscientos mil votantes son un sólido activo para el PP. No sé si puedo decir lo mismo del resto de votantes.

En el momento de volver a casa, más que nunca pensaba que la decisión que se tomó con respecto a Irak fue la acertada. Nadie está libre del terrorismo. Ni un solo país. A ver si se creen que los que no nos han apoyado están libres del terrorismo. El terrorismo es una guerra a la que no ves la cara. Unos fundamentalistas que van en contra de nuestra civilización y que matan por matar. No querer verlo así es un error. Yo no sé cuáles son los razonamientos de los terroristas: se mueven con unos esquemas mentales que no tienen que ver con los que actuamos el resto de los mortales. No se puede entrar en su lógica. Si lo haces, estás perdido.

Hay un hecho cierto: es una guerra de unos fundamentalistas y no se puede identificar con todo el mundo islámico, del mismo modo que no se puede identificar a todos los vascos con ETA. Entramos en zona de riesgo de brotes de racismo si no somos conscientes de que es imprescindible evitar la equiparación de las palabras islamismo y terrorismo.

Estoy segura de que o se plantea de forma unitaria la lucha contra el terrorismo, con todos los países del mundo a la vez, o será muy difícil acabar con él. Y estoy absolutamente segura de que no hay ni un país libre del terrorismo.

18-M: FIN DEL VIAJE

Si dejara de creer en el ser humano no sería yo. Creo en el ser humano por encima de todo. Probablemente la política saca lo mejor y lo peor de las personas en determinados momentos, pero no habrá nada que me obligue a abandonar mi creencia profunda en el ser humano.

Este libro, comenzado hace un año aproximadamente, fue entregado en el mes de febrero. Las últimas galeradas se corrigieron a comienzos de marzo, cuando no podía suponer que tendría que escribir un capítulo más. Y qué capítulo.

Escribí convencida de que Mariano Rajoy sería un buen presidente para España. Lo sigo pensando, pero las circunstancias han cambiado radicalmente. Y serán las cosas de la política las que cambien, no las personales. Sí me importa mucho preservar la honorabilidad de mi marido, que ha sufrido unos ataques fuera de lo común.

Por ello me permito utilizar en este fin del libro la información oficial que ha sido desclasificada ayer por el Gobierno y que relata fehacientemente cómo fueron discurriendo las investigaciones sobre el atentado. Es la mejor prueba de que el Gobierno nunca mintió.

Esta documentación estará en todos los periódicos, pero quiero que figure también aquí como testimonio. Es parte de los ocho años de mi vida en La Moncloa: a veces, la verdad es menos creíble que la manipulación del fanatismo.

INFORME OFICIAL DEL CENTRO NACIONAL DE INTELIGENCIA (CNI) SOBRE LA AUTORÍA DEL ATENTADO:

A continuación se exponen las primeras conclusiones sobre la autoría y las consecuencias de la cadena de atentados terroristas ocurridos en Madrid, a la espera de que la investigación policial extraiga datos concretos y concluyentes.

- *Se considera casi seguro que la organización terrorista ETA es la autora de estos atentados. Lo avalan las siguientes circunstancias:*
- *ETA tenía intención de hacerse presente en la campaña electoral por medio de la realización de atentados terroristas en Madrid para demostrar su capacidad operativa y por el impacto mediático y propagandístico que consiguen.*
- *A falta de resultados de los análisis periciales sobre la composición y características de los artefactos, el procedimiento es el que ETA ha empleado en buena parte de las acciones terroristas que ha realizado o intentado en los últimos años. En este sentido, hay que recordar la intención de hacer volar el tren Madrid-Irún las pasadas Navidades mediante maletas bomba, así como la confesión de los terroristas detenidos en la madrugada del 29.02.2004 —cuando trasladaban a Madrid una furgoneta bomba con 536 Kg de explosivo— quienes reconocieron que en las mismas fechas navideñas intentaron diseminar varias mochilas con explosivos en la estación de esquí de Baqueira-Beret.*
- *La magnitud del atentado, el más terrorífico y sangriento cometido por ETA, significa un importante cambio en la ejecución de las acciones terroristas: el carácter indiscriminado y la no recepción de aviso previo por las FCSE.*
- *Con este tremendo atentado ETA quiere repetir la estrategia utilizada en el año 1997 con el secuestro y posterior asesinato de Miguel Ángel Blanco. En aquellos momentos, la banda terrorista, que atravesaba una difícil situación aunque menos profunda que la actual, quiso encontrar una salida generando una gran convulsión con el atentado contra el concejal popular. Con el impacto social que aquella ejecución anunciada ocasionó, ETA considera que consiguió sus propósitos, pues dirigentes nacionalistas vascos comenzaron a hablar pocas semanas después con representantes de Herri Batasuna, conversaciones que posibilitaron el pacto de Lizarra en 1998.*
- *La precaria situación de ETA y su entramado de apoyo puede explicar que hayan optado por un atentado de esta magnitud. Ni las próximas y multitudinarias manifestaciones de repulsa, ni la difícil situa-*

ción en que coloca a sus organizaciones afines son un impedimento para que la dirección etarra haya decidido materializar esta acción criminal, persuadida de que pasado poco tiempo serán mayoritarias las voces a favor de una solución dialogada del «conflicto vasco», de modo que puedan conseguir algunas de sus reivindicaciones tradicionales.

- *Finalmente, ETA pretende mostrar públicamente y en todas direcciones que sigue siendo un actor a considerar en el futuro político de la Comunidad Autónoma Vasca y Navarra, en contraposición a la política antiterrorista que durante las dos últimas legislaturas ha liderado el Gobierno de España. ETA tiene especial interés en que ambas cosas sean percibidas por los responsables políticos nacionalistas y por su propia militancia.*
- *Por otro lado, con los datos disponibles hasta el momento, no puede afirmarse que alguna organización ligada a Jihad Internacional pudiera ser responsable de la ejecución de estos atentados. Pese a existir ciertas similitudes en cuanto a los procedimientos utilizados y el objetivo genérico atacado —medios de transporte público— con los realizados por grupos terroristas islámicos radicales, las coincidencias son lógicas en un atentado de esta magnitud.*
- *Asimismo, falta una de las huellas más significativas de este tipo de atentados: el terrorista suicida. La circunstancia de que hoy se cumplan exactamente tres años y medio del 11-S en Estados Unidos no tiene ninguna relevancia o significado para los grupos islámicos.*
- *11 de marzo de 2004. 15:51 horas.*

Aún hay más testimonios oficiales que demuestran que nunca se mintió ni se ocultó información. Me importa mucho que los ciudadanos sepan la verdad. Se ha tratado de destrozar a mi marido más allá de la política.

Lo cierto es que aún sigo pensando, como dejé escrito en el último capítulo, que el año que viene por estas fechas estaré pendiente de las flores que plante en mi nueva casa y en mi actividad profesional. Espero que para entonces algunos hayan atemperado sus ánimos.

He vivido horas amargas. Quizá alguno pueda creer que han sido las más amargas de mi vida. Quizá. Termino de escribir estas líneas de urgencia en la tarde del 19 de marzo. Hoy es el Día del Padre. También el santo de mi marido. Justo dentro de un mes celebraremos juntos que ETA no segó su vida aquel 19 de abril de 1995. Que sobrevivió al atentado. Celebraremos que estamos vivos. Lo peor de todo esto, lo único inevitable, lo que ya no tiene solución, es que hay 202 que no lo pueden hacer con nosotros.

ÍNDICE ONOMÁSTICO

Los números en *cursiva* hacen referencia
a las páginas de las ilustraciones

A

N

O

P

Q

R

S

T

U

V

y única vez. Ellos fueron fundamentales para que la visita fuera un éxito como lo han hecho en todas las posteriores.

Esa tarde fuimos en la puerta de sol a la desembocadura del Río Guadalquivir por donde partió los santos hacia América. De las naves más enclavadas en el Río Guadalquivir surgió el núcleo de la colonización para la idea y escuela de